全球海洋治理研究实用手册系列 ❶

主编◎张海文

极地治理法律政策文献总览

漆宇舟 张海文 余民才 编著

中国民主法制出版社

图书在版编目(CIP)数据

极地治理法律政策文献总览/漆宇舟,张海文,余民才编著.—北京:中国民主法制出版社,2025.3.
(全球海洋治理研究实用手册系列/张海文主编).
ISBN 978-7-5162-3855-4

Ⅰ.D993.5

中国国家版本馆 CIP 数据核字第 20254TA789 号

图书出品人:刘海涛
责任编辑:逯卫光　王一涵

书名/极地治理法律政策文献总览
作者/漆宇舟　张海文　余民才　编著

出版·发行/中国民主法制出版社
地址/北京市丰台区右安门外玉林里 7 号(100069)
电话/(010)63055259(总编室)
传真/(010)63055259
开本/32 开　880 毫米×1230 毫米
印张/12.875　**字数**/298 千字
版本/2025 年 8 月第 1 版　2025 年 8 月第 1 次印刷
印刷/三河市宏图印务有限公司

书号/ISBN 978-7-5162-3855-4
定价/88.00 元

出版说明

极地事务具有全球重要性和国际影响力。中国是极地治理的积极参与者、建设者和贡献者。中国是《南极条约》体系和适用于北极的许多国际条约的缔约国，是《南极条约》协商国和北极理事会正式观察员国，在南极建立了“长城站”“中山站”“昆仑站”“泰山站”“秦岭站”五个科学考察站，在北极有“黄河站”科学考察站。

2014 年，习近平主席指示“更好认识南极、保护南极、利用南极”。[①] 2017 年，习近平主席强调“要秉持和平、主权、普惠、共治原则，把深海、极地、外空、互联网等领域打造成各方合作的新疆域，而不是相互博弈的竞技场”。[②]根据 2015 年《中华人民共和国国家安全法》第 32 条规定，国家坚持和平探索和利用极地，增强安全进出、科学考察、开发利用的能力，加强国际合作，维护我国在极地的活动、资产和其他利益的安全。2021 年全国人民代表大会常务委员会将南极立法纳入立法规划。

习近平法治思想的一项核心要义是统筹推进国内法治和涉外法治。为便于国内同行开展极地治理及相关国家极地立法和政策等方面问题的研究，我们编纂《极地治理法律政策文献总览》一书，旨在为极地实务与科研工作提供文献索引。本书由第一章“南

---

① 《习近平慰问中澳南极科考人员并考察中国“雪龙”号科考船》，载《人民日报》2014 年 11 月 19 日第 1 版。

② 习近平：《共同构建人类命运共同体——在联合国日内瓦总部的演讲》，载《人民日报》2017 年 1 月 20 日第 2 版。

极”和第二章“北极”组成，主要包括适用于南极和北极的国际条约、国际文件、体制机制、国家法律政策以及学者著述等方面内容。

本书所收集的文献主要来源于各国际组织官网、各国政府网站、中国知网数据库、Springer 数据库和 HeinOnline 法律数据库等，文献收集时间截至 2025 年 6 月，并主要收录了 20 世纪 80 年代至 2023 年 12 月的有关著作和论文。

由于资料数量庞杂繁多，且时间精力有限，以及许多国家法律和政策的内容是小语种，收集全部文献难度很大，因此，书中难免有遗漏和错误，热诚欢迎读者予以指正和补充。

编者

2025 年 6 月 13 日

目　录

第一章　南　　极

一、国际条约

（一）多边条约

1. 1959 年《南极条约》

Antarctic Treaty

http://treaty.mfa.gov.cn/web/detail1.jsp? objid=1531876003660

https://documents.ats.aq/keydocs/vol_1/vol1_2_AT_Antarctic_Treaty_e.pdf

南极条约

阿根廷、澳大利亚、比利时、智利、法兰西共和国、日本、新西兰、挪威、南非联邦、苏维埃社会主义共和国联盟、大不列颠及北爱尔兰联合王国和美利坚合众国政府，

承认为了全人类的利益，南极应永远专为和平目的而使用，不应成为国际纷争的场所和对象；

认识到在国际合作下对南极的科学调查，为科学知识作出了重大贡献；

确信建立坚实的基础，以便按照国际地球物理年期间的实践，在南极科学调查自由的基础上继续和发展国际合作，符合科学和全人类进步的利益；

并确信保证南极只用于和平目的和继续保持在南极的国际和睦的条约将促进联合国宪章的宗旨和原则；

协议如下：

第一条

一、南极应只用于和平目的。一切具有军事性质的措施,例如建立军事基地,建筑要塞,进行军事演习以及任何类型武器的试验等等,均予禁止。

二、本条约不禁止为了科学研究或任何其它和平目的而使用军事人员或军事设备。

第二条

在国际地球物理年内所实行的南极科学调查自由和为此目的而进行的合作,应按照本条约的规定予以继续。

第三条

一、为了按照本条约第二条的规定,在南极促进科学调查方面的国际合作,缔约各方同意在一切实际可行的范围内:

(甲)交换南极科学规划的情报,以便保证用最经济的方法获得最大的效果;

(乙)在南极各考察队和各考察站之间交换科学人员;

(丙)南极的科学考察报告和成果应予交换并可自由得到。

二、在实施本条款时,应尽力鼓励同南极具有科学和技术兴趣的联合国专门机构以及其它国际组织建立合作的工作关系。

第四条

一、本条约的任何规定不得解释为:

(甲)缔约任何一方放弃在南极原来所主张的领土主权权利或领土的要求。

(乙)缔约任何一方全部或部分放弃由于它在南极的活动或由于它的国民在南极的活动或其它原因而构成的对南极领土主权的要求的任何根据;

(丙)损害缔约任何一方关于它承认或否认任何其它国家在南极的领土主权的要求或要求的根据的立场。

二、在本条约有效期间所发生的一切行为或活动,不得构成主张、支持或否定对南极的领土主权的要求的基础，也不得创立在南极的任何主权权利。在本条约有效期间，对在南极的领土主权不得提出新的要求或扩大现有的要求。

第五条

一、禁止在南极进行任何核爆炸和在该区域处置放射性尘埃。

二、如果在使用核子能包括核爆炸和处置放射性尘埃方面达成国际协定，而其代表有权参加本条约第九条所列举的会议的缔约各方均为缔约国时，则该协定所确立的规则均适用于南极。

第六条

本条约的规定应适用于南纬60°以南的地区，包括一切冰架；但本条约的规定不应损害或在任何方面影响任何一个国家在该地区内根据国际法所享有的对公海的权利或行使这些权利。

第七条

一、为了促进本条约的宗旨，并保证这些规定得到遵守，其代表有权参加本条约第九条所述的会议的缔约各方，应有权指派观察员执行本条所规定的任何视察。观察员应为指派他的缔约国的国民。观察员的姓名应通知其它有权指派观察员的缔约每一方，对其任命的终止也应给以同样的通知。

二、根据本条第一款的规定所指派的每一个观察员，应有完全的自由在任何时间进入南极的任何一个或一切地区。

三、南极的一切地区，包括一切驻所、装置和设备，以及在南极装卸货物或人员的地点的一切船只和飞机，应随时对根据本条第一款所指派的任何观察员开放，任其视察。

四、有权指派观察员的任何缔约国，可于任何时间在南极的任何或一切地区进行空中视察。

五、缔约每一方，在本条约对它生效时，应将下列情况通知其它缔约各方，并且以后应事先将下列情况通知它们：

（甲）它的船只或国民前往南极和在南极所进行的一切考察，

以及在它领土上组织或从它领土上出发的一切前往南极的考察队。

(乙)它的国民在南极所占有的一切驻所;

(丙)它依照本条约第一条第二款规定的条件,准备带进南极的任何军事人员或装备。

第八条

一、为了便利缔约各方行使本条约规定的职责,并且不损害缔约各方关于在南极对所有其他人员行使管辖权的各自立场,根据本条约第七条第一款指派的观察员和根据本条约第三条第一款(乙)项而交换的科学人员以及任何这些人员的随从人员,在南极为了行使他们的职责而逗留期间发生的一切行为或不行为,应只受他们所属缔约一方的管辖。

二、在不损害本条第一款的规定,并在依照第九条第一款(戊)项采取措施以前,有关的缔约各方对在南极行使管辖权的任何争端应立即共同协商,以求达到相互可以接受的解决。

第九条

一、本条约序言所列缔约各方的代表,应于本条约生效之日后两个月内在堪培拉城开会,以后并在合适的期间和地点开会,以便交换情报、共同协商有关南极的共同利益问题,并阐述、考虑以及向本国政府建议旨在促进本条约的原则和宗旨的措施,包括关于下列各方的措施:

(甲)南极只用于和平目的;

(乙)便利在南极的科学研究;

(丙)便利在南极的国际科学合作;

(丁)便利行使本条约第七条所规定的视察权利;

(戊)关于在南极管辖权的行使问题;

(己)南极有生资源的保护与保存。

二、任何根据第十三条而加入本条约的缔约国当其在南极进行例如建立科学站或派遣科学考察队的具体的科学研究活动而对南极表示兴趣时,有权委派代表参加本条第一款中提到的会议。

三、本条约第七条提及的观察员的报告,应送交参加本条第一款所述的会议的缔约各方的代表。

四、本条第一款所述的各项措施,应在派遣代表参加考虑这些措施的会议的缔约各方同意时才能生效。

五、本条约确立的任何或一切权利自本条约生效之日起即可行使,不论对行使这种权利的便利措施是否按照本条的规定而已被提出、考虑或同意。

第十条

缔约每一方保证作出符合联合国宪章的适当的努力,务使任何人不得在南极从事违反本条约的原则和宗旨的任何活动。

第十一条

一、如两个或更多的缔约国对本条约的解释或执行发生任何争端,则该缔约各方应彼此协商,以使该争端通过谈判、调查、调停、和解、仲裁、司法裁决或它们自己选择的其它和平手段得到解决。

二、没有得到这样解决的任何这种性质的争端,在有关争端所有各方都同意时,应提交国际法院解决,但如对提交国际法院未能达成协议,也不应解除争端各方根据本条第一款所述的各种和平手段的任何一种继续设法解决该争端的责任。

第十二条

一、(甲)经其代表有权参加第九条规定的会议的缔约各方的一致同意,本条约可在任何时候予以变更或修改。任何这种变更或修改应在保存国政府从所有这些缔约各方接到它们已批准这种变更或修改的通知时生效。

(乙)这种变更或修改对任何其它缔约一方的生效,应在其批准的通知已由保存国政府收到时开始。任何这样的缔约一方,依照本条第一款甲项的规定变更或修改开始生效的两年期间内尚未发出批准变更或修改的通知，应认为在该期限届满之日已退出本条约。

二、（甲）如在本条约生效之日起满三十年后，任何一个其代表有权参加第九条规定的会议的缔约国用书面通知保存国政府的方式提出请求，则应尽快举行包括一切缔约国的会议，以便审查条约的实施情况。

（乙）在上述会议上，经出席会议的大多数缔约国，包括其代表有权参加第九条规定的会议的大多数缔约国，所同意的本条约的任何变更或修改，应由保存国政府在会议结束后立即通知一切缔约国，并应依照本条第一款的规定而生效。

（丙）任何这种变更或修改，如在通知所有缔约国之日以后两年内尚未依照本条第一款（甲）项的规定生效，则任何缔约国得在上述时期届满后的任何时候，向保存国政府发出其退出本条约的通知；这样的退出应在保存国政府接到通知的两年后生效。

第十三条

一、本条约须经各签字国批准。对于联合国任何会员国，或经其代表有权参加本条约第九条规定的会议的所有缔约国同意而邀请加入本条约的任何其它国家，本条约应予开放，任其加入。

二、批准或加入本条约应由各国根据其宪法程序实行。

三、批准书和加入书应交存于美利坚合众国政府，该国政府已被指定为保存国政府。

四、保存国政府应将每个批准书或加入书的交存日期、本条约的生效日期以及对本条约任何变更或修改的日期通知所有签字国和加入国。

五、当所有签字国都交存批准书时，本条约应对这些国家和已交存加入书的国家生效。此后本条约应对任何加入国在它交存其加入书时生效。

六、本条约应由保存国政府按照联合国宪章第一百零二条进行登记。

第十四条

本条约用英文、法文、俄文和西班牙文写成，每种文本具有同等效力。本条约应交存于美利坚合众国政府的档案库中。美利坚合众国政府应将正式证明无误的副本送交所有签字国和加入国政府。

下列正式受权的全权代表签署本条约以资证明。

1959 年 12 月 1 日订于华盛顿。

2. 1991 年《关于环境保护的南极条约议定书》

The Protocol on Environmental Protection to the Antarctic Treaty

(1)环境保护议定书正文

(2)议定书附则-仲裁

Schedule to the Protocol - Arbitration

http://treaty.mfa.gov.cn/web/detail1.jsp?objid=1531876064307

https://documents.ats.aq/keydocs/vol_1/vol1_4_AT_Protocol_on_EP_e.pdf

关于环境保护的南极条约议定书

序言

本南极条约议定书各缔约国，以下简称各缔约国，

深信有必要加强对南极环境及依附于它的和与其相关的生态系统的保护；

确信有必要加强南极条约体系以确保南极应继续并永远专为和平目的而使用，不应成为国际纷争的场所或对象；

牢记南极特殊的法律地位与政治地位以及各南极条约协商国保证使在南极的一切活动符合南极条约的宗旨与原则的特殊责任；

以及为了保护南极环境及依附于它和与其相关的生态系统，将南极确定为特别保护区以及根据南极条约体系所采取的其他措施；

进一步确认南极给科学监测与研究具有全球重要性与区域重要性的演变进程所提供的独特机会；

重申南极海洋生物资源保护公约的保护原则；

深信制订一个保护南极环境及依附于它的和与其相关的生态系统的综合制度是符合全人类利益的；

希望为此目的补充南极条约；

兹协议如下：

第一条　定义

为本议定书的目的：

(a)“南极条约”系指 1959 年 12 月 1 日订于华盛顿的南极条约；

(b)“南极条约地区”系指根据南极条约第六条南极条约各项规定所适用的地区；

(c)“南极条约协商会议”系指南极条约第九条所指的会议；

(d)“南极条约协商国”系指有权委派代表参加南极条约第九条所指的会议的缔约国；

(e)“南极条约体系”系指南极条约、根据南极条约实施的措施和与条约相关的单独有效的国际文书和根据此类文书实施的措施；

(f)“仲裁法庭”系指根据作为本议定书组成部分的议定书附件而设立的仲裁法庭；

(g)“委员会”系指根据第十一条设立的环境保护委员会。

第二条　目标与指定

各缔约国承诺全面保护南极环境及依附于它的和与其相关的生态系统，特兹将南极指定为自然保护区，仅用于和平与科学。

第三条　环境原则

1. 对南极环境及依附于它的和与其相关的生态系统的保护以及南极的内在价值，包括其荒野形态的价值、美学价值和南极作为从事科学研究，特别是从事认识全球环境所必需的研究的一个地区的价值应成为规划和从事南极条约地区一切活动时基本的考虑因素。

2. 为此目的：

(a)规划和从事在南极条约地区的活动应旨在限制对南极环境及依附于它的和与其相关的生态系统的不利影响；

(b)规划和从事在南极条约地区的活动应避免：

(Ⅰ)对气候或天气类型的不利影响；

(Ⅱ)对空气质地或水质的重大不良影响；

(Ⅲ)对大气环境、陆地环境(包括水中环境)、冰环境或海洋环境的重大改变；

(Ⅳ)对动植物物种或种群的分布、丰度或繁殖的有害改变；

(Ⅴ)对濒危或受到威胁的动植物种或其种群的进一步危害；或

(Ⅵ)使具有生物、科学、历史、美学或荒野意义的区域减损价值或面临重大的危险；

(c)在南极条约地区的活动应根据充分信息来规划和进行，其充分程度应足以就该活动对南极环境及依附于它的和与其相关的生态系统以及对南极用来从事科学研究的价值可能产生的影响作出预先评价和有根据的判定。此种判定应充分考虑：

(Ⅰ)该活动的范围，包括活动的地区、期限和强度；

(Ⅱ)该活动本身的累积影响和与在南极条约地区的其他活动一起产生的累积影响；

(Ⅲ)该活动是否会对在南极条约地区的其他活动产生不利影响；

(Ⅳ)是否具备在环境方面安全作业的技术和程序;

(Ⅴ)是否具备监测关键环境参数和生态系统各组成部分的能力,以确定该活动的任何不良影响并就此提出早期预报,并且根据监测结果或对南极环境或依附于它的和与其相关的生态系统的进一步了解对作业程序进行必要的改进;并

(Ⅵ)是否具备对事故特别是对具有潜在环境影响的事故作出迅速有效反应的能力;

(d)应进行定期有效的监测,以便对正在从事的活动的影响,包括对预计产生的影响进行的核查作出评价;

(e)应进行定期有效的监测,以便有利于早期检测出在南极条约地区内外从事的活动对南极环境及依附于它的和与其相关的生态系统所可能产生的无法预见的影响。

3. 在南极条约地区规划和从事活动时,应优先考虑科学研究并且维护南极作为从事此类研究包括认识全球环境所必需的研究的一个地区的价值。

4. 根据科学研究计划在南极条约地区从事的活动、在南极条约地区的旅游及一切其他政府性和非政府性活动,根据南极条约第七条第 5 款均须事先通知;上述一切活动包括相关的后勤支援:

(a)均应遵守本条的各项原则;并且

(b)如果违背上述各项原则,对南极环境或依附于它或与其相关的生态系统产生或者可能产生影响,均应予以修改、中止或取消。

第四条　与南极条约体系其他组成部分的关系

1. 本议定书是对南极条约的补充,既不是对南极条约的修改也不是对该条约的修正。

2. 本议定书任何条款都不应损害本议定书各缔约国根据南极条约体系内其他有效的国际文书所承担的权利和义务。

第五条　与南极条约体系其他组成部分的一致性

各缔约国应与南极条约体系内其他有效的国际文书的各缔约国及各相应的机构协商并合作以保证本议定书各项目标和原则的实现,避免对实现这些国际文书各项目标与原则的任何干扰或者执行这些国际文书与执行本议定书之间的不一致性。

第六条　合作

1. 各缔约国在规划和从事南极条约地区活动时应进行合作。为此目的,各缔约国应努力:

(a)促进具有科学、技术和教育价值的关于保护南极环境及依附于它的和与其相关的生态系统的合作性项目;

(b)在其他缔约国准备环境影响评价时向其提供适当的协助;

(c)根据请求向其他缔约国提供有关潜在环境危险的信息并提供协助,以最大程度地减少可能破坏南极环境或依附于它的和与其相关的生态系统的事故的影响;

(d)与其他缔约国就未来的南极站或其他设施的选址进行协商,以避免因过于集中在一个地方而造成累积性影响;

(e)在适当的时候共同进行考察,共同使用南极站和其他设施;并且

(f)执行南极条约协商会议一致同意的其他此类步骤。

2. 各缔约国保证尽最大可能共同享有可能有助于其他缔约国在南极条约地区规划和从事活动的信息以便保护南极环境及依附于它的和与其相关的生态系统。

3. 各缔约国应与可在南极条约地区的毗连区域行使管辖权的缔约国进行合作,以保证在南极的活动不会对那些地区产生不良的环境影响。

第七条　禁止矿产资源活动

任何有关矿产资源的活动都应予以禁止,但与科学研究有关

的活动不在此限。

第八条　环境影响评价

1. 下列第 2 款所涉及的拟议中的活动应在依照附件一所确定的就该活动对南极环境或依附于它的或与其相关的生态系统的影响进行预先评价的程序并根据此类活动是否确定为具有下列几种影响来进行：

(a)小于轻微或短暂的影响；或

(b)轻微或短暂的影响；或

(c)大于轻微或短暂的影响。

2. 各缔约国应保证在规划阶段实行附件一所确定的评价程序，以便根据南极条约第七条第 5 款需事先通知的并且就依据科学研究计划在南极条约地区所从事的任何活动、在南极条约地区的旅游及一切其他政府性和非政府性活动，包括与此相关的后勤支援活动作出决定。

3. 附件一确定的评价程序应适用于一项活动的任何变化而不论该变化是起因于现有活动强度的增加或减少还是起因于活动的增加，设施的拆除或者其他方面的原因。

4. 凡活动是由一个以上缔约国共同规划的，有关缔约国应提名其中一国来协调执行附件一确定的环境影响评价程序。

第九条　附件

1. 本议定书各附件均应构成本议定书的组成部分。

2. 除附件一至附件四之外，各项附件得根据南极条约第九条的规定予以通过和生效。

3. 各附件的修正和修改可根据南极条约第九条予以通过和生效，但是以任何附件本身可对修正和修改的便捷生效作出规定为限。

4. 除非附件本身对其任何修正和修改的生效另有规定，各附件及其根据上述第 2 款和第 3 款已经生效的任何修正和修改应自保存国收到非南极条约协商国的南极条约缔约国或在附件及其修正和修改通过之时尚未成为南极条约协商国的南极条约缔约国的核准书之时起对该缔约国生效。

5. 除非附件另有规定,各附件应遵循第十八条至第二十条所规定的争端解决程序。

第十条　南极条约协商会议

1. 南极条约协商会议,应吸取现有的最佳科学和技术建议:

(a)根据本议定书的规定,确定全面保护南极环境及依附于它的和与其相关的生态系统的总政策;并且

(b)根据南极条约第九条制定执行本议定书措施。

2. 南极条约协商会议应审查委员会的工作情况并且在执行上述第1款所指的任务时应充分吸取该委员会的意见和建议以及南极研究科学委员会的建议。

第十一条　环境保护委员会

1. 兹设立环境保护委员会。

2. 各缔约国都有权成为委员会成员并任命1名代表,该代表可辅以若干专家和顾问。

3. 委员会的观察员地位应对任何不是本议定书缔约国的南极条约缔约国开放。

4. 委员会应邀请南极研究科学委员会主席和保护南极海洋生物资源科学委员会主席作为观察员参加委员会会议。经南极条约协商会议的同意委员会亦可邀请能够对其工作作出贡献的其他有关的科学、环境和技术组织作为观察员与会。

5. 委员会应向南极条约协商会议提交其每次会议的报告。报告应包括会议审议的所有问题并反映所表达的观点。报告应分送与会的各缔约国和观察员并随即公开。

6. 委员会应制定其议事规则。该议事规则应经南极条约协商会议的批准。

第十二条　委员会的职能

1. 委员会的职能应是就本议定书的执行包括议定书附件的实施向各缔约国提供咨询和建议,以供南极条约协商会议审议;并执行南极条约协商会议可能指派的其他职能。委员会应特别就下列事项提供咨询:

(a)依照本议定书采取的措施的有效性;

(b)更新、加强或改进此类措施的必要性;

(c)采取补充措施的必要性,包括于适当时制定补充附件的必要性;

(d)第八条和附件一规定的环境影响评价程序的适用和实施;

(e)减少或减轻在南极条约地区的各类活动造成环境影响的办法;

(f)处理需采取紧急行动的情势的程序,包括在环境紧急事态下采取反应行动的程序;

(g)南极条约保护区制度的运行和进一步说明;

(h)视察程序,包括视察报告的格式和视察的项目清单;

(i)有关环境保护的信息的收集、存档、交换和评价;

(j)南极环境状况;并

(k)开展与实施本议定书有关的科学研究包括环境监测的必要性。

2. 委员会在履行其职能时应于适当时咨询南极研究科学委员会、保护南极海洋生物资源科学委员会和其他有关的科学、环境和技术组织。

第十三条　遵守本议定书

1. 各缔约国应在其权限内采取适当的措施,包括采取法律和法规,采取适当的行政行动和执行措施,以便保证遵守本议定书。

2. 各缔约国应作出符合联合国宪章的适当努力以使任何人不得从事违反本议定书的活动。

3. 各缔约国应将其依据上述第1和第2款采取的措施通知所有其他缔约国。

4. 各缔约国应就其认为影响本议定书目标与原则实施的任何活动提请所有其他缔约国注意。

5. 南极条约协商会议应提请任何非本议定书缔约国的国家注意该国、其机构、部门、自然人或法人、船只、飞行器或其他运输工具所进行的任何影响本议定书目标与原则的实施的活动。

第十四条　视察

1. 为促进对南极环境和依附于它的及与其相关的生态系统的保护并保证本议定书的遵守,各南极条约协商国应单独或集体安排根据南极条约第七条进行的观察员的观察。

2. 观察员系指:

(a)由任何南极条约协商国指派的观察员,他应为该协商国的国民;和

(b)为进行依照南极条约协商会议确定的程序的视察而在南极条约协商会议上指派的任何观察员。

3. 各缔约国应与进行视察的观察员充分合作,并应保证观察员在视察期间可视察依南极条约第七条第3款向视察开放的站所、设施、设备、船舶和飞行器的全部以及依据本议定书在这些场所存放的所有记录。

4. 视察报告应送交该报告涉及其站所、设施、设备、船舶或飞行器的各缔约国。在这些缔约国得到机会进行评论后,报告及对报告的任何评论应分送给所有缔约国和委员会,由下届南极条约协商会议予以审议并于其后公开。

第十五条　紧急反应行动

1. 为了对南极条约地区内的环境紧急事态作出反应,各缔约

国同意：

(a)对于根据南极条约第七条第5款的规定需事先通知的在南极条约地区所从事的科学研究项目、旅游及一切其他政府性和非政府性活动包括相关的后勤支援活动可能产生的紧急事态采取迅速有效的反应；并

(b)制定对南极环境或依附于它的和与其相关的生态系统有潜在不利影响的事故作出反应的应急计划。

2. 为此目的，各缔约国应：

(a)在制定和实施此类应急计划时进行合作；并

(b)确定对于环境紧急事态进行即时通知和作出共同反应的程序。

3. 各缔约国在实施本条时，应征求有关国际组织的意见。

第十六条　责任

根据本议定书全面保护南极环境及依附于它的和与其相关的生态系统的目标，各缔约国承诺制定关于在南极条约地区进行的并为本议定书所涉及的活动造成损害的责任的详细规则与程序。此类规则与程序应包括在根据第九条第2款将要通过的一项或多项附件之中。

第十七条　缔约国的年度报告

1. 每一缔约国每年应就为实施本议定书所采取的步骤提交报告。该报告应包括根据第十三条第3款所作的通知、根据第十五条制定的应急计划和本议定书所要求的而又未对其分发和交换另作规定的任何其他通知和信息。

2. 根据上述第1款所提交的报告应分送所有缔约国和委员会，由下届南极条约协商会议审议并予以公开。

第十八条　争端解决

如果发生关于本议定书的解释或适用的争端，该争端各方经其中任何一方提出要求，应尽早彼此协商，以便通过谈判、调查、调

解、和解、仲裁、司法解决或争端各方同意的其他和平方法解决该争端。

第十九条　争端解决程序的选择

1. 各缔约国可于签署、批准、接受、核准或加入本议定书时，或在其后任何时间，以书面声明的方式选择下列一种或两种方法来解决关于本议定书第七、第八和第十五条及任何议定书的规定（除非该附件另有规定）以及第十三条（如其与上述条款和规定有关）的解释或适用的争端：

（a）国际法院；

（b）仲裁法庭。

2. 依据上述第 1 款作出的声明不得影响第十八条和第二十条第 2 款的实施。

3. 未依据上述第 1 款作出声明或其在这方面的声明已失效的缔约国，应被视为已接受仲裁法庭的管辖权。

4. 如争端各方接受了解决争端的同一方法，除非各方另有协议，该争端仅可提交该程序。

5. 如争端各方未接受解决争端的同一方法，或它们都接受了解决争端的两种方法，则除非各方另有协议，该争端仅可提交仲裁法庭。

6. 依据上述第 1 款作出的声明在按照该声明的规定期满之前或在撤销该声明的书面通知交存于保存国后满 3 个月之前，应一直有效。

7. 新的声明、撤销声明的通知或声明的期满均不得影响国际法院或仲裁法庭中尚未终结的诉讼程序，除非争端各方另有协议。

8. 本条所指的声明和通知应交存保存国，保存国应将其副本分送所有缔约国。

第二十条　争端解决程序

1. 如关于本议定书第七、第八或第十五条或者任何附件的规定（除非该附件另有规定）或第十三条（视其与上述条款和规定的相关程度）的解释或适用的争端各方未能在依照上述第十八条的协商要求提出后12个月内就解决争端的方法达成协议，经争端任何一方提出要求，该争端应提交根据第十九条第4和第5款的规定的程序加以解决。

2. 仲裁法庭无权裁决或裁定南极条约第四条范围内的任何事项。此外，本议定书任何规定不得解释为授予国际法院或其他为解决各缔约国之间争端而设立的任何法庭裁判或以其他方式裁定南极条约第四条范围内任何事项的权限或管辖权。

第二十一条　签字

本议定书自1991年10月4日在马德里此后至1992年10月3日在华盛顿向任何为南极条约缔约国的国家开放签字。

第二十二条　批准、接受、核准或加入

1. 本议定书须经签字国批准、接受或核准。

2. 本议定书应于1992年10月3日后开放由任何为南极条约缔约国的国家加入。

3. 批准书、接受书、核准书或加入书应存放于美利坚合众国政府。兹指定该国为保存国。

4. 本议定书生效之日后，南极条约各协商国不得根据关于南极条约缔约国有权依照南极条约第九条第2款委派代表参加南极条约协商会议的通知采取行动，除非该缔约国已经批准、接受、核准或加入本议定书。

第二十三条　生效

1. 本议定书应于所有在本议定书通过之日为南极条约协商国的国家交存批准书、接受书、核准书或加入书之日后第30天生效。

2. 对于在本议定书生效之日后交存批准书、接受书、核准书或加入书的每一个南极条约缔约国，本议定书应于交存后第30天生效。

第二十四条 保留

对本议定书不得作出保留。

第二十五条 修改或修正

1. 在不损害第九条规定的情况下,本议定书可在任何时候根据南极条约第十二条第 1 款(甲)项和(乙)项规定的程序予以修改或修正。

2. 如从本议定书生效之日起满 50 年后,任何一个南极条约协商国用书面通知保存国的方式提出请求,则应尽快举行一次会议,以便审查本议定书的实施情况。

3. 在依据上述第 2 款召开的任何审查会议上提出的修改或修正应由缔约国多数通过,其中包括在本议定书通过之时为南极条约协商国的 3/4 国家的通过。

4. 依据上述第 3 款通过的修改或修正应经 3/4 的南极条约协商国的批准、接受、核准、或加入其中包括在本议定书通过之时为南极条约协商国的所有国家的批准、接受、核准或加入而生效。

5. (a)关于第七条,除非存在一项有效的并有法律拘束力的关于南极矿产资源活动的制度,且该制度包括一项议定办法,用以判定任何此种活动可否接受;如果可以,则在何种条件下可予接受,否则该条规定的关于南极矿产资源活动的禁止应当继续有效。这一制度应充分保证南极条约第四条所指的所有国家的利益并实施第四条中的各项原则。因此,如果在上述第 2 款所指的审查会议上提出对第七条修改或修正,该修改或修正应包括该项有法律拘束力的制度。

(b)如果任何此类修改或修正在其通过之日后 3 年内尚未生效,任何缔约国在此之后可随时通知保存国退出本议定书,此种退出应在保存国收到该通知书两年之后生效。

第二十六条 保存国的通知

保存国应将下列事项通知所有南极条约缔约国:

(a)本议定书的签署及批准书、接受书、核准书或加入书的交存；

(b)本议定书及其任何附件的生效日期；

(c)本议定书任何修改或修正的生效日期；

(d)依照本议定书第十九条的声明和通知的交存,并

(e)依据第二十五条第5款(b)项所收到任何通知。

第二十七条　作准文本及向联合国登记

1. 本议定书用英文、法文、俄文和西班牙文写成,每种文本具有同等效力。本议定书应交存于美利坚合众国政府的档案库中。该政府应将正式核证无误的副本分送所有南极条约缔约国。

2. 保存国根据联合国宪章第一百零二条进行登记。

议定书附则

仲　裁

第一条

1. 仲裁法庭应依照本议定书、包括本附则组成并工作。

2. 本附则中的秘书是指常设仲裁法庭的秘书长。

第二条

1. 每一缔约国应有权指定至多3名仲裁员,其中至少1名应在本议定书对该缔约国生效后3个月内指定。每1名仲裁员均应对南极事务富有经验,精通国际法并在公正、能力和品德方面享有最高声誉。仲裁员名单应由这样的提名构成。每一缔约国应在任何时候在该名单中保持至少一名仲裁员的姓名。

2. 除下述第3款另有规定,由缔约国指定的仲裁员应在名单中保留5年,并可由该缔约国重新指定,每次任期5年。

3. 已指定仲裁员的缔约国可从名单中撤销该仲裁员的姓名。如仲裁员死亡或缔约国由于任何原因从名单中撤销其已指定的仲裁员的姓名,指定该仲裁员的缔约国应立即通知秘书长。其姓名已从名单中撤销的仲裁员,应继续在其已被委派的任何仲裁法庭

中工作,直至该法庭的仲裁程序终结。

4. 秘书长应保证保持一份最新的依本条指定的仲裁员名单。

第三条

1. 仲裁法庭应由按下列方式委派的3名仲裁员组成:

(a)提起仲裁程序的争端一方应从第二条所指的名单中委派1名仲裁员,该仲裁员可以是其国民。这一委派应在第四条所指的通知中述明。

(b)争端另一方应在收到通知后40天内,从第二条所指的名单中委派第2名仲裁员,该仲裁员可以是其国民。

(c)争端各方应在第2名仲裁员委派后60天内以协议从第二条所指的名单中委派第3名仲裁员。第3名仲裁员不应是争端任何一方的国民或为构成第二条所指的名单而指定的人员,也不应与前两名仲裁员中的任何1名国籍相同。第3名仲裁员应为仲裁法庭庭长。

(d)如第2名仲裁员在规定时间内未予委派,或争端各方未在规定的时间内就第3名仲裁员的委派达成协议,经争端任何一方请求,该仲裁员应由国际法院院长在收到该请求后30天内,从第二条所指的名单中委派,并应受上述(b)和(c)项规定条件的限制。法院院长在执行本项赋予的职能时,应同争端各方协商。

(e)如国际法院院长不能执行上述(d)项赋予的职能,或是争端一方的国民,该职能应由法院副院长执行。但如法院副院长不能执行该项赋予的职能或是争端一方的国民,该职能应由可以担任此项工作并且不是争端一方国民的法院年资次深法官执行。

2. 任何空缺应按最初委派时规定的方式填补。

3. 在涉及两个以上当事方的争端中,利害关系相同的争端各方应在上述第1款(b)项规定的期间内以协议委派一名仲裁员。

第四条

提起仲裁程序的争端一方应就此书面通知争端的另一或若干

当事方和秘书长。此类通知应就请求及其依据的理由作出说明。通知应由秘书长转送所有缔约国。

第五条

1. 除非争端各方另有协议,仲裁应在海牙进行,仲裁法庭的记录应保存在海牙。仲裁法庭应制定自己的仲裁程序规则。此类规则应保证每一争端当事方有出庭陈述其意见和主张的充分机会,还应保证仲裁程序得以迅速进行。

2. 仲裁法庭可就争端引起的反诉进行仲裁并作出裁决。

第六条

1. 如仲裁法庭初步认定法庭依据本议定书具有管辖权,它可:

(a)经争端任何一方请求,指定其认为必要的临时措施,以保护争端各方各自的权利。

(b)规定任何其认为在当时情况下适当的临时措施,以防止对南极环境或依附于它的或与其相关的生态系统的严重危害。

2. 在依据本附则第十条作出裁决之前,争端各方应立即遵守依上述第1款(b)项规定的任何临时措施。

3. 尽管有本议定书第二十条关于期限的规定,争端一方,可于任何时候,按照第四条通知争端另一或若干当事方及秘书长,请求作为特别紧急事项组成仲裁法庭,以按照本条指定或规定紧急临时措施。在此种情况下,仲裁法庭应按第三条尽快组成,除非第三条第1款(b)、(c)和(d)项规定的期限在每一种情况下均减至14天。仲裁法庭应在庭长委派后两个月内就指定和规定紧急临时措施的请求作出裁决。

4. 在仲裁法庭按照上述第3款就指定或规定紧急临时措施的请求作出裁决后,争端解决程序应按议定书第十八、十九条和二十条的规定进行。

第七条

任何缔约国如认为其有自身的法律利益,不论其为一般的或个别的,可能在实质上受到仲裁法庭裁决的影响,可以参与仲裁程序,除非仲裁法庭另有裁定。

第八条

争端各方应便利仲裁法庭的工作,尤应按照其法律并运用其拥有的一切手段为法庭提供有关文件和信息,并使之能够在必要时通知证人或专家出庭并获取其证据。

第九条

如争端一方未出席或未能进行答辩,任何其他争端方可请求仲裁法庭继续该仲裁程序并作出裁决。

第十条

1. 仲裁法庭应依本议定书的规定和其他可适用的不与本议定书的规定相抵触的规则和国际法原则为依据,对提交给它的争端进行裁决。

2. 如争端各方同意,仲裁法庭可依据公允及善良原则对提交给它的争端进行裁决。

第十一条

1. 在作出裁决前,仲裁法庭应证明不但法庭对争端有管辖权,且请求或反诉有充分的事实根据和法律根据。

2. 裁决应述明裁决理由并应通知秘书长,秘书长应将裁决转送所有缔约国。

3. 裁决系属终局,对争端所有各方及参与仲裁程序的任何当事方具有拘束力,并应予以立即执行。经争端一方或任何仲裁参与方要求,仲裁法庭应就裁决作出解释。

4. 裁决除对本案外,应无拘束力。

5. 除仲裁法庭另有裁定外,仲裁法庭的费用,包括仲裁员的报酬,应由争端各方平等分摊。

第十二条

所有仲裁法庭的裁决,包括第五、第六和第十一条所指的裁决，应由仲裁员多数作出。仲裁员在表决时不得弃权。

第十三条

1. 本附则可依符合南极条约第九条1款规定的措施予以修正或修改。除非该措施另有规定，修正或修改应视为已获通过，并应在通过修正或修改的南极条约协商会议结束1年以后生效，除非一个或一个以上南极条约协商国在此期限内，通知保存国，希望延长该期限或不能同意该措施。

2. 符合本条1款规定生效的本附则的任何修正或修改，应自保存国收到任何其他缔约国的核准通知书时起对其生效。

(3)附件一　环境影响评价

Annex Ⅰ Environmental Impact Assessment

https://documents.ats.aq/keydocs/vol_1/vol1_5_AT_Protocol_Annex_I_e.pdf

(4)附件二　保护南极动植物

Annex Ⅱ Conservation of Antarctic Fauna and Flora

https://ats.aq/documents/recatt/Att432_e.pdf

(5)附件三　废物处理及废物管理

Annex Ⅲ Waste Disposal and Waste Management

https://documents.ats.aq/keydocs/vol_1/vol1_7_AT_Protocol_Annex_III_e.pdf

(6)附件四　预防海洋污染

Annex Ⅳ Prevention of Marine Pollution

https://documents.ats.aq/keydocs/vol_1/vol1_8_AT_Protocol_Annex_IV_e.pdf

(7)附件五　区域保护和管理

Annex Ⅴ Area Protection and Management

https://documents.ats.aq/keydocs/vol_1/vol1_9_AT_Protocol_Annex_V_e.pdf

(8)附件六　环境紧急状况下的责任

Annex Ⅵ Liability Arising from Environmental Emergencies

https://documents.ats.aq/keydocs/vol_1/vol1_10_AT_Protocol_Annex_VI_e.pdf

3. 1980 年《南极海洋生物资源养护公约》

Convention on the Conservation of Antarctic Marine Living Resources

(1)南极海洋生物资源养护公约正文

(2)关于仲裁法庭的附件

Annex for an Arbitral Tribunal

http://treaty.mfa.gov.cn/web/detail1.jsp? objid=1531876075707

https://documents.ats.aq/keydocs/vol_1/vol1_12_CCAMLR_CCAMLR_e.pdf

南极海洋生物资源养护公约

各缔约方:

承认保护南极周围海域环境和生态系统完整性的重要意义;

注意到在南极水域中发现的海洋生物资源的集中度,以及对利用这些资源作为蛋白源的可能性的兴趣日益增加;

意识到保证养护南极海洋生物资源的迫切性;

考虑到必须加强对南极海洋生态系统及其组成部分的了解,以便能够根据可靠的科学信息作出捕捞决定;

相信保护海洋生物资源需要国际合作,而这种国际合作应适当考虑《南极条约》的规定,并有在南极水域从事研究和捕捞活动的所有国家的积极参与;

认识到《南极条约》协商国在保护南极环境,特别是根据《南极条约》第九条第一款第(己)项在保护和养护南极生物资源方面所负的主要责任;

忆及《南极条约》协商国业已采取的行动,特别是《南极动植

物保护议定措施》及《南极海豹保护公约》的规定;

铭记协商国在第九次《南极条约》协商会议上对南极海洋生物资源养护所表示的关切和导致产生本公约的第九次《南极条约》协商会议第二项建议中各条款的重要性;

相信确保南极大陆周围水域仅用于和平目的,避免使其成为国际纷争的场所和目标,符合全人类的利益;

认识到鉴于上述考虑有必要建立适当的机制,以推荐、促进、决定和协调为养护南极海洋生物所必要的措施及科学研究;

协议如下:

第一条

一、本公约适用于南纬 60 度以南和该纬度与构成南极海洋生态系统一部分的南极幅合带之间区域的南极海洋生物资源。

二、南极海洋生物资源意指南极幅合带以南水域的鱼类、软体动物、甲壳动物和包括鸟类在内的所有其他生物种类。

三、南极海洋生态系统系指南极海洋生物资源相互间以及其与自然环境之间的复合关系。

四、南极幅合带应被视为连接下列经纬线各点的一条水域带:

50°S,0°;50°S,30°E;45°S,30°E;45°S,80°E;55°S,80°E;55°S,150°E;60°S,150°E;60°S,50°W;50°S,50°W;50°S,0°。

第二条

一、本公约之目的是养护南极海洋生物资源。

二、为本公约的目的,“养护”一词包括合理利用。

三、在本公约适用区内的任何捕捞及有关活动,都应根据本公约规定和下述养护原则进行:

(一)防止任何被捕捞种群的数量低于能保证其稳定补充的水平,为此,其数量不应低于接近能保证年最大净增量的水平。

(二)维护南极海洋生物资源中被捕捞种群数量、从属种群数量和相关种群数量之间的生态关系;使枯竭种群恢复到本款第

(一)项规定的水平。

(三)考虑到目前捕捞对海洋生态系统的直接和间接影响、引进外来物种的影响、有关活动的影响、以及环境变化的影响方面的现有知识,要防止在近二三十年内南极海洋生态系统发生不可逆转的变化或减少这种变化的风险,以可持续养护南极海洋生物资源。

第三条

各缔约方,不论其是否为《南极条约》缔约国,同意不在《南极条约》地区内从事任何违背《南极条约》原则和目的的活动,并同意其相互关系受《南极条约》第一条和第五条所规定的义务的约束。

第四条

一、各缔约方,不论其是否为《南极条约》缔约国,在《南极条约》地区,其相互关系受《南极条约》第四条和第六条的约束。

二、本公约任何条款,以及在本公约有效期内发生的任何行为或活动都不得:

(一)构成主张、支持或否认《南极条约》地区内领土主权要求的基础,或在《南极条约》地区创设任何主权权利;

(二)解释为任何缔约方在本公约适用区内放弃、削弱或损害根据国际法行使沿海国管辖权的任何权利、主张或这种主张的依据;

(三)解释为损害任何缔约方承认或不承认这种权利、主张或主张的依据的立场;

(四)影响《南极条约》第四条第二款关于在《南极条约》有效期内不得对南极提出任何新的领土主权要求或扩大现有要求的规定。

第五条

一、非《南极条约》缔约国的本公约缔约方,承认《南极条约》

协商国对保护和养护《南极条约》地区的环境负有的特别义务和责任。

二、非《南极条约》缔约国的本公约缔约方，同意他们在《南极条约》地区的活动将适当遵守《南极动植物养护议定措施》和《南极条约》协商国为履行其保护南极环境免受人类各种有害干扰的职责而建议的其他措施。

三、为本公约目的，"《南极条约》协商国"系指派代表参加《南极条约》第九条规定的会议的《南极条约》缔约国。

第六条

本公约的任何条款，都无损于《国际捕鲸公约》和《南极海豹保护公约》赋予缔约方的权利和义务。

第七条

一、各缔约方特此设立南极海洋生物资源养护委员会（以下简称委员会）。

二、委员会成员资格如下：

（一）参加通过本公约会议的各缔约方，都应成为委员会的成员；

（二）根据本公约第二十九条加入本公约的每一个国家，若从事了本公约适用的海洋生物资源的研究或捕捞活动，应有资格成为委员会成员；

（三）根据本公约第二十九条加入本公约的任何区域经济一体化组织，如其成员国有资格成为委员会成员，其应有资格成为委员会成员；

（四）依照本款第（二）项和第（三）项请求参加委员会工作的缔约方，应将其请求成为委员会成员的依据和接受现行养护措施的意愿通知公约保存国。保存国应将该通知及附带信息分送委员会各成员。委员会任何成员自收到保存国来文后 2 个月内，可要求召开委员会特别会议讨论这一问题。保存国收到此要求后，应召开特别会议。如果没有提出召开特别会议的要求,提交该通知的缔约方应被视为已满足委员会成员的资格要求。

三、委员会的每个成员可派一名代表、数名副代表和顾问。

第八条

委员会具有法人资格,并在各缔约方境内享有为履行其职责和实现本公约目的所必需的法律权力。委员会及其工作人员在一个缔约方境内享有的特权和豁免,应根据委员会与有关缔约方之间的协议确定。

第九条

一、委员会的职责是实现本公约第二条规定的目的和原则,为此,委员会应:

(一)促进对南极海洋生物资源和南极海洋生态系统的广泛调查研究;

(二)汇编南极海洋生物资源种群现状和变化以及影响被捕捞种类、从属或相关种类或种群之分布、集中度和生产力诸要素的资料;

(三)确保获得被捕捞种群的捕获量和努力量的统计数字;

(四)分析、分发和出版本款第(二)项和第(三)项所指信息和科学委员会的报告;

(五)确定养护需求,并分析养护措施的有效性;

(六)根据本条第五款的规定,以现有的最佳科学论证为依据,制定、通过和修订养护措施;

(七)执行依据本公约第二十四条确立的观察和检查制度;

(八)开展为实现本公约的目的所必要的其他活动。

二、本条第一款第(六)项提到的养护措施包括:

(一)确定公约适用区内任何被捕捞种类的可捕量;

(二)根据南极海洋生物资源的种群分布情况,确定区域或次区域;

（三）确定区域或次区域中种群的可捕量；

（四）确定受保护的种类；

（五）确定可捕捞种类的大小、年龄并在适当时确定性别；

（六）确定捕捞季节和禁捕季节；

（七）为科学研究或养护目的确定捕捞和禁捕地区、区域或次区域，包括用于保护和科学研究的特别区域；

（八）为避免在任何区域或次区域出现不适当的集中捕捞，规定使用的捕捞努力量和捕捞方式，包括渔具；

（九）采取委员会认为实现本公约目的所必要的其他养护措施，包括关于捕捞和相关活动对海洋生态系统中被捕捞种群以外的其他成分的影响的措施。

三、委员会应出版和保存所有现行养护措施的记录。

四、委员会在行使本条第一款规定的职能时应充分考虑科学委员会的建议和意见。

五、委员会应充分考虑根据《南极条约》第九条举行的协商会议或负责可能进入本公约适用区内之物种的渔业委员会制定或建议的任何有关措施或规定，以避免缔约方在这些规定或措施的权利和义务方面与委员会可能通过的养护措施之间出现不一致。

六、委员会根据本公约通过的养护措施，将由委员会成员按下列方式实施：

（一）委员会应将养护措施通知委员会所有成员；

（二）除本款第（三）项和第（四）项的规定之外，养护措施将在通知之后第 180 天起对委员会所有成员生效；

（三）如果委员会成员在收到本款第（一）项所述的通知之后 90 天内通知委员会，声明不能全部或部分接受该养护措施，则声明所指部分对该成员无效；

（四）如果委员会的任何成员对根据本款第（三）项提出的程序有异议，委员会可以应任一成员的要求开会审议该养护措施。

在会议期间以及会后的30天内，委员会的任何成员都有权宣布不再接受该养护措施，在这种情况下，该成员不再受该养护措施的约束。

第十条

一、如果委员会认为某一非缔约方国家的国民或船只从事的任何活动，影响了本公约目标的实施，委员会应提请该国注意。

二、如果委员会认为任何活动影响了某个缔约方实施本公约目标或履行本公约义务，委员会应提请所有缔约方注意。

第十一条

对于在公约适用区和毗邻海区内同时存在的任何种群或相关种群的保护问题，委员会应寻求与可对毗邻海区行使管辖权的缔约方合作，以协调对这些种群的养护措施。

第十二条

一、委员会对实质性事项的决定应在协商一致的基础上作出，一个问题是否具有实质性质，应当按实质性事项来对待。

二、对第一款之外其他事项的决定，应由出席会议并参加投票的委员会成员以简单多数的方式通过。

三、委员会对需要表决的任何事项进行审议时，应当明确区域经济一体化组织是否参加表决，如果参加表决，其成员是否也参加表决。参加表决的缔约方数目不应超过该区域经济一体化组织在委员会中的成员数目。

四、在根据本条进行表决时，一个区域经济一体化组织应只有一票表决权。

第十三条

一、委员会总部设在澳大利亚塔斯马尼亚的霍巴特。

二、委员会应举行例行年会。经1/3成员要求，或本公约另有规定，亦可召开其他会议。如果缔约方中有两个以上国家在公约适用区内进行了捕捞活动，则委员会首次会议应在本公约生效后三个月内举行。但无论如何,首次会议应在公约生效后一年内举行。考虑到签署国的广泛代表性对委员会的有效运作是必要的,保存国应同签署国就首次会议进行协商。

三、保存国应在委员会总部召开首次会议,除非委员会另有决定,以后各次会议均应在委员会总部举行。

四、委员会应从其成员中选举主席和副主席各一名,任期两年,并可连选连任一届。但首任主席的首届任期为三年,主席和副主席不应是同一缔约方的代表。

五、委员会应制定并在必要时修改会议议事规则,但本公约第十二条规定的事项除外。

六、委员会可根据履行其职责的需要建立必要的附属机构。

第十四条

一、缔约方特此建立南极海洋生物资源养护科学委员会(以下简称科学委员会)作为委员会的咨询机构。除另有决定外,科学委员会会议一般应在委员会总部举行。

二、委员会的每一成员均是科学委员会的成员,并均可指定具有适当科学资格的一名代表和数名专家、顾问。

三、根据特别需要,科学委员会可以征求其他科学家和专家的意见。

第十五条

一、在收集、研究和交换公约所适用的海洋生物资源的信息方面,科学委员会应提供一个协商和合作的论坛。为扩大对南极海洋生态系统中海洋生物资源的了解,科学委员会应鼓励并促进科学研究领域的合作。

二、科学委员会应按委员会根据本公约目的而给予的指示开展活动,并应:

(一)制定用于确定本公约第九条所述的养护措施的标准和方法;

（二）定期评估南极海洋生物资源种群的现状和趋势；

（三）分析捕捞对南极海洋生物资源种群的直接与间接影响的数据；

（四）对改变捕获方法或捕获水平的建议以及养护措施的建议的影响进行评估；

（五）按要求或主动向委员会提交对实施本公约目的的措施和研究进行的评估、分析、报告和建议；

（六）为实施国际或国家南极海洋生物资源研究规划提出建议。

三、在行使其职能的过程中，科学委员会应考虑到其他有关科学技术组织的工作和《南极条约》框架内进行的科学活动。

第十六条

一、科学委员会的首次会议，应在委员会首次会议之后的3个月内举行。其后，科学委员会可根据其履行职能的需要经常举行会议。

二、科学委员会应通过并根据需要修改议事规则。议事规则及其任何修正案，应由委员会批准。议事规则中应包括少数成员提出报告的程序。

三、经委员会批准，科学委员会可根据履行其职能的需要建立必要的附属机构。

第十七条

一、委员会应根据其确定的程序、条款和条件，任命一名执行秘书，为委员会和科学委员会服务。执行秘书的任期为4年，可以连任。

二、委员会应根据需要确定秘书处工作人员的编制，执行秘书应根据委员会确定的有关规则、程序、条款和条件，任命、指导和监督上述工作人员。

三、执行秘书和秘书处应行使委员会委托的职能。

第十八条

委员会和科学委员会的正式语言为英语、法语、俄语和西班牙语。

第十九条

一、在每次年会上，委员会应以协商一致方式通过委员会和科学委员会预算。

二、委员会、科学委员会及任何附属机构的预算草案，应由执行秘书制定，并至少在委员会年会召开前60天提交委员会各成员。

三、委员会各成员均应为预算缴款。在本公约生效后的5年内，委员会各成员的缴款应均等。其后，缴款将根据捕捞量和委员会各成员均摊这两条标准决定。委员会应按照协商一致的方式决定两条标准的适用比例。

四、委员会和科学委员会的财务活动应根据委员会通过的财务条例进行，并由委员会遴选的外聘审计员进行年度审计。

五、出席委员会和科学委员会会议的费用由委员会各成员自行负担。

六、如果委员会的一个成员连续2年不缴款，那么在违约期间，无权参加委员会的表决。

第二十条

一、委员会成员应尽其最大可能每年向委员会和科学委员会提供两委员会为行使职能所需要的统计、生物学及其他数据和信息。

二、委员会成员应按规定的方式和时间间隔提交包括捕捞区域和捕捞船舶在内的捕捞信息，以便汇编可靠的捕捞量和努力量统计数据。

三、委员会成员应按规定的时间间隔，向委员会提供为落实委员会通过的养护措施而采取的步骤。

四、委员会成员同意，在其一切捕捞活动中，应利用机会收集评估捕捞影响所需的数据。

第二十一条

一、各缔约方应尽其所能，采取适当措施，确保遵守本公约规定和委员会通过的根据本公约第九条对各成员有约束力的各项养护措施。

二、各缔约方应将根据本条第一款制定的措施，包括对任何违约行动的制裁措施，通报委员会。

第二十二条

一、在遵守《联合国宪章》的前提下，各缔约方应尽力杜绝任何违背公约目的的活动。

二、各缔约方应将其知悉的任何此种活动通报委员会。

第二十三条

一、在属于《南极条约》协商国职权范围内的事项上，委员会和科学委员会应与之合作。

二、委员会和科学委员会应酌情与联合国粮农组织及其他专门机构合作。

三、委员会和科学委员会应酌情寻求同能促进其工作的政府间和非政府组织发展合作工作关系。这些组织包括：南极研究科学委员会、海洋研究科学委员会和国际捕鲸委员会。

四、委员会可与本条提及的组织和其他适当组织达成协议。委员会和科学委员会可邀请这些组织派观察员出席其会议及其附属机构的会议。

第二十四条

一、为促进本公约目的并确保本公约条款得以遵守，缔约方同意建立观察和检查制度。

二、观察和检查制度应由委员会按下列原则确立：

（一）考虑到现行国际惯例，缔约方之间应彼此合作，确保观察和检查制度的有效实施。该制度中特别应包括委员会成员指派的观察员和检查员登临检查的程序以及船旗国根据登临检查获得的证据进行起诉和制裁的程序。进行这种起诉和制裁的报告,应包括在本公约第二十一条所述的通报内容中。

(二)为检查依据本公约制定的措施的遵守情况,委员会成员指派的观察员和检查员应按照委员会制定的条款和条件,在公约适用区内从事海洋生物资源科学研究或捕捞的船舶上进行观察和检查。

(三)指派的观察员和检查员须受其所属缔约方的管辖。他们应向指派他们的委员会成员报告,并由该委员会成员向委员会报告。

三、在建立观察和检查制度之前,委员会成员应寻求建立指派观察员和检查员的临时安排,临时指派的观察员和检查员,有权按本条第二款原则进行检查。

第二十五条

一、如果两个或两个以上缔约方之间就本公约的解释或适用发生争端,这些缔约方应在其内部进行协商,以便通过谈判、调查、调停、调解、仲裁、司法解决或他们自行选择的其他和平方式加以解决。

二、不能如此解决的任何此类性质的争端,应经争端各方同意后提交国际法院或交付仲裁解决;但如果不能就提交国际法院或交付仲裁达成协议,争端各当事方有责任继续通过本条第一款所述的各种和平方式寻求解决。

三、在争端交付仲裁的情况下,应按本公约附件的规定组成仲裁法庭。

第二十六条

一、本公约自 1980 年 8 月 1 日至 12 月 31 日在堪培拉对参加 1980 年 5 月 7 日至 20 日在堪培拉召开的南极海洋生物资源养护会议的国家开放签署。

二、上述签署国家为公约原始签署国。

第二十七条

一、本公约须经签署国的批准、接受或核准。

二、批准书、接受书或核准书应存放于澳大利亚政府，兹指定该政府为公约保管机关。

第二十八条

一、本公约应在第二十六条第一款所述国家交存了第八份批准书、接受书或核准书之日后第 30 天起生效。

二、对于在本公约生效以后交存批准书、接受书、核准书或加入书的国家和区域经济一体化组织，本公约应在其交存之日后第 30 天起生效。

第二十九条

一、本公约应向对本公约适用的海洋生物资源的研究或捕捞活动感兴趣的任何国家开放，供其加入。

二、本公约对由主权国家组成的其成员国包括一个或几个委员会成员且其成员国已向其全部或部分地让渡了本公约所涵盖问题的职能的区域经济一体化组织开放。此类区域经济一体化组织加入本公约须经委员会成员协商决定。

第三十条

一、本公约可随时修正。

二、如果委员会 1/3 成员要求召开会议讨论一项修正建议，保存国应召集会议。

三、在保存国收到委员会所有成员对修正案的批准书、接受书或核准书时，该修正案即生效。

四、在保存国收到任何其他缔约方的批准、接受或核准通知时，修正案对该缔约方生效。在该修正案根据本条第三款的规定生效之日起一年内，任何其他缔约方如未向保存国提交此类通知，应被认为已退出本公约。

第三十一条

一、任何缔约方可在任何一年的6月30日退出本公约,但不得晚于当年1月1日以前书面通知保存国,保存国在收到退约通知后,应立即通知其他缔约方。

二、在收到退约通知副本之后的60天内,其他任何缔约方都可以向保存国提交书面退约通知,在这种情况下,公约将在当年6月30日对提交退约通知的缔约方失效。

三、委员会的任何成员退约,不影响其依照本公约规定所承担的财政义务。

第三十二条

保存国应通知各缔约方:

(一)对本公约的签署及批准书、接受书、核准书或加入书的交存;

(二)本公约及其任何修正案生效的日期。

第三十三条

一、本公约的英文、法文、俄文及西班牙文文本具有同等效力,应存放于澳大利亚政府。该政府应将核正无误的公约副本分送所有签署国和加入国。

二、本公约应由保存国根据《联合国宪章》第一百零二条予以登记。

一九八〇年五月二十日订于堪培拉。

附:

关于仲裁法庭的附件

一、第二十五条第三款中所提及的仲裁法庭,应由按下述方式指派的三名仲裁员组成:

(一)提起仲裁程序的一方应将一名仲裁员的姓名通知另一方,另一方则应在收到通知之后40天内将第二名仲裁员的姓名通知提起仲裁程序一方。在指派第二名仲裁员后60天内,当事方应指派第三名仲裁员。第三名仲裁员不应是任何当事方的国民,也不应与前两名仲裁员的任何一位同国籍。仲裁法庭将由第三名仲裁员主持。

(二)如果未能在上述规定的时间内指派第二名仲裁员,或者当事方未能在规定的时间内就第三名仲裁员的指派达成协议,该仲裁员可以应任何一方的要求,由常设仲裁法庭秘书长从不具有公约缔约国国籍的、具有国际名望的人员中选派。

二、仲裁法庭应决定其所在地,并通过其议事规则。

三、仲裁法庭裁决由其成员多数作出,其成员不得投弃权票。

四、经仲裁法庭同意,非争端当事方的任何缔约方都可以参与仲裁程序。

五、仲裁法庭的裁决为终审裁决,对争端各当事方和参与诉讼的任何缔约方都具有约束力,应予遵守,不得延误。如果争端当事方或参与诉讼的任何缔约方提出要求,仲裁法庭应对裁决作出解释。

六、除非仲裁法庭因案情特殊另有决定,仲裁的一切费用、包括仲裁员的报酬,应由争端当事方均摊。

4. 1972年《保护南极海豹公约》

Convention for the Conservation of Antarctic Seals

(1)保护南极海豹公约正文

(2)附件

Annex

https://documents.ats.aq/keydocs/vol_1/vol1_13_CCAS_CCAS_e.pdf

(3)杀害或捕获海豹的特别许可证

Special Permits for the Killing or Capturing of Seals

https://documents.ats.aq/keydocs/vol_1/vol1_14_CCAS_Special_Permits_e. pdf

5. 1988 年《南极矿产资源活动管理公约》

Convention on the Regulation of Antarctic Mineral Resource Activities

https://documents. ats. aq/recatt/Att311_e. pdf

6. 1964 年《南极动植物保护议定措施》

Agreed Measures for the Conservation of Antarctic Fauna and Flora

https://documents. ats. aq/recatt/att080_e. pdf

7. 1946 年《国际捕鲸公约》

International Convention for the Regulation of Whaling

https://archive. iwc. int/pages/view. php? ref=3607&k=

8. 1962 年《南极远洋捕鲸管理安排》(日本、荷兰、挪威、苏联和英国)

Arrangements for the Regulation of Antarctic Pelagic Whaling

https://treaties. un. org/doc/Publication/UNTS/Volume%20486/volume-486-I-7080-English. pdf

9. 1962 年《南极远洋捕鲸管理补充安排》(日本、荷兰、挪威和英国)

Supplementary Arrangements for the Regulation of Antarctic Pelagic Whaling

https://treaties. un. org/doc/Publication/UNTS/Volume%20486/volume-486-I-7081-English. pdf

10. 2001 年《信天翁和海燕养护协定》

Agreement on the Conservation of Albatrosses and Petrels

https://www. acap. aq/agreement-text/206-agreement-on-the-conservation-of-albatrosses-and-petrels/file

(二)双边条约

1. 2023 年《中华人民共和国政府与乌拉圭东岸共和国政府关

于南极领域合作的谅解备忘录》

https://www.fmprc.gov.cn/web/gjhdq_676201/gj_676203/nmz_680924/1206_681192/sbgx_681196/

2. 2023 年《国家海洋局极地考察办公室与智利外交部南极研究所关于南极合作的谅解备忘录》

https://minrel.gob.cl/noticias-anteriores/canciller-s-fue-testigo-en-firma-de-memorando-de-entendimiento-de

https://www.inach.cl/chile-y-china-firman-memorandum-de-entendimiento-en-cooperacion-antartica/

3. 2023 年《中华人民共和国和智利共和国联合声明》

https://www.mfa.gov.cn/web/ziliao_674904/1179_674909/202310/t20231017_11162352.shtml

4. 2023 年《中华人民共和国和法兰西共和国联合声明》

https://www.mfa.gov.cn/web/zyxw/202304/t20230407_11056239.shtml

5. 2022 年《中华人民共和国和阿根廷共和国关于深化中阿全面战略伙伴关系的联合声明》

https://www.mfa.gov.cn/web/zyxw/202202/t20220206_10639419.shtml

6. 2018 年《中华人民共和国和阿根廷共和国联合声明》

https://www.mfa.gov.cn/web/ziliao_674904/1179_674909/201812/t20181203_7947873.shtml

7. 2018 年《国家海洋局第一海洋研究所和智利南极研究所关于开展南极与南大洋科学合作谅解备忘录》

https://www.fio.org.cn/news/news-detail-8318.htm

https://www.inach.cl/chile-fortalece-relacion-con-china-en-investigacion-antartica/

8. 2017 年《中华人民共和国政府与智利共和国政府关于南极

合作的谅解备忘录》

https://chinare.mnr.gov.cn/catalog/detail?id=b9f4de23544944aa9f7b89e98ccea7eb

9. 2017 年《国家海洋局极地考察办公室和阿根廷国家南极局关于南极合作谅解备忘录》

https://zh.consejoargentinochino.org/_files/ugd/ba0473_61d7f59962b0440a9527b08971980b49.pdf

10. 2017 年《中华人民共和国和阿根廷共和国联合声明》

https://www.mfa.gov.cn/web/ziliao_674904/1179_674909/201705/t20170517_7947764.shtml

11. 2016 年《中华人民共和国政府和乌拉圭东岸共和国政府关于南极领域合作的谅解备忘录》

http://uy.china-embassy.gov.cn/chn/zwgx/201804/t20180402_4418871.htm

12. 2015 年《中华人民共和国政府和智利共和国政府联合声明》

https://www.mfa.gov.cn/web/ziliao_674904/1179_674909/201505/t20150526_7947581.shtml

13. 2014 年《中华人民共和国政府与新西兰政府关于南极合作的安排》

https://www.fmprc.gov.cn/gjhdq_676201/gj_676203/dyz_681240/1206_681940/1206x2_681960/202401/t20240124_11232145.shtml

https://www.fmprc.gov.cn/mfa_eng/gjhdq_665435/2797_665439/3412_664880/3414_664884/201411/t20141121_587016.html

14. 2014 年《中华人民共和国政府和澳大利亚联邦政府南极和南大洋合作的谅解备忘录》

http://sydney.china-consulate.gov.cn/kjhz_122972/kjhz/202204/t20220429_10676179.htm

https://www.dfat.gov.au/news/media/Pages/china-australia-joint-committee-meeting-on-antarctic-and-southern-ocean-collaboration-statement-2016-2018

15. 2014 年《中国国家海洋局与澳大利亚塔斯马尼亚政府南极门户合作执行计划》

https://www.stategrowth.tas.gov.au/__data/assets/pdf_file/0009/178812/State_of_Tasmania_and_State_Oceanic_Administration_Schedule_on_Antarctic_Gateway_Corporation.PDF

16. 2013 年《中国国家海洋局与澳大利亚塔斯马尼亚政府南极门户合作谅解备忘录》

https://parlinfo.aph.gov.au/parlInfo/search/display/display.w3p;query=Id%3A%22library%2Fjrnart%2F3512559%22;rec=0

https://www.premier.tas.gov.au/releases/antarctic_gateway_cooperation_with_china

17. 2012 年《中国国家海洋局极地考察办公室与澳大利亚南极局南极合作谅解备忘录》

http://sydney.china-consulate.gov.cn/kjhz_122972/kjhz/202204/t20220429_10676180.htm

http://sydney.china-consulate.gov.cn/eng/kjhz_122972/kjhz/202208/t20220810_10739120.htm

https://www.antarctica.gov.au/news/2012/australia-leads-antarctic-protection-legacy/

18. 2010 年《中国极地研究中心与智利南极研究所关于南极合作的谅解备忘录》

https://www.inach.cl/programas-antarticos-de-chile-y-china-inician-nueva-etapa-de-cooperacion/

https://www.chile.gob.cl/en/chile/blog/china/beijing/programas-antarticos-de-chile-y-china-inician-nueva-etapa-de-cooperacion

19. 1999年《中华人民共和国政府和新西兰政府关于南极合作的联合声明》

http://treaty.mfa.gov.cn/web/detail1.jsp? objid=1531876806398

20. 1988年《中华人民共和国政府和阿根廷共和国政府南极合作协定》

http://treaty.mfa.gov.cn/web/detail1.jsp? objid=1531876631834

21. 2023年《智利和英国南极合作意向书2023-2028》

Letter of Intent on Antarctic Co-operation 2023-2028 between the Government of the Republic of Chile and the Government of the United Kingdom of Great Britain and Northern Ireland

https://www.gov.uk/government/publications/uk-chile-letter-of-intent-on-antarctic-co-operation-2023-to-2028/uk-chile-letter-of-intent-on-antarctic-co-operation-2023-to-2028

22. 2012年《新西兰政府与韩国政府关于南极合作的协定》

Agreement between the Government of New Zealand and the Government of the Republic of Korea on Antarctic Cooperation

https://treaties.un.org/Pages/showDetails.aspx? objid=0800000280361f8f&clang=_en

23. 2012年《澳大利亚南极局与法国保罗·埃米尔·维克多极地研究所的南极合作备忘录》

Memorandum on Antarctic Cooperation between the Australian Antarctic Division and the French Polar Institute Paul Emile Victor

https://www.antarctica.gov.au/news/2012/australia-leads-antarctic-protection-legacy/

24. 2012年《澳大利亚和俄罗斯联邦之间的南极合作谅解备忘录》

Memorandum of Understanding on Antarctic Cooperation between Australia and the Russian Federation https://www. antarctica. gov. au/news/2012/australia-leads-antarctic-protection-legacy/

25. 2012 年《澳大利亚南极局与俄罗斯北极和南极研究所的南极合作行动计划》

Schedule of Action on Antarctic Cooperation between the Australian Antarctic Division and the Russian Arctic and Antarctic Research Institute

https://www. antarctica. gov. au/news/2012/australia-leads-antarctic-protection-legacy/

26. 2010 年《阿根廷政府与捷克政府关于南极合作的协定》

Agreement on Antarctic Cooperation between the Government of the Argentine Republic and the Government of the Czech Republic

https://treaties. un. org/Pages/showDetails. aspx? objid=08000002802eeb48&clang=_en

27. 2010 年《南极条约协商会议和阿根廷政府关于南极条约秘书处的总部协定》

Headquarters Agreement for the Secretariat of the Antarctic Treaty

https://treaties. un. org/Pages/showDetails. aspx? objid=08000002802edb94&clang=_en

28. 2006 年《阿根廷政府与印度政府关于南极合作的谅解备忘录》

Memorandum of Understanding on Antarctic Co-operation between the Government of the Argentine Republic and the Government of the Republic of India

https://treaties. un. org/Pages/showDetails. aspx? objid=080000028028a69a&clang=_en

29. 2005 年《法国政府与意大利政府关于南极科学合作的协定》

Agreement on Scientific Cooperation in the Antarctic between the

Government of the French Republic and the Government of the Italian Republic

https://treaties.un.org/Pages/showDetails.aspx?objid=08000002801e3c14&clang=_en

30. 2003 年《澳大利亚政府与法国政府关于在法国南部和南极领土(TAAF)、赫德岛和麦克唐纳群岛邻近海域合作的条约》

Treaty between the Government of Australia and the Government of the French Republic on Cooperation in the Maritime Areas adjacent to the French Southern and Antarctic Territories(TAAF),Heard Island and the McDonald Islands

https://treaties.un.org/Pages/showDetails.aspx?objid=080000028005fa72&clang=_en

31. 2002 年《韩国政府与英国政府关于南极海洋生物资源养护委员会国际科学观察计划的谅解备忘录》

Memorandum of Understanding between the Government of the Republic of Korea and the Government of the United Kingdom of Great Britain and Northern Ireland concerning the Scheme of International Scientific Observation of the Commission for the Conservation of Antarctic Marine Living Resources

https://treaties.un.org/Pages/showDetails.aspx?objid=0800000280331562&clang=_en

32. 2001 年《韩国政府与英国政府关于南极海洋生物资源养护委员会国际科学观察计划的谅解备忘录》

Memorandum of Understanding between the Government of the Republic of Korea and the Government of the United Kingdom of Great Britain and Northern Ireland concerning the Scheme of International Scientific Observation of the Commission for the Conservation of Antarctic Marine Living Resources https://treaties.un.org/Pages/showDetails.aspx? objid=0800000280062928&clang=_en

33. 2001 年《阿根廷政府与秘鲁政府关于南极合作的协定》

Agreement concerning Antarctic Cooperation between the Government of the Argentine Republic and the Government of the Republic of Peru

https://treaties.un.org/Pages/showDetails.aspx? objid=080000028027567f&clang=_en

34. 2001 年《巴西政府与英国政府关于〈南极海洋生物资源养护公约〉的国际科学观察计划的谅解备忘录》

Memorandum of Understanding between the Government of the Federative Republic of Brazil and the Government of the United Kingdom of Great Britain and Northern Ireland concerning the Scheme of International Scientific Observation of the Convention for the Conservation of Antarctic Living Marine Resources

https://treaties.un.org/Pages/showDetails.aspx? objid=0800000280088d3d&clang=_en

35. 2000 年《法国政府与英国政府根据〈南极海洋生物资源养护公约〉国际科学观察计划的规定发展科学观察员的框架安排》

Framework Arrangement between the Government of the French Republic and the Government of the United Kingdom of Great Britain and Northern Ireland for the Development of Scientific Observers in accordance with the Provisions of the Convention on the Conservation of Antarctic Marine Living Resources Scheme of International Scientific Observation

https://treaties.un.org/Pages/showDetails.aspx? objid=080000028008a3ea&clang=_en

36. 1997 年《英国政府与乌拉圭政府关于转让位于南极半岛希望湾的营地的换文》

Exchange of Notes between the Government of the United Kingdom of Great Britain and Northern Ireland and the Government of the Oriental Republic of Uruguay concerning the Transfer of the Hut located in Hope Bay(Bahía Esperanza) in the Antarctic Peninsula

https://treaties.un.org/Pages/showDetails.aspx?objid=080000028009c06f&clang=_en

37. 1997 年《南非政府与英国政府关于〈南极海洋生物资源养护公约〉的谅解备忘录》

Memorandum of Understanding between the Government of the Republic of South Africa and the Government of the United Kingdom of Great Britain and Northern Ireland concerning the Convention on the Conservation of Antarctic Marine Living Resources

https://treaties.un.org/Pages/showDetails.aspx?objid=0800000280221338&clang=_en

38. 1996 年《韩国政府和秘鲁政府关于在南极进行科学、技术和后勤合作的协定》

Agreement on Scientific, Technologic and Logistic Cooperation in Antarctica between the Government of the Republic of Korea and the Government of the Republic of Peru

https://treaties.un.org/Pages/showDetails.aspx?objid=080000028009da07&clang=_en

39. 1994 年《法国和新西兰南极合作协定》

Agreement on Antarctic Cooperation

https://treaties.un.org/Pages/showDetails.aspx?objid=08000002800ac9e9&clang=_en

40. 1993 年《智利和西班牙南极合作协定》

Antarctic Cooperation Agreement

https://treaties.un.org/Pages/showDetails.aspx?objid=08000002800b0545&clang=_en

41. 1991 年《阿根廷与智利关于保护南极环境的特别附加议定书》

Specific Additional Protocol on the Protection of the Antarctic Environment between the Argentine Republic and the Republic of Chile

https://treaties.un.org/Pages/showDetails.aspx?objid=080000002802e2469&clang=_en

42. 1991 年《阿根廷政府和西班牙政府关于南极合作的协议》

Agreement concerning Antarctic Cooperation

https://treaties.un.org/Pages/showDetails.aspx?objid=08000002800b92cb&clang=_en

43. 1987 年《新西兰和意大利南极合作协议的换文》

Exchange of Letters constituting an Agreement on Antarctic Cooperation

https://treaties.un.org/Pages/showDetails.aspx?objid=08000002800b9e92&clang=_en

44. 1986 年《新西兰和瑞典南极合作协议的换文》

Exchange of Letters constituting an Agreement concerning Antarctic Cooperation

https://treaties.un.org/Pages/showDetails.aspx?objid=08000002800c1a60&clang=_en

45. 1981 年《新西兰和联邦德国南极合作协议的换文》

Exchange of Letters constituting an Agreement concerning Antarctic Co-operation https://treaties.un.org/Pages/showDetails.aspx?objid=08000002800dcc38&clang=_en

46. 1964 年《根据 1962 年〈南极远洋捕鲸管理安排〉向日本转让英国配额的换文,与向日本出售南方收割机捕鲸船相关事项》

Exchange of Notes constituting an Agreement concerning the Transfer to Japan of the United Kingdom Quota under the Arrangements for the Regulation of Antarctic Pelagic Whaling, 1962, in Connexion with the Sale to Japan of the Southern Harvester

https://treaties.un.org/Pages/showDetails.aspx?objid=080000028012ff9a&clang=_en

47. 1960 年《延长实施新西兰政府与美国政府之间关于在新西兰为美国南极考察队提供设施的协定的换文》

Exchange of Notes constituting an Agreement extending the Operation of the Agreement between the Government of New Zealand and the Government of the United States of America regarding the Provision of Facilities in New Zealand for United States Antarctic Expeditions

https://treaties.un.org/Pages/showDetails.aspx?objid=0800000280133485&clang=_en

48. 1958 年《新西兰政府和美国政府之间关于在新西兰为美国南极考察队提供设施的协定的换文》

Exchange of Notes constituting an Agreement between the Government of New Zealand and the Government of the United States of America regarding the Provision of Facilities in New Zealand for United States Antarctic Expeditions

https://treaties.un.org/Pages/showDetails.aspx?objid=080000028013ea65&clang=_en

二、南极治理机制——南极条约体系

(一)南极条约协商会议

1. 协商会议报告

(1)2024 年第 46 届会议最终报告
(2)2023 年第 45 届会议最终报告
(3)2022 年第 44 届会议最终报告
(4)2021 年第 43 届会议最终报告
(5)2019 年第 42 届会议最终报告
(6)2018 年第 41 届会议最终报告
(7)2017 年第 40 届会议最终报告
(8)2016 年第 39 届会议最终报告
(9)2015 年第 38 届会议最终报告
(10)2014 年第 37 届会议最终报告
(11)2013 年第 36 届会议最终报告
(12)2012 年第 35 届会议最终报告
(13)2011 年第 34 届会议最终报告
(14)2010 年第 33 届会议最终报告
(15)2009 年第 32 届会议最终报告
(16)2008 年第 31 届会议最终报告
(17)2007 年第 30 届会议最终报告
(18)2006 年第 29 届会议最终报告
(19)2005 年第 28 届会议最终报告
(20)2004 年第 27 届会议最终报告
(21)2003 年第 26 届会议最终报告
(22)2002 年第 25 届会议最终报告
(23)2001 年第 24 届会议最终报告
(24)1999 年第 23 届会议最终报告

(25)1998 年第 22 届会议最终报告

(26)1997 年第 21 届会议最终报告

(27)1996 年第 20 届会议最终报告

(28)1995 年第 19 届会议最终报告

(29)1994 年第 18 届会议最终报告

(30)1992 年第 17 届会议最终报告

(31)1991 年第 16 届会议最终报告

(32)1989 年第 15 届会议最终报告

(33)1987 年第 14 届会议最终报告

(34)1985 年第 13 届会议最终报告

(35)1983 年第 12 届会议最终报告

(36)1981 年第 11 届会议最终报告

(37)1979 年第 10 届会议最终报告

(38)1977 年第 9 届会议最终报告

(39)1975 年第 8 届会议最终报告

(40)1972 年第 7 届会议最终报告

(41)1970 年第 6 届会议最终报告

(42)1968 年第 5 届会议最终报告

(43)1966 年第 4 届会议最终报告

(44)1964 年第 3 届会议最终报告

(45)1962 年第 2 届会议最终报告

(46)1961 年第 1 届会议最终报告

https://www.ats.aq/devAS/Info/FinalReports? lang=e

2. 特别协商会议报告

(1)2000 年第 12 届会议报告

(2)1991 年第 11 届会议报告

(3)1990 年第 10 届会议报告

(4)1989 年第 9 届会议报告

(5)1988 年第 8 届会议报告
(6)1987 年第 7 届会议报告
(7)1985 年第 6 届会议报告
(8)1983 年第 5 届会议报告
(9)1988 年第 4 届会议最终报告
(10)1983 年第 4 届第 3 次会议报告
(11)1983 年第 4 届第 2 次会议报告
(12)1982 年第 4 届第 1 次会议报告
(13)1981 年第 3 届会议报告
(14)1980 年第 2 届第 3 次会议报告
(15)1978 年第 2 届第 2 次会议报告
(16)1978 年第 2 届第 1 次会议报告
(17)1977 年第 1 届会议报告
https://www.ats.aq/devAS/Info/FinalReports?lang=e

3. 专家会议报告

(1)2010 年会议报告(关于气候变化对南极管理和治理的影响)
(2)2009 年会议报告(关于南极条约区域船运旅游管理)
(3)2004 年会议报告(关于南极旅游和非政府活动)
(4)2000 年会议报告(关于南极海运和有关活动)
(5)1992 年会议报告(关于南极环境监测)
(6)1989 年会议报告(关于南极航空安全)
(7)1978 年会议报告(关于电信第 3 次会议)
(8)1969 年会议报告(关于电信第 2 次会议)
(9)1968 年会议报告(关于后勤)
(10)1963 年会议报告(关于电信第 1 次会议)
https://www.ats.aq/devAS/Info/FinalReports?lang=e

4. 其他会议和报告

(1)1999 年第二次南极保护区研讨会报告

1999-Workshop APA 2-Second Protected Areas Workshop Report

(2)1998 年第一次南极保护区研讨会报告

1998-Workshop APA 1-First Protected Areas Workshop Report

(3)1988 年重新评审保护南极海豹公约会议报告

Report of the 1988 Meeting to Review the Operation of the CCAS

(4)1980 年南极海洋生物资源养护公约会议

Conference of CCAMLR-1980

(5)1972 年保护南极海豹会议报告

Report of the Conference on the Conservation of Antarctic Seals-1972

https://www.ats.aq/devAS/Info/FinalReports? lang=e

5. 历届会议各国和国际组织机构提交的提案、报告等统计表，按以下主题分类：

(1)保护区和管理计划(综合性)

(2)生物勘探

(3)环境保护委员会战略讨论

(4)气候变化

(5)全面环境评估

(6)与其他组织的合作

(7)钻井

(8)教育培训问题

(9)紧急状况报告和应急计划

(10)环境领域分析

(11)环境影响评价

(12)环境监测和报告

(13)环境保护(综合性)

(14)信息交换

(15)动植物(综合性)

(16)古迹和纪念碑

(17)人类足迹和荒野价值
(18)检查
(19)制度和法律问题
(20)国际极地年
(21)责任
(22)管理计划
(23)海洋声学
(24)海洋生物资源
(25)海洋保护区
(26)矿产资源
(27)多年战略工作计划
(28)非本地物种和检疫
(29)会议开幕词
(30)南极条约体系运作(综合性)
(31)南极条约体系运作(报告)
(32)南极条约体系运作(秘书处)
(33)环境保护委员会运作
(34)南极活动相关问题
(35)防止海洋污染
(36)环境损害的修复和补救
(37)南极活动和安全
(38)科学事项
(39)搜寻和救援
(40)旅游景点准则
(41)特别保护物种
(42)南极环境报告状况
(43)冰川下的湖泊
(44)旅游和非政府活动

(45)废物管理和处理

https://www.ats.aq/devAS/Meetings/DocDatabase? lang=e

6. 南极条约协商会议的程序规则

Rules of Procedure of the Antarctic Treaty Consultative Meeting

https://documents.ats.aq/keydocs/vol_2/Rules_atcm_e.pdf

(二)环境保护委员会

1. 环境保护委员会报告

(1)2024 年第 26 届会议报告

(2)2023 年第 25 届会议报告

(3)2022 年第 24 届会议报告

(4)2021 年第 23 届会议报告

(5)2019 年第 22 届会议报告

(6)2018 年第 21 届会议报告

(7)2017 年第 20 届会议报告

(8)2016 年第 19 届会议报告

(9)2015 年第 18 届会议报告

(10)2014 年第 17 届会议报告

(11)2013 年第 16 届会议报告

(12)2012 年第 15 届会议报告

(13)2011 年第 14 届会议报告

(14)2010 年第 13 届会议报告

(15)2009 年第 12 届会议报告

(16)2008 年第 11 届会议报告

(17)2007 年第 10 届会议报告

(18)2006 年第 9 届会议报告

(19)2005 年第 8 届会议报告

(20)2004 年第 7 届会议报告

(21)2003 年第 6 届会议报告

(22)2002 年第 5 届会议报告

(23)2001 年第 4 届会议报告

(24)2000 年第 3 届会议报告

(25)1999 年第 2 届会议报告

(26)1998 年第 1 届会议报告

https://www.ats.aq/devAS/Info/FinalReports? lang=e

2. 环境保护委员会发布的各类指南和手册

(1)2024 年版南极游客通用指南

General Guidelines for Visitors to the Antarctic(2024)

(2)2024 年版南极特别保护区(ASPA)访问报告表

Antarctic Specially Protected Area(ASPA) Visit Report Form(2024)

(3)2021 年版南极研究科学委员会的南极洲地球科学实地研究活动行为的环境准则

SCAR Environmental Code of Conduct for Geosciences Field Research Activities in Antarctica(2021)

(4)2021 年版游客景点指南目录册

Revised Site Guidelines for Visitors Checklist(2021)

(5)2021 年版南极游客通用指南

Revised General Guidelines for Visitors to the Antarctic(2021)

(6)环境保护委员会就海洋保护区 1998 年—2021 年的工作总结

Summary of the Work of the CEP on Marine Protected Areas 1998-2021

(7)2019 年版南极清理手册

Antarctic Clean-up Manual 2019

(8)2019 年版非本地物种手册

Non-Native Species Manual Revision 2019

(9)协助检查南极特别保护区和南极特别管理区的目录册

Checklist to Assist in the Inspection of Antarctic Specially Protected Areas and Antarctic Specially Managed Areas

（10）南极遥控飞机系统（RPAS）运行的环境准则 1.1 版

Environmental Guidelines for Operation of Remotely Piloted Aircraft Systems (RPAS) in Antarctica (v 1.1)

（11）评估可能被指定为南极特别管理区的地区的指南

Guidance for Assessing an Area for a Potential Antarctic Specially Managed Area Designation

（12）南极环境影响评估指南

Guidelines for Environmental Impact Assessment in Antarctica

（13）关于处理 1958 年以前存在或目前位置不明的历史遗迹的准则

Guidelines for handling of pre-1958 Historic remains whose Existence or Present Location is Not Known

（14）南极条约环境保护议定书附件五第 3 条规定的保护区框架的实施准则

Guidelines for Implementation of the Framework for Protected Areas set Forth in Article 3, Annex V of the Environmental Protocol

（15）2022 年版南极洲遗产的评估和管理准则

Guidelines for the Assessment and Management of Heritage in Antarctica (2022)

（16）在南极洲鸟类聚集地附近的飞机操作指南

Guidelines for the Operation of Aircraft Near Concentrations of Birds in Antarctica

（17）准则——指定南极特别保护区和南极特别管理区的事先评估程序

Guidelines—A Prior Assessment Process for the Designation of ASPA and ASMAs

（18）南极条约区域压载水交换的实用指南

Practical Guidelines for Ballast Water Exchange in the Antarctic

Treaty Area

(19)制定和设计南极洲环境监测计划的实用指南

Practical Guidelines for Developing and Designing Environmental Monitoring Programmes in Antarctica

(20)南极研究科学委员会在南极洲为科学目的使用动物的行为守则

SCAR's Code of Conduct for the Use of Animals for Scientific Purposes in Antarctica

(21)南极研究科学委员会的南极洲陆地科学实地研究行为的环境准则

SCAR's Environmental Code of Conduct for Terrestrial Scientific Field Research in Antarctica

https://www.ats.aq/devAS/EP/GuidelinesAndProcedures?lang=e

3. 环境保护委员会的程序规则

Rules of Procedure of the Committee for Environmental Protection

https://documents.ats.aq/recatt/att469_e.pdf

(三)南极条约秘书处

1. 南极条约秘书处人事条例

Staff Regulations for the Secretariat of the Antarctic Treaty

https://documents.ats.aq/recatt/att696_e.pdf

2. 南极条约秘书处财务条例

Financial Regulations for the Secretariat of the Antarctic Treaty

https://documents.ats.aq/keydocs/vol_1/vol1_17_Secretariat_Financial_Regulations_e.pdf

3. 南极条约秘书处章程——2003年南极条约协商会议报告措施1

Measure 1(2003) Secretariat of the Antarctic Treaty

https://documents.ats.aq/keydocs/vol_1/vol1_18_Secretariat_

Measure_1_2003_e. pdf

4. 南极条约区域旅游和非政府活动的规定和指南手册

Manual of Regulations and Guidelines relevant to Tourism and Non-Governmental Activities in the Antarctic Treaty Area

https://documents. ats. aq/atcm43/ww/atcm43_ww002_e. pdf

(四)南极海洋生物资源养护委员会

1. 基本文件

(1)第 1 部分《南极海洋生物资源养护公约》

Part 1 Convention on the Conservation of Antarctic Marine Living Resources

(2)第 2 部分 《南极海洋生物资源养护委员会与澳大利亚政府之间的总部协定》

Part 2 Headquarters Agreement between the Commission and the Government of Australia

(3)第 3 部分 委员会的议事规则

Part 3 Rules of Procedure of the Commission

(4)第 4 部分 科学委员会的议事规则

Part 4 Rules of Procedure of the Scientific Committee

(5)第 5 部分 行政和财务常设委员会(SCAF)

Part 5 Standing Committee on Administration and Finance(SCAF)

(6)第 6 部分 财务条例

Part 6 Financial Regulations

(7)第 7 部分 工作人员条例

Part 7 Staff Regulations

(8)第 8 部分 执行与遵约常设委员会(SCIC)

Part 8 Standing Committee on Implementation and Compliance(SCIC)

(9)第 9 部分 南极海洋生物资源养护委员会检查制度

Part 9 CCAMLR System of Inspection

（10）第 10 部分　南极海洋生物资源养护委员会的国际科学观测计划

Part 10 CCAMLR Scheme of International Scientific Observation

（11）第 11 部分　南极海洋生物资源养护委员会数据的获取和使用规则

Part 11 Rules for Access and Use of CCAMLR Data

（12）第 12 部分　获取渔获量记录计划数据的规则

Part 12 Rules for Access to Catch Documentation Scheme Data

https://www.ccamlr.org/en/document/publications/basic-documents-december-2011

2. 南极海洋生物资源养护委员会报告

（1）2024 年第 43 届会议报告

（2）2023 年第 42 届会议报告

（3）2023 年第 3 届特别会议报告

（4）2022 年第 41 届会议报告

（5）2021 年第 40 届会议报告

（6）2020 年第 39 届会议报告

（7）2019 年第 38 届会议报告

（8）2018 年第 37 届会议报告

（9）2017 年第 36 届会议报告

（10）2016 年第 35 届会议报告

（11）2015 年第 34 届会议报告

（12）2014 年第 33 届会议报告

（13）2013 年第 32 届会议报告

（14）2013 年第 2 届特别会议报告

（15）2012 年第 31 届会议报告

（16）2011 年第 30 届会议报告

（17）2010 年第 29 届会议报告

(18)2009 年第 28 届会议报告
(19)2008 年第 27 届会议报告
(20)2007 年第 26 届会议报告
(21)2006 年第 25 届会议报告
(22)2005 年第 24 届会议报告
(23)2004 年第 23 届会议报告
(24)2003 年第 22 届会议报告
(25)2002 年第 21 届会议报告
(26)2001 年第 20 届会议报告
(27)2000 年第 19 届会议报告
(28)1999 年第 18 届会议报告
(29)1998 年第 17 届会议报告
(30)1997 年第 16 届会议报告
(31)1996 年第 15 届会议报告
(32)1995 年第 14 届会议报告
(33)1994 年第 13 届会议报告
(34)1993 年第 12 届会议报告
(35)1992 年第 11 届会议报告
(36)1991 年第 10 届会议报告
(37)1990 年第 9 届会议报告
(38)1989 年第 8 届会议报告
(39)1988 年第 7 届会议报告
(40)1987 年第 6 届会议报告
(41)1986 年第 5 届会议报告
(42)1986 年第 1 届特别会议报告
(43)1985 年第 4 届会议报告
(44)1984 年第 3 届会议报告
(45)1983 年第 2 届会议报告

(46)1982 年第 1 届会议报告

https://meetings.ccamlr.org/en/meetings/ccamlr

3. 南极海洋生物资源养护科学委员会会议报告

(1)2024 年第 43 届会议报告

(2)2023 年第 42 届会议报告

(3)2022 年第 41 届会议报告

(4)2021 年第 40 届会议报告

(5)2020 年第 39 届会议报告

(6)2019 年第 38 届会议报告

(7)2018 年第 37 届会议报告

(8)2017 年第 36 届会议报告

(9)2016 年第 35 届会议报告

(10)2015 年第 34 届会议报告

(11)2014 年第 33 届会议报告

(12)2013 年第 32 届会议报告

(13)2013 年第 1 届科学委员会闭会期间会议

(14)2012 年第 31 届会议报告

(15)2011 年第 30 届会议报告

(16)2010 年第 29 届会议报告

(17)2009 年第 28 届会议报告

(18)2008 年第 27 届会议报告

(19)2007 年第 26 届会议报告

(20)2006 年第 25 届会议报告

(21)2005 年第 24 届会议报告

(22)2004 年第 23 届会议报告

(23)2003 年第 22 届会议报告

(24)2002 年第 21 届会议报告

(25)2001 年第 20 届会议报告

(26)2000 年第 19 届会议报告
(27)1999 年第 18 届会议报告
(28)1998 年第 17 届会议报告
(29)1997 年第 16 届会议报告
(30)1996 年第 15 届会议报告
(31)1995 年第 14 届会议报告
(32)1994 年第 13 届会议报告
(33)1993 年第 12 届会议报告
(34)1992 年第 11 届会议报告
(35)1991 年第 10 届会议报告
(36)1990 年第 9 届会议报告
(37)1989 年第 8 届会议报告
(38)1988 年第 7 届会议报告
(39)1987 年第 6 届会议报告
(40)1986 年第 5 届会议报告
(41)1985 年第 4 届会议报告
(42)1984 年第 3 届会议报告
(43)1983 年第 2 届会议报告
(44)1982 年第 1 届会议报告

https://meetings. ccamlr. org/en/meetings/sc-camlr

4. 养护措施

(1)2024—2025 年有效的养护措施一览表

Schedule of ConservationMeasures in Force 2024-25

(2)2023—2024 年有效的养护措施一览表

Schedule of Conservation Measures in Force 2023-24

(3)2022—2023 年有效的养护措施一览表

Schedule of Conservation Measures in Force 2022-23

(4)2021—2022 年有效的养护措施一览表

Schedule of Conservation Measures in Force 2021-22

(5)2020—2021 年有效的养护措施一览表

Schedule of Conservation Measures in Force 2020-21

(6)2019—2020 年有效的养护措施一览表

Schedule of Conservation Measures in Force 2019-20

(7)2018—2019 年有效的养护措施一览表

Schedule of Conservation Measures in Force 2018-19

(8)2017—2018 年有效的养护措施一览表

Schedule of Conservation Measures in Force 2017-18

(9)2016—2017 年有效的养护措施一览表

Schedule of Conservation Measures in Force 2016-17

(10)2015—2016 年有效的养护措施一览表

Schedule of Conservation Measures in Force 2015-16

(11)2014—2015 年有效的养护措施一览表

Schedule of Conservation Measures in Force 2014-15

(12)2013—2014 年有效的养护措施一览表

Schedule of Conservation Measures in Force 2013-14

(13)2012—2013 年有效的养护措施一览表

Schedule of Conservation Measures in Force 2012-13

(14)2011—2012 年有效的养护措施一览表

Schedule of Conservation Measures in Force 2011-12

(15)2010—2011 年有效的养护措施一览表

Schedule of Conservation Measures in Force 2010-11

(16)2009—2010 年有效的养护措施一览表

Schedule of Conservation Measures in Force 2009-10

(17)2008—2009 年有效的养护措施一览表

Schedule of Conservation Measures in Force 2008-09

(18)2007—2008 年有效的养护措施一览表

Schedule of Conservation Measures in Force 2007-08

(19)2006—2007 年有效的养护措施一览表

Schedule of Conservation Measures in Force 2006-07

(20)2005—2006 年有效的养护措施一览表

Schedule of Conservation Measures in Force 2005-06

(21)2004—2005 年有效的养护措施一览表

Schedule of Conservation Measures in Force 2004-05

(22)2003—2004 年有效的养护措施一览表

Schedule of Conservation Measures in Force 2003-04

(23)2002—2003 年有效的养护措施一览表

Schedule of Conservation Measures in Force 2002-03

(24)2001—2002 年有效的养护措施一览表

Schedule of Conservation Measures in Force 2001-02

(25)2000—2001 年有效的养护措施一览表

Schedule of Conservation Measures in Force 2000-2001

(26)1999—2000 年有效的养护措施一览表

Schedule of Conservation Measures in Force 1999-2000

(27)1998—1999 年有效的养护措施一览表

Schedule of Conservation Measures in Force 1998-99

(28)1997—1998 年有效的养护措施一览表

Schedule of Conservation Measures in Force 1997-98

(29)1996—1997 年有效的养护措施一览表

Schedule of Conservation Measures in Force 1996-97

(30)1995—1996 年有效的养护措施一览表

Schedule of Conservation Measures in Force 1995-96

(31)1994—1995 年有效的养护措施一览表

Schedule of Conservation Measures in Force 1994-95

(32)1993—1994 年有效的养护措施一览表

Schedule of Conservation Measures in Force 1993-94

(33)1992—1993年有效的养护措施一览表

Schedule of Conservation Measures in Force 1992-93

(34)1991—1992年有效的养护措施一览表

Schedule of Conservation Measures in Force 1991-92

(35)1990—1991年有效的养护措施一览表

Schedule of Conservation Measures in Force 1990-91

(36)1989—1990年有效的养护措施一览表

Schedule of Conservation Measures in Force 1989-90

(37)1989年有效的养护措施一览表

Schedule of Conservation Measures in Force 1989

https://cm. ccamlr. org/

https://www. ccamlr. org/en/publications/past-conservation-measures

5. 渔业报告

2004年—2024年渔业报告

http://fisheryreports. ccamlr. org/

https://www. ccamlr. org/en/publications/fishery-reports-archive

(五)其他数据资料库

1. 南极检查资料库

https://www. ats. aq/devAS/Ats/InspectionsDatabase? lang=e

2. 环境影响评价资料库

https://www. ats. aq/devAS/EP/EIAList? lang=e

3. 南极保护区域资料库

https://www. ats. aq/devph/en/apa-database

4. 电子信息交换系统

https://www. ats. aq/devAS/InformationExchange/LatestReports? lang=e

5. 联络人信息数据库

https://contacts. ats. aq/login. aspx? ReturnUrl=%2f

三、国际文件

（一）国际南极旅游组织协会

1. 国际南极旅游组织协会章程(2024 年 5 月更新)

IAATO Bylaws（Updated May 2024）

https://iaato.org/about-us/bylaws

2. 南极旅行指南合集

Visitor Guidelines Library

https://iaato.org/visiting-antarctica/visitor-guidelines-library?field_download_categories_target_id=1

3. 国际南极旅游组织协会 2022—2023 年报告

Report of the International Association of Antarctica Tour Operators 2022-23

https://documents.ats.aq/ATCM45/WW/ATCM45_WW013_e.pdf

4. 国际南极旅游组织协会 2021 年—2022 年报告

Report of the International Association of Antarctica Tour Operators 2021-22

https://iaato.org/wp-content/uploads/2022/06/ATCM44-IAATO-Annual-Report.pdf

5. 国际南极旅游组织协会南极旅游概述:增长的历史回顾,2021-22 年旅游季,和 2022—2023 年的初步估计

IAATO Overview of Antarctic Tourism: a Historical Review of Growth, the 2021-22 Season, and Preliminary Estimates for 2022-23

https://iaato.org/wp-content/uploads/2022/06/ATCM44-IAATO-Overview.pdf

6. 五年概览和 2021—2022 旅游季关于 IAATO 经营者南极半岛登陆点和 ATCM 游客站点指南使用的报告

A Five-Year Overview and 2021-22 Season Report on IAATO Operator Use of Antarctic Peninsula Landing Sites and ATCM Visitor Site Guidelines

https://iaato. org/wp-content/uploads/2022/06/ATCM44-IAATO-Site-Guidelines. pdf

7. 国际南极旅游组织协会向南极条约协商会议自 1991 年起提交的文件

Past IAATO ATCM Information Papers

https://iaato. org/information-resources/data-statistics/download-iaato-information-papers/

8. 2019—2020 年南极游客数据

Antarctic Visitor Figures 2019-2020

https://iaato. org/wp-content/uploads/2020/07/IAATO-on-Antarctic-visitor-figures-2019-20-FINAL. pdf

9. 2019 年南极洲旅游业

Tourism in Antarctica,2019

https://iaato. org/wp-content/uploads/2020/04/Tourism_in_Antarctica_2019. pdf

10. 2018 年南极洲旅游业

Tourism in Antarctica,2018

https://iaato. org/wp-content/uploads/2020/04/IAATO_factsheet_2018_final_Tourism_in_Antarctica. pdf

11. 2017—2018 年南极洲旅游业的主要概况

Antarctica Key Facts on Tourism 2017-2018

https://iaato. org/wp-content/uploads/2020/01/IAATO-Fact-Sheet-2017-18. pdf

12. 2016—2017 年南极洲旅游概况介绍

Antarctica Tourism Fact Sheet 2016-2017

https://iaato. org/wp-content/uploads/2020/04/IAATO-Fact-Sheet-

2016-17. pdf

（二）国家南极局局长理事会

1. 联合声明

南极条约区域高致病性禽流感问题的联合声明-南极条约区域高致病性禽流感（HPAI）疑似病例首次报告

Joint Statement on HPAI in the Antarctic Treaty Area-First Report of Suspected Cases of High Pathogenicity Avian Influenza（HPAI） in the Antarctic Treaty Area

https://static1. squarespace. com/static/61073506e9b0073c7eaaf464/t/658bb234065536050def56fc/1703653941554/Joint+Statement+Avian+Flu+Antarctica+27+December+2023+. pdf

2. 研讨会报告

（1）国家南极局局长理事会第 20 届研讨会"南极创新与合作"会议记录（2023 年）

20th COMNAP Symposium（2023）"Antarctic Innovations and Collaborations"

https://www. comnap. aq/20th-comnap-symposium

（2）国家南极局局长理事会南极航空研讨会（2022 年）研讨会报告

COMNAP Antarctic Aviation Workshop（2022）Final Workshop Report

（3）第 19 届国家南极局局长理事会研讨会（2020 年）面向未来的基础设施以支持研究和减少环境影响会议记录

19th COMNAP Symposium（2020）Future-proofing Infrastructure to Support Research and to Reduce Environmental Impact Proceedings

（4）第 18 届国家南极局局长理事会研讨会（2018 年）促进南极科学国际协作会议记录

18th COMNAP Symposium（2018）Facilitation of Internationally

Collaborative Antarctic Science Proceedings

(5)第 17 届国家南极局局长理事会研讨会(2016 年)越冬的挑战会议记录

17th COMNAP Symposium (2016) Winter-Over Challenges Proceedings

(6)国家南极局局长理事会 2015 年研讨会-海冰挑战研讨会报告

COMNAP Workshop 2015 Sea Ice Challenges Workshop Report

(7)国家南极局局长理事会 2014 年研讨会-推进南极科考站废水管理报告

COMNAP Workshop 2014 Advancing Antarctic Station Waste Water Management Report

(8)第 16 届国家南极局局长理事会研讨会(2014 年)通过国际合作取得成功会议记录

16th COMNAP Symposium (2014) Success through International Co-operation Proceedings

(9)国家南极局局长理事会和南极研究科学委员会 2013 年研讨会——南极保护战略范围报告

COMNAP & SCAR Workshop 2013 Antarctic Conservation Strategy Scoping Report

(10)第 15 届国家南极局局长理事会研讨会(2012 年)南极挑战的可持续解决方案会议记录

15th COMNAP Symposium (2012) Sustainable Solutions to Antarctic Challenges Proceedings

(11)第 14 届国家南极局局长理事会研讨会(2010 年)通过新方法应对变化会议记录

14th COMNAP Symposium (2010) responding to Change through New Approaches Proceedings

(12)第13届国家南极局局长理事会研讨会(2008年)南极能力——对未来项目的展望

13th COMNAP Symposium(2008) Antarctic Capabilities-Visions for the Future Programme

(13)国家科学基金会、国家南极局局长理事会和南极研究科学委员会2005年研讨会——南极洲人类影响的实用生物指标报告第一卷

NSF,COMNAP & SCAR Workshop 2005 Practical Biological Indicators of Human Impact in Antarctica Report Volume 1

(14)国家科学基金会、国家南极局局长理事会和南极研究科学委员会2005年研讨会——南极洲人类影响的实用生物指标报告第二卷

NSF,COMNAP & SCAR Workshop 2005 Practical Biological Indicators of Human Impact in Antarctica Report Volume 2

(15)第11届国家南极局局长理事会研讨会(2004年)关于迈向国际极地年及其以后的会议记录

11th COMNAP Symposium(2004) Toward International Polar Year and Beyond Proceedings

(16)第10届国家南极局局长理事会研讨会(2002年)南极后勤和操作会议记录

10th COMNAP Symposium(2002) Antarctic Logistics and Operations Proceedings

(17)第9届国家南极局局长理事会研讨会(2000年)会议记录

9th COMNAP Symposium(2000) Proceedings

(18)国家南极局局长理事会1999年研讨会-环境监测和环境影响评估报告

COMNAP Workshop 1999 Environmental Monitoring and Environmental Impact Assessment Report

(19)第8届国家南极局局长理事会研讨会(1998年)南极后勤和操作会议记录

8th COMNAP Symposium(1998) Antarctic Logistics and Operations Proceedings

(20)第7届国家南极局局长理事会研讨会(1996年)南极后勤和操作会议记录

7th COMNAP Symposium(1996) Antarctic Logistics and Operations Proceedings

(21)南极研究科学委员会和国家南极局局长理事会1996年研讨会-南极科学与作业环境影响监测报告

SCAR & COMNAP Workshop 1996 Monitoring of Environmental Impacts from Science and Operations in Antarctica Report

(22)第6届国家南极局局长理事会研讨会(1994年)南极后勤和操作会议记录

6th COMNAP Symposium(1994) Antarctic Logistics and Operations Proceedings

(23)第5届国家南极局局长理事会研讨会(1992年)南极后勤和操作会议记录

5th COMNAP Symposium(1992) Antarctic Logistics and Operations Proceedings

(24)第4届国家南极局局长理事会研讨会(1990年)南极后勤和操作会议记录

4th COMNAP Symposium(1990) Antarctic Logistics and Operations Proceedings

(25)第3届国家南极局局长理事会研讨会(1982年)南极后勤会议记录

3rd COMNAP Symposium(1982) Antarctic Logistics Proceedings

（26）第2届国家南极局局长理事会研讨会（1968年）南极条约后勤专家会议

2nd COMNAP Symposium（1968）Antarctic Treaty Meeting of Experts on Logistics

（27）第1届国家南极局局长理事会研讨会（1962年）南极后勤会议记录

1st COMNAP Symposium（1962）Antarctic Logistics Proceedings

https://www.comnap.aq/symposiums-workshops-reports

3. 指南手册

（1）国家南极局局长理事会南极遥控飞机系统操作手册（2023年12月18日第8版）

COMNAP RPAS Operator's Handbook（18 December 2023）

（2）南极洲的海啸意识（手册）（2023年）

Tsunami Awareness in Antarctica（Brochure）（2023）

（3）国家南极局局长理事会南极遥控飞机系统（RPAS）操作手册（2022年10月15日第7版）

COMNAP Antarctic Remotely Piloted Aircraft Systems（RPAS）Operator's Handbook（version 7, 15 October 2022）

（4）供应链管理者减少非本地物种转移风险的洲际核对表（2019年5月版）

Inter-continental Checklists for Supply Chain Managers for the Reduction in Risk of Transfer of Non-native Species（version May 2019）

（5）南极洲的海啸意识（手册）（2014年）

Tsunami Awareness in Antarctica（Brochure）（2014）

（6）了解海啸事件对南极洲沿海地区国家南极计划行动和人员的风险（2012年）

Understanding Risk to National Antarctic Program Operations and Personnel in Coastal Antarctica from Tsunami Events（2012）

(7)国家南极局局长理事会的初步研究报告:了解海啸事件对南极洲沿海地区的风险(2011 年)

COMNAP Preliminary Research Report: Understanding Risk in Coastal Antarctica from Tsunami Events(2011)

(8)非本地物种检查表(手册格式)(2010 年)

Non-native Species Checklists(Brochure format)(2010)

(9)非本地物种检查表(海报格式)(2010 年)

Non-native Species Checklists(Poster format)(2010)

(10)国家南极局局长理事会燃料手册 1.0 版(2008 年 4 月)

COMNAP Fuel Manual-V1.0(April 2008)

(11)国家南极局局长理事会能源管理最佳实践(2007 年)

COMNAP Best Practice for Energy Management(2007)

(12)国家南极局局长理事会南极洲废物管理研讨会会议记录(2007 年)

COMNAP Waste Management in Antarctica (2007)—Workshop Proceedings

(13)国家南极局局长理事会环境监测实用指南(2005 年 1 月)

COMNAP Practical Guidelines Environmental Monitoring(January 2005)

(14)国家南极局局长理事会应急反应和应急计划(2004 年)

COMNAP Emergency Response and Contingency Planning(2004)

(15)国家南极局局长理事会避免在内陆站向无冰地面排放废水的最佳做法(2002 年)

COMNAP Best Practice to Avoid Wastewater Disposal onto Ice-free Ground at Inland Stations(2002)

(16)国家南极局局长理事会——南极研究科学委员会南极环境监测手册(2000 年 6 月)

COMNAP-SCAR Antarctic Environmental Monitoring Handbook

(June 2000)

(17)国家南极局局长理事会关于提前交流南极活动业务信息的指南(1999年)

COMNAP Guidelines for Advance Exchange of Operational Information on Antarctic Activities(1999)

(18)国家南极局局长理事会南极游客指南(1993年)

COMNAP Visitors' Guide to the Antarctic(1993)

(19)南极合作故事:国家南极局局长理事会25周年

A Story of Antarctic Co-operation: 25 Years of the Council of Managers of National Antarctic Programs

(20)国家南极局局长理事会南极科考站目录册

COMNAP Antarctic Station Catalogue

https://www.comnap.aq/handbooks-manuals-operational-guidelines

4. 南极路线图挑战白皮书

(1)南极天文学和天体物理学白皮书2015年8月12日

Antarctic Astronomy and Astrophysics White Paper 12 August 2015

(2)冰芯科学的国际合作(IPICS)白皮书2015年8月6日

IPICS White Paper 6 August 2015

(3)人文社会科学历史EG白皮书2015年8月1日

Humanities Social Science History EG White Paper 1 August 2015

(4)技术与能源白皮书2015年7月28日

Technology and Energy White Paper 28 July 2015

(5)冰川下湖泊白皮书2015年7月23日

Subglacial Lakes White Paper 23 July 2015

(6)卫星研究白皮书2015年7月21日

Satellite Studies White Paper 21 July 2015

(7)2015年冰雪战略下的南部海洋观测系统(SOOS)

SOOS Under Ice Strategy 2015

(8)2012 年国家南极局局长理事会通信研讨会的卫星最新情况

Satellite Update from COMNAP Communications Workshop 2012

https://www.comnap.aq/antarctic-roadmap-challenges-arc

(三)南极研究科学委员会

1. 南极研究科学委员会南极气候变化和环境报告

SCAR Antarctic Climate Change and the Environment Reports

https://www.scar.org/policy/acce-updates/

2. 南极研究科学委员会报告

(1)2022 年第 43 份报告

(2)2022 年第 42 份报告

(3)2021 年第 41 份报告

(4)2016 年第 40 份报告

(5)2011 年第 39 份报告

(6)2010 年第 38 份报告

(7)2010 年第 37 份报告

(8)2009 年第 36 份报告

(9)2009 年第 35 份报告

(10)2009 年第 34 份报告

(11)2008 年第 33 份报告

(12)2007 年第 32 份报告

(13)2007 年第 31 份报告

(14)2007 年第 30 份报告

(15)2007 年第 29 份报告

(16)2006 年第 28 份报告

(17)2006 年第 27 份报告

(18)2006 年第 26 份报告

(19)2006 年第 25 份报告

(20)2005 年第 24 份报告

(21)2005 年第 23 份报告

(22)2002 年第 22 份报告

(23)2002 年第 21 份报告

(24)2001 年第 20 份报告

(25)2001 年第 19 份报告

(26)2001 年第 18 份报告

(27)1999 年第 17 份报告

(28)1999 年第 16 份报告

(29)1998 年第 15 份报告

(30)1997 年第 14 份报告

(31)1996 年第 13 份报告

(32)1996 年第 12 份报告

(33)1996 年第 11 份报告

(34)1994 年第 10 份报告

(35)1992 年第 9 份报告

(36)1992 年第 8 份报告

(37)1992 年第 7 份报告

(38)1991 年第 6 份报告

(39)1989 年第 5 份报告

(40)1989 年第 4 份报告

(41)1988 年第 3 份报告

(42)1986 年第 2 份报告

(43)1986 年第 1 份报告

https://scar.org/library-data/scar-reports-and-bulletins/scar-reports

3. 南极研究科学委员会公报

一共收录了 212 份公报(1959 年 1 月 1 日第 1 份到 2025 年 2 月 17 日第 212 份)

https://scar.org/library-data/scar-reports-and-bulletins/scar-bulletins

（四）联合国

1. 联合国大会第一委员会——南极洲问题的报告

（1）A/38/646-RU

（2）A/39/756-EN A/39/756-ZH

（3）A/40/996-EN A/40/996-ZH

（4）A/41/902-EN A/41/902-ZH

（5）A/42/758-EN A/42/758-ZH

（6）A/43/911-EN A/43/911-ZH

（7）A/44/819-EN A/44/819-ZH

（8）A/45/789-EN A/45/789-ZH

（9）A/46/679-EN A/46/679-ZH

（10）A/47/696-EN A/47/696-ZH

（11）A/48/681-EN A/48/681-ZH

（12）A/49/704-EN A/49/704-ZH

（13）A/49/710-EN A/49/710-ZH

（14）A/51/567-EN A/51/567-ZH

（15）A/54/553-EN A/54/553-ZH

（16）A/57/503-EN A/57/503-ZH

（17）A/60/454-EN A/60/454-ZH

https://documents.un.org/prod/ods.nsf/home.xsp 联合国正式文件系统（文件文号后缀-EN 为英文文本，-ZH 为中文文本，-RU 为俄文文本）

2. 联合国大会秘书长报告

（1）A/35/416-EN

（2）A/39/583（Part Ⅰ）-EN

（3）A/39/583（Part Ⅰ）/Corr-1-EN A/39/583（Part Ⅰ）/Corr-1-ZH

(4) A/39/583(Part Ⅰ)/Corr-2-EN A/39/583(Part Ⅰ)/Corr-2-ZH

(5) A/39/583(Part Ⅰ)/Corr-3-EN A/39/583(Part Ⅰ)/Corr-3-ZH

(6) A/39/583(Part Ⅱ) Vol-I-EN A/39/583(Part Ⅱ) Vol-I-ZH

(7) A/39/583(Part Ⅱ) Vol-II-EN A/39/583(Part Ⅱ) Vol-II-ZH

(8) A/39/583(Part Ⅱ) Vol-III-EN

(9) A/39/583(Part Ⅱ)/Corr-1-EN A/39/583(Part Ⅱ)/Corr-1-ZH

(10) A/41/688/Add. 1-EN

(11) A/41/688-EN A/41/688-ZH

(12) A/41/722-EN A/41/722-ZH

(13) A/42/586-EN A/42/586-ZH

(14) A/42/587-EN A/42/587-ZH

(15) A/43/564-EN A/43/564-ZH

(16) A/43/565/Add. 1-EN A/43/565/Add. 1-ZH

(17) A/43/565-EN A/43/565-ZH

(18) A/43/718-EN A/43/718-ZH

(19) A/44/518-EN A/44/518-ZH

(20) A/44/586-EN A/44/586-ZH

(21) A/45/458-EN A/45/458-ZH

(22) A/45/459-EN A/45/459-ZH

(23) A/45/663-EN

(24) A/46/512-EN A/46/512-ZH

(25) A/46/583-EN A/46/583-ZH

(26) A/46/590-EN A/46/590-ZH

(27) A/47/541-EN A/47/541-ZH

(28) A/47/542-EN A/47/542-ZH

(29) A/47/624-EN A/47/624-ZH

(30) A/48/449-EN A/48/449-ZH

(31) A/48/482-EN A/48/482-ZH

(32) A/49/370-EN A/49/370-ZH

(33) A/51/390-EN A/51/390-ZH

(34) A/51/404-EN A/51/404-ZH

(35) A/54/339-EN A/54/339-ZH

(36) A/57/346-EN A/57/346-ZH

(37) A/60/222-EN A/60/222-ZH

https://documents. un. org/prod/ods. nsf/home. xsp 联合国正式文件系统

3. 联合国大会南极洲问题的决议

(1) A/RES/38/77-EN A/RES/38/77-ZH

(2) A/RES/39/152-EN A/RES/39/152-ZH

(3) A/RES/40/156-EN A/RES/40/156-ZH

(4) A/RES/41/88-EN A/RES/41/88-ZH

(5) A/RES/42/46-EN A/RES/42/46-ZH

(6) A/RES/43/83-EN A/RES/43/83-ZH

(7) A/RES/44/124-EN A/RES/44/124-ZH

(8) A/RES/45/78-EN A/RES/45/78-ZH

(9) A/RES/46/41-EN A/RES/46/41-ZH

(10) A/RES/47/57-EN A/RES/47/57-ZH

(11) A/RES/48/80-EN A/RES/48/80-ZH

(12) A/RES/49/80-EN A/RES/49/80-ZH

(13) A/RES/49/85-EN A/RES/49/85-ZH

(14) A/RES/51/56-EN A/RES/51/56-ZH

(15) A/RES/54/45-EN A/RES/54/45-ZH

(16) A/RES/57/51-EN A/RES/57/51-ZH

(17) A/RES/60/47-EN A/RES/60/47-ZH

https://documents. un. org/prod/ods. nsf/home. xsp 联合国正式文件系统

4. 联合国大会第一委员会——决议草案

(1) A/C-1/49/L-49/Rev-1-EN A/C-1/49/L-49/Rev-1-ZH

(2) A/C-1/49/L-49-EN A/C-1/49/L-49-ZH

(3) A/C-1/69/L-10-EN A/C-1/69/L-10-ZH

(4) A/C-1/70/L-35-EN A/C-1/70/L-35-ZH

(5) A/C-1/71/L-31-EN A/C-1/71/L-31-ZH

(6) A/C-1/72/L-28-EN A/C-1/72/L-28-ZH

(7) A/C. 1/41/L. 86-EN

(8) A/C. 1/41/L. 87-EN

(9) A/C. 1/41/L. 88-EN

(10) A/C. 1/42/L. 87-EN

(11) A/C. 1/42/L. 88-EN

(12) A/C. 1/43/L. 82-EN

(13) A/C. 1/43/L. 83-EN

(14) A/C. 1/44/L. 68-EN

(15) A/C. 1/44/L. 69-EN

(16) A/C. 1/45/L. 63/Rev. 1-EN A/C. 1/45/L. 63/Rev. 1-ZH

(17) A/C. 1/45/L. 63/Rev. 2-EN

(18) A/C. 1/45/L. 63-EN A/C. 1/45/L. 63-ZH

(19) A/C. 1/45/L. 64/Rev. 1-EN

(20) A/C. 1/45/L. 64-EN A/C. 1/45/L. 64-ZH

(21) A/C. 1/46/L. 50-EN A/C. 1/46/L. 50-ZH

(22) A/C. 1/46/L. 51-EN A/C. 1/46/L. 51-ZH

(23) A/C. 1/47/L. 54-EN A/C. 1/47/L. 54-ZH

(24) A/C. 1/48/L. 57-EN A/C. 1/48/L. 57-ZH

(25) A/C. 1/49/L. 53-EN A/C. 1/49/L. 53-ZH

(26) A/C. 1/51/L. 55-EN A/C. 1/51/L. 55-ZH

(27) A/C. 1/54/L. 58-EN A/C. 1/54/L. 58-ZH

(28) A/C. 1/57/L. 61-EN A/C. 1/57/L. 61-ZH

(29) A/C. 1/60/L. 60-EN A/C. 1/60/L. 60-ZH

(30) A/C. 1/74/L. 22-EN A/C. 1/74/L. 22-ZH

https://documents. un. org/prod/ods. nsf/home. xsp 联合国正式文件系统

5. 联合国大会无核武器的南半球和毗邻地区决议

(1) A/RES/55/33-EN A/RES/55/33-ZH

(2) A/RES/58/49-EN A/RES/58/49-ZH

(3) A/RES/69/35-EN A/RES/69/35-ZH

(4) A/RES/70/45-EN A/RES/70/45-ZH

(5) A/RES/71/51-EN A/RES/71/51-ZH

(6) A/RES/72/45-EN A/RES/72/45-ZH

(7) A/RES/74/48-EN A/RES/74/48-ZH

https://documents. un. org/prod/ods. nsf/home. xsp 联合国正式文件系统

6. 联合国大会发言记录

(1) A/38/PV. 3-EN

(2) A/38/PV. 5-EN

(3) A/38/PV. 14-EN

(4) A/38/PV. 15-EN

(5) A/38/PV. 17-EN

(6) A/38/PV. 20-EN

(7) A/38/PV. 31-EN

(8) A/38/PV. 97-EN

(9) A/39/PV. 7-EN A/39/PV. 7-ZH

(10) A/39/PV. 17-EN A/39/PV. 17-ZH

(11) A/39/PV. 28-EN A/39/PV. 28-ZH

(12) A/39/PV. 30-EN A/39/PV. 30-ZH

(13) A/39/PV. 102-EN A/39/PV. 102-ZH

(14) A/40/PV. 9-EN A/40/PV. 9-ZH

(15) A/40/PV. 22-EN A/40/PV. 22-ZH

(16) A/40/PV. 117-EN A/40/PV. 117-ZH

(17) A/41/PV. 14-EN A/41/PV. 14-ZH

(18) A/41/PV. 27-EN A/41/PV. 27-ZH

(19) A/41/PV. 96-ZH(官网提供的英文版是俄文)

(20) A/42/PV. 11-EN A/42/PV. 11-ZH

(21) A/42/PV. 31-EN A/42/PV. 31-ZH

(22) A/42/PV. 85-EN A/42/PV. 85-ZH

(23) A/43/PV. 17-EN A/43/PV. 17-ZH

(24) A/43/PV. 26-EN A/43/PV. 26-ZH

(25) A/43/PV. 73-EN A/43/PV. 73-ZH

(26) A/44/PV. 28-EN A/44/PV. 28-ZH

(27) A/44/PV. 81-EN A/44/PV. 81-ZH

(28) A/45/PV-66-EN A/45/PV-66-ZH

(29) A/45/PV. 27-EN A/45/PV. 27-ZH

(30) A/46/PV. 26-EN A/46/PV. 26-ZH

(31) A/46/PV. 65-EN A/46/PV. 65-ZH

(32) A/48/PV-81-EN A/48/PV-81-ZH

(33) A/C-1/38/PV-42-EN

(34) A/C-1/38/PV-43-EN

(35) A/C-1/38/PV-44-EN

(36) A/C-1/38/PV-45-EN

(37) A/C-1/38/PV-46-EN

(38) A/C-1/39/PV-50-EN

(39) A/C-1/39/PV-52-EN

(40) A/C-1/39/PV-53-EN

(41) A/C-1/39/PV-54-EN

(42) A/C-1/39/PV-55-EN

(43) A/C-1/40/PV-48-EN

(44) A/C-1/40/PV-49-EN

(45) A/C-1/40/PV-50-EN

(46) A/C-1/40/PV-51-EN

(47) A/C-1/40/PV-52-EN

(48) A/C-1/40/PV-53-EN

(49) A/C-1/40/PV-54-EN

(50) A/C-1/40/PV-55-EN

(51) A/C-1/41/PV-49-EN

(52) A/C-1/41/PV-50-EN

(53) A/C-1/41/PV-51-EN

(54) A/C-1/48/SR-32-EN A/C-1/48/SR-32-ZH

(55) A/C-1/48/SR-33-EN A/C-1/48/SR-33-ZH

(56) A/C-1/49/PV-26-EN A/C-1/49/PV-26-ZH

(57) A/C. 1/42/PV. 46-EN

(58) A/C. 1/42/PV. 47-EN

(59) A/C. 1/42/PV. 48-EN

(60) A/C. 1/43/PV. 44-EN

(61) A/C. 1/43/PV. 45-EN

(62) A/C. 1/43/PV. 46-EN

(63) A/C. 1/44/PV. 2-EN

(64) A/C. 1/44/PV. 26-EN

(65) A/C. 1/44/PV. 42-EN

(66) A/C. 1/44/PV. 43-EN

(67) A/C. 1/44/PV. 44-EN

(68) A/C. 1/44/PV. 45-EN

(69)A/C. 1/44/PV. 46-EN

(70)A/C. 1/44/PV. 51-EN

(71)A/C. 1/45/PV. 40-EN A/C. 1/45/PV. 40-ZH

(72)A/C. 1/45/PV. 41-EN A/C. 1/45/PV. 41-ZH

(73)A/C. 1/45/PV. 42-EN A/C. 1/45/PV. 42-ZH

(74)A/C. 1/45/PV. 43-EN A/C. 1/45/PV. 43-ZH

(75)A/C. 1/45/PV. 47-EN A/C. 1/45/PV. 47-ZH

(76)A/C. 1/46/PV. 38-EN A/C. 1/46/PV. 38-ZH

(77)A/C. 1/46/PV. 39-EN A/C. 1/46/PV. 39-ZH

(78)A/C. 1/46/PV. 45-EN A/C. 1/46/PV. 45-ZH

(79)A/C. 1/47/PV. 38-EN A/C. 1/47/PV. 38-ZH

(80)A/C. 1/47/PV. 39-EN A/C. 1/47/PV. 39-ZH

(81)A/C. 1/47/PV. 40-EN A/C. 1/47/PV. 40-ZH

(82)A/C. 1/51/PV. 26-EN A/C. 1/51/PV. 26-ZH

(83)A/C. 1/54/PV. 28-EN A/C. 1/54/PV. 28-ZH

(84)A/C. 1/57/PV. 24-EN A/C. 1/57/PV. 24-ZH

(85)A/C. 1/57/PV. 25-EN A/C. 1/57/PV. 25-ZH

(86)A/C. 1/60/PV. 23-EN A/C. 1/60/PV. 23-ZH

https://documents. un. org/prod/ods. nsf/home. xsp 联合国正式文件系统

7. 联合国环境规划署

(1)南极的海洋环境状况

State of the Marine Environment in Antarctica

https://www. unep. org/resources/report/state-marine-environment-antarctica

(2)全球冰雪展望——第五章——海洋中的冰雪

Global Outlook for Ice and Snow—Chapter 5—Ice in the Sea

https://www. unep. org/resources/report/global-outlook-ice-and-snow-chapter-5-ice-sea

(3) UNEP/GC. 18/28-EN UNEP/GC. 18/28-ZH

(4) UNEP/GCSS. IX/10-EN UNEP/GCSS. IX/10-ZH

https://documents. un. org/prod/ods. nsf/home. xsp 联合国正式文件系统

8. 其他

(1) A/40/666/Corr-1-ZH

(2) A/40/854-S/17610-EN A/40/854-S/17610-ZH

https://documents. un. org/prod/ods. nsf/home. xsp 联合国正式文件系统

(五)南极和南大洋联盟

1. 关于南极条约协商会议和环境保护委员会会议的文件

(1)2024 年第 46 届南极条约协商会议和第 26 届环境保护委员会会议的文件

(2)2023 年第 45 届南极条约协商会议文件和第 25 届环境保护委员会会议的文件

(3)2022 年第 44 届南极条约协商会议和第 24 届环境保护委员会会议的文件

(4)2021 年第 43 届南极条约协商会议和第 23 届环境保护委员会会议的文件

(5)2019 年第 42 届南极条约协商会议和第 22 届环境保护委员会会议的文件

(6)2018 年第 41 届南极条约协商会议和第 21 届环境保护委员会会议的文件

(7)2017 年第 40 届南极条约协商会议和第 20 届环境保护委员会会议的文件

(8)2016 年第 39 届南极条约协商会议和第 19 届环境保护委员会会议的文件

(9)2015 年第 38 届南极条约协商会议和第 18 届环境保护委员会会议的文件

(10)2014 年第 37 届南极条约协商会议和第 17 届环境保护委员会会议的文件

(11)2013 年第 36 届南极条约协商会议和第 16 届环境保护委员会会议的文件

(12)2012 年第 35 届南极条约协商会议和第 15 届环境保护委员会会议的文件

(13)2011 年第 34 届南极条约协商会议和第 14 届环境保护委员会会议的文件

(14)2010 年第 33 届南极条约协商会议和第 13 届环境保护委员会会议的文件

(15)2010 年南极条约专家会议的文件

(16)2009 年南极条约专家会议的文件

(17)2009 年第 32 届南极条约协商会议和第 12 届环境保护委员会会议的文件

(18)2008 年南极条约专家会议的文件

(19)2008 年第 31 届南极条约协商会议和第 11 届环境保护委员会会议的文件

(20)2007 年第 30 届南极条约协商会议和第 10 届环境保护委员会会议的文件

(21)2006 年第 29 届南极条约协商会议和第 9 届环境保护委员会会议的文件

(22)2005 年第 28 届南极条约协商会议和第 8 届环境保护委员会会议的文件

(23)2004 年第 27 届南极条约协商会议和第 7 届环境保护委员会会议的文件

(24)2003 年第 26 届南极条约协商会议和第 6 届环境保护委

员会会议的文件

(25)2002 年第 25 届南极条约协商会议和第 5 届环境保护委员会会议的文件

(26)2001 年第 24 届南极条约协商会议和第 4 届环境保护委员会会议的文件

(27)1999 年第 23 届南极条约协商会议和第 2 届环境保护委员会会议的文件

(28)1998 年第 22 届南极条约协商会议和第 1 届环境保护委员会会议的文件

(29)1997 年第 21 届南极条约协商会议的文件

(30)1996 年第 20 届南极条约协商会议的文件

(31)1994 年第 18 届南极条约协商会议的文件

(32)1992 年第 17 届南极条约协商会议的文件

(33)1991 年第 16 届南极条约协商会议的文件

(34)1991 年预备南极条约协商会议的文件

(35)1990 年南极条约特别协商会议的文件

(36)1989 年第 15 届南极条约协商会议的文件

(37)1989 年预备南极条约协商会议的文件

(38)1988 年关于南极矿产资源的南极条约特别协商会议的文件

(39)1987 年第 14 届南极条约协商会议的文件

(40)1987 年关于南极矿产资源的南极条约特别协商会议的文件

(41)1986 年关于南极矿产资源的南极条约特别协商会议的文件

(42)1985 年第 13 届南极条约协商会议的文件

(43)1985 年关于南极矿产资源的南极条约特别协商会议的文件

(44)1985 年预备南极条约协商会议的文件

(45)1984 年关于南极矿产资源的南极条约特别协商会议的文件

(46)1984 年关于南极矿产资源的南极条约特别协商会议工作小组的文件

(47)1982 年关于南极矿产资源的南极条约特别协商会议的文件

(48)1980 年南极海洋生物资源养护外交会议的文件

(49)1978 年南极条约特别协商会议的文件

https://www.asoc.org/ice-archives/?category=antarctic-meetings

https://www.asoc.org/ice-archives/?category=atme

2. 关于南极海洋生物资源养护委员会会议的文件

(1)2024 年第 43 届南极海洋生物资源养护委员会会议的文件

(2)2023 年第 42 届南极海洋生物资源养护委员会会议的文件

(3)2023 年南极海洋生物资源养护委员会第三次特别会议的文件

(4)2022 年第 41 届南极海洋生物资源养护委员会会议的文件

(5)2021 年第 40 届南极海洋生物资源养护委员会会议的文件

(6)2020 年第 39 届南极海洋生物资源养护委员会会议的文件

(7)2019 年第 38 届南极海洋生物资源养护委员会会议的文件

(8)2018 年第 37 届南极海洋生物资源养护委员会会议的文件

(9)2017 年第 36 届南极海洋生物资源养护委员会会议的文件

(10)2016 年第 35 届南极海洋生物资源养护委员会会议的文件

(11)2015 年第 34 届南极海洋生物资源养护委员会会议的文件

（12）2015 年南极海洋生物资源养护委员会研讨会会议的文件

（13）2014 年第 33 届南极海洋生物资源养护委员会会议的文件

（14）2013 年第 32 届南极海洋生物资源养护委员会会议的文件

（15）2013 年南极海洋生物资源养护委员会第二次特别会议的文件

（16）2012 年第 31 届南极海洋生物资源养护委员会会议的文件

（17）2011 年第 30 届南极海洋生物资源养护委员会会议的文件

（18）2010 年第 29 届南极海洋生物资源养护委员会会议的文件

（19）2009 年第 28 届南极海洋生物资源养护委员会会议的文件

（20）2008 年第 27 届南极海洋生物资源养护委员会会议的文件

（21）2007 年第 26 届南极海洋生物资源养护委员会会议的文件

（22）2006 年第 25 届南极海洋生物资源养护委员会会议的文件

（23）2005 年第 24 届南极海洋生物资源养护委员会会议的文件

（24）2004 年第 23 届南极海洋生物资源养护委员会会议的文件

（25）2003 年第 22 届南极海洋生物资源养护委员会会议的文件

（26）2002 年第 21 届南极海洋生物资源养护委员会会议的文件

（27）2001 年第 20 届南极海洋生物资源养护委员会会议的文件

（28）1999 年第 18 届南极海洋生物资源养护委员会会议的文件

（29）1998 年第 17 届南极海洋生物资源养护委员会会议的文件

（30）1997 年第 16 届南极海洋生物资源养护委员会会议的文件

（31）1996 年第 15 届南极海洋生物资源养护委员会会议的文件

（32）1994 年第 13 届南极海洋生物资源养护委员会会议的文件

（33）1993 年第 12 届南极海洋生物资源养护委员会会议的文件

（34）1991 年第 10 届南极海洋生物资源养护委员会会议的文件

（35）1990 年第 9 届南极海洋生物资源养护委员会会议的文件

（36）1989 年第 8 届南极海洋生物资源养护委员会会议的文件

（37）1988 年第 7 届南极海洋生物资源养护委员会会议的文件

（38）1987 年第 6 届南极海洋生物资源养护委员会会议的文件

（39）1986 年第 5 届南极海洋生物资源养护委员会会议的文件

(40)1985 年第 4 届南极海洋生物资源养护委员会会议的文件

(41)1984 年第 3 届南极海洋生物资源养护委员会会议的文件

(42)1983 年第 2 届南极海洋生物资源养护委员会会议的文件

(43)1982 年第 1 届南极海洋生物资源养护委员会会议的文件

https://www.asoc.org/ice-archives/? category=ccamlr

3. 2021 年南极和南大洋联盟报告——南极洲,现在和未来:纪念《马德里议定书》签署 30 周年会议

ASOC Report-Antarctica, Present and Future: Commemoration of the 30th Anniversary of the Madrid Protocol

https://www.asoc.org/ice-archive/antarctica-present-and-future-commemoration-of-the-30th-anniversary-of-the-madrid-protocol/

4. 关于国际捕鲸委员会的文件

(1)2010 年第 62 届国际捕鲸委员会会议的文件

(2)2009 年第 61 届国际捕鲸委员会会议的文件

(3)2009 年国际捕鲸委员会闭会期间会议的文件

(4)2008 年第 60 届国际捕鲸委员会会议的文件

(5)1980 年第 32 届国际捕鲸委员会会议的文件

https://www.asoc.org/ice-archives/? category=iwc

5. 关于国际海事组织的文件

(1)2024 年第 82 届国际海事组织会议的文件

(2)2024 年第 81 届国际海事组织会议的文件

(3)2011 年第 55 届国际海事组织会议的文件

(4)2010 年第 54 届国际海事组织会议的文件

(5)2009 年第 52 届国际海事组织会议的文件

(6)2008 年海洋环境保护委员会第 57 届会议的文件

https://www.asoc.org/ice-archives/?category=imo

6. 关于国际自然保护联盟的文件

2016 年国际自然保护联盟世界保护大会的文件

https://www.asoc.org/ice-archives/?category=iucn

7. 其他

(1)南大洋鲸鱼和海豚信息图

Southern Ocean Whales and Dolphins Infographic

(2)来自船舶的塑料污染信息图

Plastic Pollution from Ships Infographic

(3)幽灵渔具信息图

Ghost Fishing Gear Infographic

(4)气候危机信息图

Climate Crisis Infographic

(5)海平面上升信息图

Rising Sea Levels Infographic

(6)极地代码信息图

Polar Code Infographics

(7)黑碳信息图

Black Carbon Infographic

(8)科学文献目录

Scientific Bibliography

(9)我们珍爱的三十种南极物种

Thirty-Three Antarctic Species We Love

(10)南极海洋遗产:确保对罗斯海区域的持久保护

Antarctic Ocean Legacy: Securing Enduring Protection for the Ross Sea Region

https://www.asoc.org/ice-archives/?category=resources

（六）海洋研究科学委员会

1. 南大洋观测系统

Southern Ocean Observing System（SOOS）

2. 工作小组 54：南大洋生态系统及其生物资源

WG 54：Southern Ocean Ecosystems and their Living Resources

3. 工作小组 74：南大洋的一般环流

WG 74：General Circulation of the Southern Ocean

https://scor-int.org/work/publications/

（七）国际自然保护联盟

世界的海洋保护区——国家系统的审查，第一卷 印度洋、大洋洲、澳大利亚和南极

Protected Areas of the World—a review of National Systems，Vol 1 Indomalaya，Oceania，Australia and Antarctic

https://portals.iucn.org/library/sites/library/files/documents/1991-002-1.pdf

四、国家法律与政策

（一）中国

（1）访问中国南极考察站管理规定（海办发〔2018〕10 号）

（2）南极活动环境影响评估文件目录（海办发〔2018〕8 号）

（3）中国极地考察数据管理办法（国海规范〔2018〕3 号）

（4）南极活动环境保护管理规定（国海规范〔2018〕1 号）

（5）南极考察活动环境影响评估管理规定（国海规范〔2017〕9 号）

（6）南极考察活动行政许可管理规定（海办发〔2014〕18 号）

（7）南极考察队员考核管理规定（海办发〔2014〕11 号）

（8）南极考察队管理规定（海办发〔2013〕51 号）

（9）极地考察航空器突发事件应急预案（海办发〔2013〕22 号）

(10)南极考察计划管理规定(海办发〔2013〕9 号)

(11)极地考察船火灾现场处置预案等预案(海办发〔2013〕7 号)

(12)极地考察直升机失去联系现场处置预案等预案(海办发〔2013〕6 号)

(13)南极考察培训工作管理规定(海办发〔2013〕5 号)

(14)极地考察站及其附近区域突发事件应急预案(试行)和极地考察船考察作业突发事件应急预案(试行)(国海极字〔2011〕899 号)

(15)极地考察突发事件总体应急预案(试行)等有关文件(国海办字〔2011〕846 号)

(16)中国南极内陆科学考察有关管理规定(国海极字〔2011〕721 号)

(17)中国极地科学考察样品和数据管理办法(试行)(国海极字〔2010〕681 号)

(18)中国南极内陆站建设项目管理办法(国海办字〔2010〕42 号)

(19)中国的南极事业(国家海洋局 2017 年 5 月)

http://f. mnr. gov. cn

https://chinare. mnr. gov. cn/catalog/policy

(二)阿根廷

1. 阿根廷 87/2000 号法令 关于《南极条约环境保护议定书》

Disposición 87/2000 Tratado Antartico Sobre Proteccion Medio Ambiente

https://www. argentina. gob. ar/normativa/nacional/disposici%C3%B3n-87-2000-63913

2. 阿根廷第 18.513 号法令 阿根廷南极活动的规划、计划、指导、执行、协调和控制

Antartida Argentina Ley N°18. 513 Establécense las bases jurídicas, orgánicas y funcionales para el planeamiento, programación, dirección, ejecución, coordinación y control de la actividad antártica argentina.

http://servicios.infoleg.gob.ar/infolegInternet/anexos/60000-64999/63921/norma.htm

3. 阿根廷1990年2316/90号南极国家政策法令 批准、目标、优先事项

Decreto 2316/1990 Antártida Política Nacional Antártica. Aprobación. Objetivo. Prioridades

https://www.dipublico.org/doc/legislacion/Decreto2316-1990.pdf

4. 阿根廷南极方案2022—2023年南极年度计划

Programa Antartico Argentino Plan Anual Antartico 2022-2023

https://www.argentina.gob.ar/noticias/se-presento-el-plan-anual-antartico-argentino-2022-2023

https://www.argentina.gob.ar/noticias/se-presento-en-la-cancilleria-el-plan-anual-antartico-argentino-2022-2023-0

5. 阿根廷南极方案2021—2022年南极年度计划

Programa Antartico Argentino Plan Anual Antartico 2021-2022

https://cancilleria.gob.ar/userfiles/prensa/plan_anual_antartico_argentino_2021-2022.pdf

6. 阿根廷南极方案2019—2020年南极年度计划

Programa Antartico Argentino Plan Anual Antartico 2019-2020

https://cancilleria.gob.ar/userfiles/ut/plan_anual_antartico_del_programa_antartico_argentino_2019-2020.pdf

7. 阿根廷外交政策——南极洲

Foreign Policy-Antarctica

https://cancilleria.gob.ar/en/foreign-policy/antarctica

（三）澳大利亚

1. 2012 年修订版 1980 年南极条约(环境保护)法

Antarctic Treaty(Environment Protection) Amendment Act 2012/ Antarctic Treaty(Environment Protection) Act 1980

2. 2001 年武器条例(澳大利亚南极领地)

Weapons Ordinance 2001(Australian Antarctic Territory)

3. 2000 年环境保护与生物多样性保存条例

Environment Protection and Biodiversity Conservation Regulations 2000

4. 1999 年环境保护和生物多样性保护法

Environment Protection and Biodiversity Conservation Act 1999

5. 1994 年南极废弃物管理条例

Antarctic Treaty(Environment Protection)(Waste Management) Regulations 1994

6. 1994 年南极海洋生物资源养护规定

Antarctic Marine Living Resources Conservation Regulations 1994

7. 1993 年刑事诉讼条例(澳大利亚南极领地)

Criminal Procedure Ordinance 1993(Australian Antarctic Territory)

8. 1993 年南极环境影响评估条例

Antarctic Treaty(Environment Protection)(Environmental Impact Assessment) Regulations 1993

9. 1991 年南极禁止矿产活动法

Antarctic Mining Prohibition Act 1991

10. 1983 年海洋保护(防止船舶污染)法

Protection of the Sea (Prevention of Pollution from Ships) Act 1983

11. 1981 年南极海洋生物资源保护法

Antarctic Marine Living Resources Conservation Act 1981

12. 1972 年海洋和淹没的土地法

Seas and Submerged Land Act 1972

13. 1960 年南极条约法

Antarctic Treaty Act 1960

14. 1954 年澳大利亚南极领土法

Australian Antarctic Territory Act 1954

15. 1935 年捕鲸法

Whaling Act 1935

16. 1933 年澳大利亚南极领土接受法

Australian Antarctic Territory Acceptance Act 1933

https://www.legislation.gov.au/Home 澳大利亚国家法律法规查询网站

17. 2025 年澳大利亚的南极领地-关于南极对澳大利亚国家利益重要性的调查报告(澳大利亚议会)

Australia's Antarctic Territory-Report on the Inquiry into the Importance of Antarctica to Australia's National Interests

https://parlinfo.aph.gov.au/parlInfo/download/committees/reportjnt/RB000360/toc_pdf/Australia'sAntarcticTerritory.pdf

https://www.aph.gov.au/Parliamentary_Business/Committees/Joint/National_Capital_and_External_Territories/Antarctica/Report/Chapter_3_-_Upholding_principles_of_Antarctic_Treaty_System

18. 澳大利亚气候变化、能源、环境和水资源部 2022-23 年度报告的第 2 部分成果 3-南极洲

Part 2 Outcome 3-Antarctica of Department of Climate Change, Energy, the Environment and Water Annual Report 2022-23

https://www.transparency.gov.au/publications/climate-change-energy-the-environment-and-water/department-of-climate-change-energy-the-environment-and-water/department-of-climate-change-energy-the-environment-and-water-annual-report-2022-23/part-2-% E2% 80% 93-annual-performance-statements/outcome-3---antarctica

19. 澳大利亚南极战略和 20 年行动计划(2022 年更新)

Australian Antarctic Strategy and 20 Year Action Plan(Update 2022)

https://www.antarctica.gov.au/about-us/antarctic-strategy-and-action-plan/

20. 南极洲 2050:战略挑战和回应(2020 年)

Antarctica 2050:Strategic Challenges and Responses

https://www.acmc.gov.au/sites/default/files/2020-04/Antarctica%20Booklet%20Final%2020200221.pdf

21. 2017 年对外关系白皮书——南极洲部分

2017 Foreign Policy White Paper

https://www.dfat.gov.au/sites/default/files/2017-foreign-policy-white-paper.pdf

22. 澳大利亚南极科学战略计划 2011/2012—2020/2021

Australian Antarctic Science Strategic Plan 2011-12 to 2020-21

https://www.antarctica.gov.au/site/assets/files/53931/aassp_final-published-version_apr-2011.pdf

(四)比利时

1. 2017 年南极洲环境保护和比利时管辖范围内活动管理法

Loi relative à la protection de l'environnement et à la régulation des activités menées sous juridiction belge en Antarctique [C-2017/30733]

https://www.health.belgium.be/sites/default/files/uploads/fields/fpshealth_theme_file/loi_antarctique_wet_antarctica_2017.pdf

2. 比利时 2005 年南极法

Service Public Federal Sante Publique, Securite De La Chaine Alimentaire Et Environnement(F. 2005-1221 [C-2005/22381])

https://www.health.belgium.be/sites/default/files/uploads/fields/fpshealth_theme_file/19102136/Wet%207%20april%202005_Protocol%20bij%20het%20verdrag%20Antartica_NL.pdf

（五）巴西

1. 巴西 2021 年第 3 号决议 批准关于南极事务国家政策（POLANTAR）新措辞的提案

Resolução N° 3, De 18 De Maio De 2021

https://www.in.gov.br/en/web/dou/-/resolucao-n-3-de-18-de-maio-de-2021-323923060

2. 巴西 2006 年第 318/MB 号法令 批准巴西南极计划

Portaria MB n° 318, de 27.12.2006. Aprova o Programa Antártico Brasileiro

https://antigo.mctic.gov.br/mctic/opencms/legislacao/portarias/migracao/Portaria_MB_n_318_de_27122006.html?searchRef=proantar&tipoBusca=expressaoExata

3. 巴西 1998 年第 2742 号法令 颁布《南极条约环境保护议定书》

Decreto N° 2.742, De 20 De Agosto De 1998. Promulga o Protocolo ao Tratado da Antártida sobre Proteção ao Meio Ambiente, assinado em Madri, em 4 de outubro de 1991.

http://www.planalto.gov.br/ccivil_03/decreto/d2742.htm

4. 巴西 1995 年第 88 号立法令批准《南极条约环境保护议定书》

Decreto Legislativo N° 88, De 1995

https://www2.camara.leg.br/legin/fed/decleg/1995/decretolegislativo-88-6-junho-1995-358425-norma-pl.html

5. 巴西 1987 年国家南极政策法令

Decreto No 94.401, De 3 De Junho De 1987. Aprova a Política Nacional para Assuntos Antárticos

http://www.planalto.gov.br/ccivil_03/decreto/1980-1989/1985-

1987/d94401. htm

6. 巴西南极科学十年行动计划 2023—2032

Plano Decenal para a Ciência Antártica do Brasil 2023-2032

http://cienciaantartica. mcti. gov. br/wp-content/uploads/2023/05/Plano-Decenal-Web. pdf

http://cienciaantartica. mcti. gov. br/wp-content/uploads/2023/08/Plano-Decenal-210x250-ENGLISH-Retrato. pdf 英文版网站

7. 巴西南极科学行动计划 2013—2022

Ciência Antártica Para O Brasil Plano de Ação 2013-2022

https://www. ufrgs. br/inctcriosfera/arquivos/231154. pdf

（六）保加利亚

保加利亚 2001 年第 37 号内阁令

（七）智利

1. 智利 2020 年法律 21255 智利 2020 年南极法

Ley 21255 Establece El Estatuto Chileno Antártico

https://www. bcn. cl/leychile/navegar? idNorma=1149631

2. 智利 2018 年法律 21080 修改若干法律机构以实现外交部现代化（第三章关于南极政策委员会）

Ley 21080 Modifica Diversos Cuerpos Legales Con El Objeto De Modernizar El Ministerio De Relaciones Exteriores

https://www. bcn. cl/leychile/navegar? idNorma=1116334

3. 智利 2017 年第 56 号法令 批准国家 2017 年南极政策

Decreto 56 Aprueba Política Antártica Nacional

https://www. bcn. cl/leychile/navegar? idNorma=1112258

4. 智利 2004 年第 1918 号决议 为遵守南极海洋生物资源养护委员会的养护措施制定程序

Resolucion 1918 Establece Procedimientos Para El Cumplimiento De Las Medidas De Conservacion De La Comision Para La Conservacion De Los Recursos Vivos Marinos Antarticos

https://www.bcn.cl/leychile/navegar? idNorma=219872

5. 智利 2000 年第 429 号法令 批准国家 2000 年南极政策

Decreto 429 Aprueba Política Antártica Nacional

https://minrel.gob.cl/minrel/site/docs/20210723/20210723131954/3f__ds_n_429__18_5_2000__aprueba_pol__ant_nac_.pdf

6. 智利 1998 年第 495 号法令 南极政策委员会规章

Decreto 495 Aprueba Reglamento Del Consejo De Politica Antartico

https://www.bcn.cl/leychile/navegar? idNorma=120979

7. 智利 1998 年第 396 号法令 宣布《关于保护环境的南极条约议定书》

Decreto 396 Promulga El Protocolo Al Tratado Antartico Sobre Proteccion Del Medio Ambiente

https://www.bcn.cl/leychile/navegar? idNorma=96678

8. 智利 1940 年第 1747 号法令 固定智利南极领地

Decreto 1747 Fija Territorio Chileno Antartico

https://www.bcn.cl/leychile/navegar? idNorma=1017683

9. 智利 2021 年国家南极政策(2022 年批准更新)

Política Antártica Nacional 2021

https://minrel.gob.cl/minrel/site/docs/20190906/20190906113642/3a___texto_politica_antartica_nacional_de_2021__aprobada_16_3_2021.pdf

https://www.minrel.gob.cl/noticias-anteriores/canciller-antonia-urrejola-presidio-consejo-de-politica-antartica

10. 智利南极战略计划 2021—2025

Plan Estratégico Antártico 2021-2025

https://minrel.gob.avz.cl/minrel/site/docs/20190906/20190906113642/5a_plan_estrategico_antartico_2021_2025_aprobado_

30_6_2021. pdf

11. 智利南极战略计划 2020—2024(已被 2021—2025 版本取代)

Plan Estratégico Antártico 2020-2024

https://minrel. gob. cl/minrel _ old/site/artic/20121010/asocfile/20121010172919/plan_estrat__gico_2020_2024. pdf

12. 智利 2020 年国家南极旅游政策

Política Nacional de Turismo Antártico 2020

https://minrel. gob. cl/minrel/site/docs/20190906/20190906113642/4a__texto_politica_nacional_de_turismo_antartico_2020. pdf

13. 智利 2017 年国家南极政策

Política Antártica Nacional 2017

https://minrel. gob. cl/minrel/site/docs/20210723/20210723131954/3c__texto_politica_antartica_nacional_de_2017. pdf

14. 智利在南极洲:到 2035 年的战略愿景(2015 年)

Chile en la Antártica:Visión Estratégica al 2035

https://minrel. gob. cl/minrel _ old/site/artic/20121010/asocfile/20121010172919/vision_estrategica. pdf

15. 智利南极战略计划 2015—2019

Plan Estratégico Antártico 2015-2019

https://minrel. gob. cl/minrel/site/artic/20121010/asocfile/20121010172919/plan_estrate__gico_2015_19. docx

16. 智利南极战略计划 2011—2014

Plan Estratégico Antártico 2011-2014

https://minrel. gob. cl/minrel/site/docs/20210723/20210723132338/5c_plan_estrategico_antartico_2011_2014_version_definitiva_14_7__2011_c_foto. pdf

17. 智利南极战略计划 2006—2010

Plan Estratégico Antártico 2006-2010

https://minrel.gob.cl/minrel/site/docs/20210723/20210723132338/5d__plan_estrategico_antartico_2006_2010__aprobado_11_1_2006__texto_final.pdf

18. 智利 2000 年国家南极政策

Política Antártica Nacional 2000

https://minrel.gob.cl/minrel/site/docs/20210723/20210723131954/3e__texto_de_politica_antartica_nacional_de_2000__c__foto_firma.pdf

19. 智利 1983 年国家南极政策

Política Antártica Chilena 1983

https://minrel.gob.cl/minrel/site/docs/20210723/20210723131954/3g__texto_politica_antartica_nacional__de_1983.pdf

（八）捷克

捷克 2003 年 8 月 6 日南极法

Zákon ze dne 6. srpna 2003 o Antarktidě a o změně některých zákonů

https://www.sagit.cz/info/sb03276

（九）芬兰

1. 芬兰 2015 年第 48 章环境犯罪 与南极环境保护有关的刑法条文（芬兰法律序列号 39/1889，766/2015 修订）

Rikoslaki

https://finlex.fi/en/laki/kaannokset/1889/en18890039_20150766.pdf

2. 芬兰 1998 年南极环境保护条例（芬兰法律序列号 122/1998）

Asetus Etelämantereen ympäristönsuojelusta

https://www.finlex.fi/fi/laki/alkup/1998/19980122

3. 芬兰 1998 年刑法修正案（与南极有关的犯罪）

Laki rikoslain muuttamisesta

https://finlex.fi/fi/sopimukset/sopsteksti/1998/19980007/19980007_1

4. 芬兰 1996 年南极环境保护法(芬兰法律序列号 28/1998 修订)

Laki Etelämantereen ympäristönsuojelusta

https://www.finlex.fi/fi/laki/ajantasa/1998/19980028

5. 芬兰南极研究战略 2014

Suomen Etelämanner-tutkimuksen strategia 2014

https://julkaisut.valtioneuvosto.fi/bitstream/handle/10024/75250/tr19.pdf

(十)法国

1. 法国 2017 年 3 月 20 日第 2017-366 号法令 规定克罗泽群岛(法国南部和南极地区)领海和专属经济区的外部界限

Décret n° 2017-366 du 20 mars 2017 établissant les limites extérieures de la mer territoriale et de la zone économique exclusive au large de l'archipel Crozet(Terres australes et antarctiques françaises)

https://www.legifrance.gouv.fr/jorf/id/JORFTEXT000034251793

2. 法国 2017 年 3 月 20 日第 2017-368 号法令 规定凯尔盖朗(法国南部和南极领土)领海和专属经济区的外部界限

Décret n° 2017-368 du 20 mars 2017 établissant les limites extérieures de la mer territoriale et de la zone économique exclusive au large des Kerguelen(Terres australes et antarctiques françaises)

https://www.legifrance.gouv.fr/jorf/id/JORFTEXT000034251830

3. 法国 2015 年 6 月 5 日第 2015-635 号法令 确定邻近凯尔盖朗群岛(法国南部和南极领土)的法国领海宽度的基线

Décret no 2015-635 du 5 juin 2015 définissant les lignes de base à partir desquelles est mesurée la largeur de la mer territoriale française adjacente aux îles Kerguelen(Terres australes et antarctiques françaises)

http://extwprlegs1.fao.org/docs/pdf/fra159654.pdf

4. 法国 2015 年 5 月 18 日第 2015-551 号法令 确定毗邻克罗泽群岛(法国南部和南极土地)的法国领海宽度的基线

Décret no 2015-551 du 18 mai 2015 définissant les lignes de base à partir desquelles est mesurée la largeur de la mer territoriale française adjacente à l' archipel Crozet (Terres australes et antarctiques françaises)

http://extwprlegs1.fao.org/docs/pdf/fra159652.pdf

5. 法国 2009 年关于需要申报南极活动名单的行政命令

Arrêté du 29 janvier 2009 définissant la liste des activités relevant de l'article R. 712-3 du code de l'environnement

https://www.legifrance.gouv.fr/jorf/id/JORFTEXT000020314783

6. 法国 2009 年 1039 号法令 关于法属南方和南极领地捕鱼及海产经营

Décret n° 2009-1039 du 26 août 2009 relatif aux conditions d'exercice de la pêche maritime dans les Terres australes et antarctiques françaises et pris pour l'application de l'article 3 de la loi n° 66-400 du 18 juin 1966 modifiée sur l'exercice de la pêche maritime et l'exploitation des produits de la mer dans les Terres australes et antarctiques françaises

https://www.legifrance.gouv.fr/loda/id/JORFTEXT000021003088/

7. 法国 2007 年修订 1955 年 55-1052 号法规 关于法属南方和南极领地以及克利伯顿海外岛的地位

Loi n° 55-1052 du 6 août 1955 portant statut des Terres australes et antarctiques françaises et de l'île de Clipperton

https://www.legifrance.gouv.fr/loda/id/JORFTEXT000000879815/

8. 法国 2006 年修订 1966 年 66-400 号法规 关于在法属南方和南极领地实施捕鱼及开发

Loi n°66-400 du 18 juin 1966 relative à l'exercice de la pêche maritime et à l'exploitation des produits de la mer dans les Terres australes et antarctiques françaises

https://www.legifrance.gouv.fr/loda/id/LEGIARTI000006624235/1966-06-21/

9. 法国 2006 年 2006-1211 号政令 在法属亚南极地区建立自然保护区

Décret n° 2006-1211 du 3 octobre 2006 portant création de la réserve naturelle des Terres australes françaises

https://www.legifrance.gouv.fr/loda/id/LEGITEXT000006054496/

10. 法国 2005-501 号法规 授权批准《南极条约议定书》附件 V 涉及环境保护、区域保护和管理

LOI no 2005-501 du 19 mai 2005 autorisant l' approbation de l' annexe V au protocole au traité sur l' Antarctique, relatif á la protection de l' environnement, protection et gestion des zones

https://www.legifrance.gouv.fr/jorf/id/JORFTEXT000000446423

11. 法国 2005 年关于保护南极环境的 403 号法令

Décret n° 2005-403 du 28 avril 2005 relatif à la protection de l'environnement en Antarctique et modifiant le code de l'environnement.

https://www.legifrance.gouv.fr/loda/id/LEGITEXT000006051594/2021-06-22

12. 法国 2003 年关于保护南极环境的 347 号法律

Loi n° 2003-347 du 15 avril 2003 relative à la protection de l'environnement en Antarctique

https://www.legifrance.gouv.fr/jorf/id/JORFTEXT000000236611/

（十一）德国

1. 德国 1994 年 9 月 22 日颁布的 1991 年 10 月 4 日《南极条约环境保护议定书》实施法（2021 年修订）

Gesetz zur Ausführung des Umweltschutzprotokolls vom 4. Oktober

1991 zum Antarktis-Vertrag(Umweltschutzprotokoll-Ausführungsgesetz)

https://www.gesetze-im-internet.de/antarktumwschprotag/BJNR259300994.html

2. 德国 2000 年南极特别保护区、特别管理区、历史遗迹与纪念碑规章

Verordnung über besonders geschützte Gebiete, besonders verwaltete Gebiete, historische Stätten und Denkmäler in der Antarktis

https://www.bgbl.de/xaver/bgbl/start.xav?start=//%2A%5B%40attr_id%3D%27bgbl200s0830.pdf%27%5D#__bgbl__%2F%2F*%5B%40attr_id%3D%27bgbl200s0830.pdf%27%5D__1642656030070

3. 德国 1980 年加入《南极海洋生物资源养护公约》法

Gesetz zu dem Übereinkommen vom 20. Mai 1980 über die Erhaltung der lebenden Meeresschätze der Antarktis

http://www.gesetze-im-internet.de/antarktmeersch_bkg/

4. 德国对白色大陆的责任——南极条约协商地位 30 年(2011 年)

Deutsches Engagement für den weißen Kontinent

Antarktisvertrag - 30 Jahre Konsultativstatus

https://www.fona.de/medien/pdf/broschuere_antarktis_de_bf2014.pdf

(十二)印度

1. 2022 年印度南极法

The Indian Antarctic Act,2022

https://www.indiacode.nic.in/handle/123456789/19581?view_type=browse&sam_handle=123456789/1362

2. 2022 年印度南极法议会草案

The Indian Antarctic Bill,2022

https://prsindia.org/billtrack/the-indian-antarctic-bill-2022

（十三）意大利

1. 意大利 1995 年《南极条约环境保护议定书》执行法令

Ratifica ed esecuzione del protocollo sulla protezione ambie entale al trattato antartico, con annessi ed atto finale, fatto a Madrid il 4 ottobre 1991

https://www.certifico.com/component/attachments/download/20957

2. 意大利 1991 年第 380 号法令 南极国家科学技术研究计划规章

Legge 27 novembre 1991, n. 380. Norme sui Programmi nazionali di Ricerca scientifica e tecnologica in Antartide.

http://www.uta.enea.it/wp-content/uploads/2014/08/Legge380.pdf

3. 意大利 1985 年第 284 号法令 国家南极研究计划（PNRA）

Legge 10 giugno 1985, n. 284. Programma Nazionale di Ricerche in Antartide（PNRA）

http://www.uta.enea.it/wp-content/uploads/2014/08/Legge284.pdf

（十四）日本

日本南极环境保护法（1997 年第 61 号法案，由 2022 年第 68 号法案最新修订）

南極地域の環境の保護に関する法律（平成 9 年法律第 61 号）

https://elaws.e-gov.go.jp/document? lawid=409AC0000000061_20160401_426AC0000000069

（十五）韩国

1. 韩国南极活动和环境保护法（2020 年最新修订）

남극활동 및 환경보호에 관한 법률

https://www.law.go.kr/%EB%B2%95%EB%A0%B9/%EB%82%A8%EA%B7%B9%ED%99%9C%EB%8F%99%EB%B0%8F%ED%99%98%EA%B2%BD%EB%B3%B4%ED%98%B8%EC%

97%90%EA%B4%80%ED%95%9C%EB%B2%95%EB%A5%A0

2. 第 4 次南极研究活动振兴基本计划(2022—2027)

제 4 차 남극연구활동진흥기본계획

https://www.mof.go.kr/jfile/readDownloadFile.do? fileId=MOF_ARTICLE_37284&fileSeq=2

3. 第 3 次南极研究活动振兴基本计划

제 3 차 남극연구활동진흥기본계획

https://www.mof.go.kr/jfile/readDownloadFile.do? fileId=MOF_ARTICLE_36296&fileSeq=2

4. 第 2 次南极研究活动振兴基本计划

제 2 차 남극연구활동진흥기본계획

https://www.mof.go.kr/article/view.do? menuKey=1067&boardKey=81&articleKey=36296

5. 第 1 次南极研究活动振兴基本计划

제 1 차 남극연구활동진흥기본계획

(十六)荷兰

1. 荷兰 2019 年 2 月 20 日关于扩大特别保护区准入、扩大许可要求和明确国际观察员立场的南极保护法修正案

Wet van 20 februari 2019 tot wijziging van de Wet bescherming Antarctica in verband met het verruimen van de toegang tot speciaal beschermde gebieden, het uitbreiden van de vergunningplicht en het verduidelijken van de positie van internationale waarnemers

https://zoek.officielebekendmakingen.nl/stb-2019-118.html

2. 荷兰 2015 年南极保护令

Besluit bescherming Antarctica

https://wetten.overheid.nl/BWBR0009867/2015-03-01

3. 基础设施与环境国务秘书和经济事务国务秘书的条例，2014 年 4 月 15 日，第 IENM/BSK-2014/80467 号，关于根据《南极

保护法》确定申请许可证的表格

Regeling van de Staatssecretaris van Infrastructuur en Milieu ende Staatssecretaris van Economische Zaken, van 15 april 2014, nr. IENM/BSK-2014/80467, houdende vaststelling van het formulier voor het aanvragen van een vergunning op grond van de Wet bescherming Antarctica (Regeling vaststelling formulier vergunning aanvragen Wet bescherming Antarctica)

https://zoek.officielebekendmakingen.nl/stcrt-2014-11054.html

4. 荷兰 1998 年南极环境保护法

Wet bescherming Antarctica

https://wetten.overheid.nl/BWBR0009449/2019-07-01/0/Paragraaf7a/Artikel32f

（十七）新西兰

1. 新西兰 2012 年南极（环境保护-责任附件）修正案，尚未生效

Antarctica (Environmental Protection-Liability Annex) Amendment Act

2. 新西兰 1996 年南极研究所法

New Zealand Antarctic Institute Act 1996

3. 新西兰 1994 年南极环境保护法

Antarctica Environmental Protection Act 1994

4. 新西兰 1987 年养护法

Conservation Act 1987

5. 新西兰 1986 年渔业条例（南地和次南极地区商业捕鱼）

Fisheries (Southland and Sub-Antarctic Areas Commercial Fishing) Regulations 1986

6. 新西兰 1981 年南极海洋生物资源法

Antarctic Marine Living Resources Act 1981

7. 新西兰 1960 年南极法

Antarctica Act 1960

https://legislation.govt.nz/ 新西兰国家法律法规查询网站

8. 新西兰南极洲各年度的年度报告(从 2001/02 至 2023/24)

Antarctica New Zealand, Annual Report

https://www.antarcticanz.govt.nz/about-us/policies-publications

9. 新西兰南极洲各年度的科学成就报告(从 2015/16 至 2023/24)

Antarctica New Zealand, Science Achievements Reports

https://www.antarcticanz.govt.nz/about-us/policies-publications

10. 2023 年国防政策和战略声明

Defence Policy and Strategy Statement 2023

https://www.defence.govt.nz/assets/publications/23-0195-Defence-Policy-and-Strategy-Statement-WEB.pdf

11. 新西兰南极洲意向声明 2022—2026

Antarctica New Zealand, Statement of Intent 2022-2026

https://d1e7mq055r7tid.cloudfront.net/images/SOI-Full-Document.pdf

12. 新西兰南极和南大洋研究方向和优先事项 2021—2030

Aotearoa New Zealand Antarctic and Southern Ocean Research-Directions and Priorities 2021-2030

https://d1e7mq055r7tid.cloudfront.net/images/Aotearoa-New-Zealand-Antarctic-Research-Directions-and-Priorities-2021-2030 _ Final-16-Dec-2021.pdf

13. 2020 年新西兰南极洲生物安全政策

Antarctica New Zealand, Biosecurity Policy

https://d1e7mq055r7tid.cloudfront.net/images/2020-Biosecurity-Policy.pdf

14. 2019年新西兰对南极洲和南大洋的承诺声明

New Zealand's Statement of Commitment to Antarctica and the Southern Ocean 2019

https://www.mfat.govt.nz/assets/Environment/Antarctica-and-the-Southern-Ocean/Statement-of-Commitment-to-Antarctica-and-the-Southern-Ocean-2019.pdf

15. 新西兰南极洲意向声明2019—2023

Antarctica New Zealand, Statement of Intent 2019-2023

https://www.parliament.nz/en/pb/papers-presented/current-papers/document/PAP_93497/antarctica-new-zealand-statement-of-intent-2019-2023

16. 新西兰南极洲意向声明2016—2020

Antarctica New Zealand, Statement of Intent 2016-2020

https://www.parliament.nz/en/pb/papers-presented/current-papers/document/51DBHOH_PAP71441_1/antarctica-new-zealand-statement-of-intent-2016-2020

17. 新西兰南极和南大洋科学方向和优先事项2010—2020

The New Zealand Antarctic and Southern Ocean Science-Directions and Priorities 2010-2020

https://www.yumpu.com/en/document/read/41651889/the-new-zealand-antarctic-and-southern-ocean-science-directions-

18. 2002年新西兰南极战略利益声明(修订原1995年战略目标声明)

New Zealand Statement of Strategic Interest in Antarctica Revised 2002

https://www.mfat.govt.nz/assets/Environment/Antarctica-and-the-Southern-Ocean/New-Zealand-Statement-of-Strategic-Interest-in-Antarctica-Revised-2002.pdf

（十八）挪威

1. 挪威 2013 年南极环境安全与保护规章

Forskrift om miljøvern og sikkerhet i Antarktis

https://lovdata.no/dokument/SF/forskrift/2013-04-26-412

2. 挪威南极利益和政策

Meld. St. 32 (2014-2015) Norwegian Interests and Policy in the Antarctic

https://www.regjeringen.no/contentassets/cef2a67e958849689aa7e89341159f29/en-gb/pdfs/stm201420150032000engpdfs.pdf

（十九）秘鲁

1. 秘鲁 2021 年部长级决议 0196-2021-R-批准第 002-2021-DSL/RE 号指令《国家南极政策行为和协调准则》

Resolución Ministerial N°0196-2021-RE-Aprueban la Directiva N° 002-2021-DSL/RE "Lineamientos para la Conducción y Coordinación de la Política Nacional Antártica"

https://busquedas.elperuano.pe/normaslegales/aprueban-la-directiva-n-002-2021-dslre-lineamientos-para-resolucion-ministerial-no-0196-2021-re-1961584-1/

2. 秘鲁 2014 年第 014/2014/RE 号最高法令-国家南极政策

Decreto Supremo N° 014/2014/RE-Política Nacional Antártica

http://www.rree.gob.pe/elministerio/Documents/normas_sector/DS_014-2014-RE.pdf

3. 秘鲁 2002 年第 016/2002/RE 号最高法令-国家南极政策

Decreto Supremo N° 016/2002/RE-Política Nacional Antártica

https://www.ecolex.org/details/legislation/decreto-supremo-no-01602re-politica-nacional-antartica-lex-faoc032317/

4. 秘鲁 2002 年第 27870 号法律-南极研究所法

Ley N° 27870-Ley del Instituto Antártico Peruano (INANPE)

https://docs.peru.justia.com/federales/leyes/27870-nov-18-2002.pdf

5. 秘鲁 2021 年国家南极政策行为和协调准则

Lineamientos para la Conducción y Coordinación de la Política Nacional Antártica 2021

https://busquedas.elperuano.pe/normaslegales/aprueban-la-directiva-n-002-2021-dslre-lineamientos-para-resolucion-ministerial-no-0196-2021-re-1961584-1/

6. 秘鲁 2014 年国家南极政策

Política Nacional Antártica 2014

http://www.rree.gob.pe/elministerio/Documents/normas_sector/DS_014-2014-RE.pdf

7. 秘鲁 2002 年国家南极政策

Política Nacional Antártica 2002

https://www.ecolex.org/details/legislation/decreto-supremo-no-01602re-politica-nacional-antartica-lex-faoc032317/

（二十）波兰

波兰尚未发布一部专门的南极法律政策，但有极地领域政策，详见第二编。

（二十一）俄罗斯

1. 俄罗斯 2021 年修订 2012 年 6 月 5 日第 50-FZ 号法令《公民与法人南极活动管理法》

Федеральный закон "О регулировании деятельности российских граждан и российских юридических лиц в Антарктике" от 05.06.2012 N 50-ФЗ

https://base.garant.ru/70185016/

2. 俄罗斯 2019 年修订 2013 年 6 月 27 日第 544 号法令 关于在南极洲活动的许可

Постановление Правительства РФ от 27 июня 2013 г. N 544

“О разрешениях на осуществление деятельности в Антарктике”(с изменениями и дополнениями)

https://base.garant.ru/70403948/#block_21

3. 俄罗斯 2011 年修订 1997 年第 1580 号法令 关于履行《南极条约环境保护议定书》

Постановление Правительства Рф От 18.12.1997 N 1580 (Ред. От 15.02.2011)“Об Обеспечении Выполнения Положений Протокола По Охране Окружающей Среды К Договору Об Антарктике”

https://zknrf.ru/government/Postanovlenie-Pravitelstva-RF-ot-18.12.1997-N-1580/

4. 俄罗斯联邦政府 1998 年 12 月 11 日第 1476 号法令 关于批准俄罗斯个人和法人在南极条约地区活动的许可程序的批准程序(已失效)

Постановление Правительства РФ от 11 декабря 1998 г. N 1476 “Об утверждении Порядка рассмотрения и выдачи разрешений на деятельность российских физических и юридических лиц в районе действия Договора об Антарктике”(с изменениями и дополнениями)(утратило силу)

https://base.garant.ru/179818/

5. 俄罗斯 1992 年关于俄罗斯南极考察队总统令

Указ Президента Российской Федерации О Российской Антарктической экспедиции

http://kremlin.ru/acts/bank/1775/print

6. 到 2030 年前俄罗斯南极活动发展战略及行动计划(2023 年 3 月 14 日修订版,原版于 2021 年 6 月 30 日颁布)

План мероприятий по реализации Стратегии развития деятельности Российской Федерации в Антарктике до 2030 года http://static.government.ru/media/files/l1MiwzpjXdaEO2h0tJZHhw12xAp7Mx8k.pdf

https://www.consultant.ru/document/cons_doc_LAW_389621/413c7cb2343615d29fe2844a45a919392f92b89b/

7. 2020年前和更长期的俄罗斯联邦在南极活动的发展战略（2010年颁布）

О Стратегии развития деятельности Российской Федерации в Антарктике на период до 2020 года и на более отдаленную перспективу

http://www.consultant.ru/document/cons_doc_LAW_106424/b73860982234d160d3d5cbfea72be8420bbf0f86/

8. 俄罗斯极地研究背景文件（欧洲极地委员会发布的一份研究报告）

Polar Research in Russia Background Paper

https://www.europeanpolarboard.org/fileadmin/user_upload/October2021_V1_Russian_Polar_research_Report_Lavrenteva.pdf

（二十二）南非

1. 南非1996年第60号 南极条约法

Antarctic Treaties Act 60 of 1996

https://www.gov.za/sites/default/files/gcis_document/201409/act60of1996.pdf

2. 南非1962年第55号 南极南非公民法（由1997年第51号环境法修改）

South African Citizens in Antarctica Act 55 of 1962 (Amended by Environmental Laws Rationalisation Act 51 of 1997)

https://www.gov.za/documents/south-african-citizens-antarctica-act-25-may-1963-0000

3. 南极洲和南部海洋战略2020（2021年公布实施）

Antarctica and Southern Ocean Strategy 2020

https://www.gov.za/sites/default/files/gcis_document/202007/draftantarcticasouthernoceanstrategyasos.pdf

https://www.dffe.gov.za/sites/default/files/gazetted_notices/ata_antarcticsouthernoceansstrategy_g44293gen234.pdf

（二十三）西班牙

1. 西班牙第 852/2020 号皇家法令 规范西班牙极地委员会的组成和运作

Real Decreto 852/2020, de 22 de septiembre, por el que se regula la composición y el funcionamiento del Comité Polar Español.

https://www.boe.es/buscar/doc.php? id=BOE-A-2020-12360

（以下第 2-7 项管理办法类文件清单，西班牙极地委员会技术秘书处发布）

2. 极地水域科学潜水作业协议

Protocolo Para Operaciones De Buceo Científico En Aguas Polares

https://www.ciencia.gob.es/dam/jcr: 42709010-06af-48d9-9552-553df5ef4cd9/Protocolo_operaciones_buceo_cientifico_aguas_polares.pdf

3. 南极洲遥控（RPAS）和自动（UAV）飞机操作协议

Protocolo Del Comité Polar Español Para La Operación De Aeronaves Pilotadas Por Control Remoto (RPAS) Y Automatizadas (UAV) En La Antártida

https://www.scribd.com/document/398380198/Protocolo-Operacion-RPAS-UAV-Antartida

4. 南极健康撤离协议

Protocolo Para La Evacuacion Sanitaria En La Antártida

https://www.ciencia.gob.es/dam/jcr: 80f31a9c-edf0-4ea0-a764-29b118ee4397/Protocolo_evacuacion_sanitaria_web.pdf

5. 在南极洲发生死亡事件时的行动协议

Protocolo De Actuación En Caso De Defunción En La Antártida

https://www.ciencia.gob.es/dam/jcr:9915d536-5178-4854-b30e-847094dce3b3/Protocolo_caso_defuncion.pdf

6. 上岸和离开工作地点前的消毒协议

Protocolo De Desinfeccion Previo Al Desembarco Y Salida Del Lugar De Trabajo

https://www.ciencia.gob.es/dam/jcr:c7572e88-09cc-4387-ad33-82583171f096/Protocolo_desinfeccion.pdf

7. 西班牙南极设施的卫生准入协议

Protocolo Sanitario De Acceso A Las Instalaciones Antárticas Españolas

https://www.ciencia.gob.es/dam/jcr:55b3ec95-9a44-4d4f-ac00-fa4be023054b/Protocolo_sanitario_acceso_instalaciones.pdf

8. 2021-2022 年西班牙南极活动

Campaña Antártica Española 2021-22

https://sectormaritimo.es/wp-content/uploads/2022/01/201221_Dosier_Campana_Antartica_Espanola_2021_2022.pdf

（二十四）瑞典

1. 瑞典 2006 年南极法

Lag(2006:924) om Antarktis

https://www.riksdagen.se/sv/dokument-lagar/dokument/svensk-forfattningssamling/lag-2006924-om-antarktis_sfs-2006-924

2. 瑞典 2006 年南极法令

Förordning(2006:1111) om Antarktis

https://www.riksdagen.se/sv/dokument-lagar/dokument/svensk-forfattningssamling/forordning-20061111-om-antarktis_sfs-2006-1111

3. 瑞典议会批准 2005/06 年提案-南极洲的环境责任

Miljöansvaret i Antarktis

https://www.riksdagen.se/sv/dokument-lagar/arende/betankande/miljoansvaret-i-antarktis_GT01MJU22

4. 瑞典 1994 年在南极洲开展业务的法令(已废止)

Förordning(1994:95)om svensk verksamhet i Antarktis

https://www.riksdagen.se/sv/dokument-lagar/dokument/svensk-forfattningssamling/forordning-199495-om-svensk-verksamhet-i_sfs-1994-95

5. 瑞典 1993 年南极法(已废止)

Lag(1993:1614)om Antarktis

https://www.riksdagen.se/sv/dokument-lagar/dokument/svensk-forfattningssamling/lag-19931614-om-antarktis_sfs-1993-1614

(二十五)乌克兰

1. 乌克兰 2004 年教育和科学部第 176 号法令《关于批准委员会审议获得在南极条约地区开展活动的许可证申请的条例》

Про затвердження Положення про Комісію з розгляду заяв про отримання дозволу на провадження діяльності в районі дії Договору про Антарктику

https://zakon.rada.gov.ua/laws/show/z0329-04#Text

2. 乌克兰 2003 年第 908 号法令《关于确保乌克兰履行与加入〈南极条约环境保护议定书〉有关的国际义务》

Про забезпечення виконання міжнародних зобов ‘ язань України у зв ’ язку з приєднанням до Протоколу про охорону навколишнього середовища до Договору про Антарктику

https://zakon.rada.gov.ua/laws/show/908-2003-%D0%BF#Text

3. 乌克兰 2001 年加入《南极条约环境保护议定书》决议

Про приєднання України до Протоколу про охорону навколишнього середовища до Договору про Антарктику

https://zakon.rada.gov.ua/laws/show/2284-14#Text

(二十六)英国

1. 英国 2021 年南极条例修正案

The Antarctic(Amendment) Regulations 2021

2. 英国 2020 年关于 1994 年南极法(南极海洋生物资源养护公约)的条例

The Antarctic Act 1994(Convention for the Conservation of Antarctic Marine Living Resources) Regulations 2020

3. 英国 2017 年修订 1994 年南极法(海外领土),2019 年生效

The Antarctic Act 1994(Overseas Territories)(Amendment) Order 2017(Commencement) Order 2019

4. 英国 2013 年南极法

Antarctic Act 2013

5. 英国 1997 年南极领地环境保护条例

The British Antarctic Territory-Ordinance No. 4 of 1997. The Environmental Protection Ordinance 1997

6. 英国 1995 年南极规章

The Antarctic Regulations 1995

7. 英国 1994 年南极法

Antarctic Act 1994

8. 英国 1990 年南极领地司法条例

The British Antarctic Territory-Ordinance No. 5 of 1990. The Administration of Justice Ordinance 1990

9. 英国 1989 年南乔治亚岛和南桑威奇群岛命令

South Atlantic Territories-The South Georgia and South Sandwich Islands(Territorial Sea) Order 1989

10. 英国 1989 年南极矿产法(未生效)

Antarctic Minerals Act 1989

11. 英国 1967 年南极法

Antarctic Treaty Act 1967

https://www.legislation.gov.uk

12. 2025 年英国与南极环境(英国下议院)

The UK and the Antarctic Environment

https://committees.parliament.uk/publications/48242/documents/252483/default/

13. 极地科学促进可持续地球-科学战略 2023—2033(英国南极调查局)

Polar Science for a Sustainable Planet-Science Strategy 2023-2033

https://www.bas.ac.uk/wp-content/uploads/2023/05/BAS-Science-Strategy-2023-2033.pdf

14. 英国南极领地战略 2019—2029

British Antarctic Territory Strategy 2019-2029

https://britishantarcticterritory.org.uk/wp-content/uploads/2019/07/British-Antarctic-Territory-Strategy-2019-2029-Accessible.pdf

15. 英国南极领地战略 2014—2019

British Antarctic Territory Strategy 2014-2019

https://www.gov.uk/government/publications/british-antarctic-territory-strategy-2014-to-2019

16. 英国南极科学发展战略 2014—2020

UK Science in Antarctica:2014 to 2020

https://www.gov.uk/government/publications/uk-science-in-antarctica-2014-to-2020

17. 英国南极领地战略 2011—2013

British Antarctic Territory Strategy 2011-2013

https://www.gov.uk/government/publications/british-antarctic-territory-strategy-paper-2011-2013

(二十七)美国

1. 美国 1984 年南极海洋生物资源养护法条例规则(美国国家海洋和大气管理局,2024 年 3 月 21 日修订,2024 年 4 月 22 日

起生效）

Antarctic Marine Living Resources Convention Act of 1984(AML-RCA) Regulations

https://www.federalregister.gov/documents/2024/03/21/2024-05936/international-affairs-antarctic-marine-living-resources-convention-act

2. 美国 2003 年南极陨石规则

Antarctic Meteorites 2003(Final Rule)

https://www.govinfo.gov/app/details/FR-2003-03-31/03-7607

3. 美国 2001 年南极非政府活动环境影响评价规章

Environmental Impact Assessment of Nongovernmental Activities in Antarctica

https://www.govinfo.gov/app/details/FR-2001-12-06/01-30268/summary

4. 美国 1996 年南极科学、旅游和养护法

Antarctic Science, Tourism, and Conservation Act of 1996

https://www.govinfo.gov/content/pkg/PLAW-104publ227/pdf/PLAW-104publ227.pdf

5. 美国 1996 年南极环境保护法

Antarctic Environmental Protection Act of 1996

https://www.govinfo.gov/app/details/BILLS-104hr3060eh

6. 美国 1993 年执行南极条约环境保护议定书、颁布禁止南极矿产资源活动等目的的法案

H. R. 3532 BILL-To implement the Protocol on Environmental Protection to the Antarctic Treaty, to enact a prohibition against Antarctic mineral resource activities, and for other purposes

https://www.govinfo.gov/content/pkg/BILLS-103hr3532ih/html/BILLS-103hr3532ih.htm

7. 美国 1990 年南极保护法

Antarctic Protection Act of 1990

https://www.govinfo.gov/content/pkg/COMPS-1840/pdf/COMPS-1840.pdf

8. 美国 1990 年南极矿产资源保护规章(基于 1990 年南极保护法)

Antarctic Mineral Resources Protection

https://uscode.house.gov/view.xhtml? path=/prelim@title16/chapter44B&edition=prelim

9. 美国 1984 年南极海洋生物资源养护法

Antarctic Marine Living Resources Convention Act of 1984

https://uscode.house.gov/view.xhtml? path=/prelim@title16/chapter44A&edition=prelim

10. 美国 1978 年南极养护法(含相关法规)

Antarctic Conservation Act of 1978

https://www.nsf.gov/pubs/1995/nsf95154/nsf95154.pdf

11. 2025 年美国南极计划中的安全与健康问题评估报告

Evaluation of Safety and Health Concerns in the U.S. Antarctic Program

https://oig.nsf.gov/sites/default/files/reports/2025-05/25-03-001_evaluation_of_safety_and_health_concerns_in_the_u.s_12_may_25_public_redacted.pdf

12. 2024 年美国南极地区政策的国家安全备忘录

National Security Memorandum on United States Policy on the Antarctic Region

https://bidenwhitehouse.archives.gov/briefing-room/presidential-actions/2024/05/17/national-security-memorandum-on-united-states-policy-on-the-antarctic-region/

13. 2020年保障美国在北极和南极地区国家利益的备忘录

Memorandum of Safeguarding U. S. National Interests in the Arctic and Antarctic Region, 2020

https://uaf.edu/caps/resources/policy-documents/us-memorandum-on-safeguarding-natl-interests-in-the-arctic-and-antarctic-regions-2020.pdf

14. 美国南极项目1997—1998(美国国家科学基金会)

U. S. Antarctic Program 1997-1998(National Science Foundation)

https://www.nsf.gov/pubs/1997/nsf97167/nsf97167.pdf

15. 1994年6月9日总统决定指令NSC-26(美国对北极和南极地区的政策)

Presidential Decision Directive NSC-26, 9 June 1994 (United States Policy on the Arctic and Antarctic Regions)

https://irp.fas.org/offdocs/pdd/pdd-26.pdf

16. 1982年总统关于南极洲的备忘录

President's Memorandum Regarding Antarctica 1982

https://www.nsf.gov/geo/opp/ant/memo_6646.jsp

17. 国家安全决定备忘录318号(1976年2月25日)

National Security Decision Memorandum 318(25 February, 1976)

https://www.fordlibrarymuseum.gov/library/document/0310/nsdm318.pdf

18. 国家安全决定备忘录71号(1970年7月10日)

National Security Decision Memorandum 71(10 July, 1970)

https://irp.fas.org/offdocs/nsdm-nixon/nsdm-71.pdf

19. 美国国家安全委员会NSC5905/1-美国对南极洲政策的声明(1959年4月7日)

NSC 5905/1-Statement of U. S. Policy on Antarctica(April 7, 1959)

https://history.state.gov/historicaldocuments/frus1958-60v02/d286

20. 美国国家安全委员会 NSC5804/1-美国对南极洲政策的声明(1958 年 3 月 8 日)

NSC 5804/1-Statement of U. S. Policy on Antarctica(March 8,1958)

https://history. state. gov/historicaldocuments/frus1958-60v02/d269

21. 美国国家安全委员会 NSC5715/1-执行秘书给国家安全委员会关于南极洲的说明(1957 年 6 月 29 日)

NSC 5715/1-Note by the Executive Secretary to the National Security Council on Antarctica(June 29,1957)

https://history. state. gov/historicaldocuments/frus1955-57v11/d333

22. 美国国家安全委员会 NSC5528-执行秘书给国家安全委员会的关于南极洲的说明(1955 年 12 月 12 日)

NSC 5528-Note by the Executive Secretary to the National Security Council on Antarctica(December 12,1955)

https://history. state. gov/historicaldocuments/frus1955-57v11/d311

23. 美国国家安全委员会 NSC5424-南极洲,参谋长联席会议给国防部长的备忘录(1954 年 7 月 9 日)

NSC 5424-Antarctica, Memorandum by the Joint Chiefs of Staff to the Secretary of Defense(July 9,1954)

https://history. state. gov/historicaldocuments/frus1952-54v01p2/d303

(二十八)乌拉圭

1. 乌拉圭 2019 年第 388/019 号法令《国家南极政策》

Establecimiento de la Política Nacional Antártica Decreto N° 388/019 de Diciembre de 2019

http://www. iau. gub. uy/wp-content/uploads/2020/01/Decreto-N%C2%BA388-019-Politica-Nacional-Antartica. pdf

2. 乌拉圭 2018 年第 60/018 号法令 批准《乌拉圭南极研究所的组织和运作条例》

Decreto N° 60/018 Aprobacion Del Reglamento De Organizacion

Y Funcionamiento Del Instituto Antartico Uruguayo

https://www.impo.com.uy/bases/decretos/60-2018

3. 乌拉圭 2018 年第 173/018 号法令 设立南极和南大西洋事务司并修改外交部组织规章

Decreto N° 173/018 Creacion De La Direccion De Asuntos Antarticos Y Del Atlantico Sur Y Modificacion Del Reglamento Organico Del Ministerio De Relaciones Exteriores

https://www.impo.com.uy/bases/decretos/173-2018

4. 乌拉圭 2017 年第 19491 号法令 批准《南极条约环境保护议定书》附件六

Ley N° 19.491 Aprobación del Anexo VI al Protocolo del Tratado Antártico sobre Protección del Medio Ambiente

https://www.impo.com.uy/bases/leyes-originales/19491-2017

5. 乌拉圭 1994 年第 16518 号法令 批准《南极条约环境保护议定书》及其附件

Ley N° 16.518 Aprobación del Protocolo al Tratado Antártico sobre Protección del Medio Ambiente y sus anexos

https://www.impo.com.uy/bases/leyes-originales/16518-1994

6. 乌拉圭 1984 年第 15693 号法令 批准《南极海洋生物资源养护公约》

Decreto Ley N° 15693 Aprobacion Del Convenio Sobre La Conservacion De Los Recursos Vivos Marinos De La Antartida

https://www.impo.com.uy/bases/decretos-ley/15693-1984

7. 乌拉圭 1979 年第 14971 号法令 批准《南极条约》法

Decreto Ley N° 14.971 de 14/12/1979 Tratado De Washington Sobre La Antartida 1959 (Tratado Antartico)

https://www.impo.com.uy/bases/decretos-ley-internacional/14971-1979

8. 国家南极计划路线图 2020-2045

Hoja De Ruta Del Programa Nacional Antartico Para El Periodo 2020-2045

https://iau.gub.uy/wp-content/uploads/2023/09/Hoja-de-Ruta-45-PNA.pdf

（二十九）加拿大（非协商国）

1. 加拿大 2003 年南极环境保护法

Antarctic Environmental Protection Act 2003

https://laws-lois.justice.gc.ca/Search/Search.aspx? &ddC0nt3ntTyp3=ActsRegs&h1dd3nPag3Num=1&txtT1tl3=%22Antarctic+Environmental+Protection+Act%22&txtS3archA11=antarctic&h1tsOn1y=1#results

2. 加拿大 2003 年南极环境保护条例

Antarctic Environmental Protection Regulations 2003

https://laws-lois.justice.gc.ca/Search/Search.aspx? ddC0nt3ntTyp3=ActsRegs&h1dd3nPag3Num=1&txtT1tl3=%22Antarctic+Environmental+Protection+Act%22&txtS3archA11=antarctic&h1tsOn1y=1

3. 加拿大和南极

Canada and the Antarctic

https://www.canada.ca/en/polar-knowledge/advancingpolar-knowledge/canada-and-the-antarctic.html

（三十）土耳其（非协商国）

土耳其 2020 年关于国家极地科学考察和活动的程序和原则

Ulusal Kutup Bilim Seferleri Ve Faaliyetlerine İlişkin Usul Ve Esaslar

https://tubitak.gov.tr/sites/default/files/Ulusal_Kutup_Bilim_Seferleri_ve_Faaliyetlerine_iliskin_Usul_ve_Esaslari.pdf

五、南极200海里以外大陆架外部界限

以下部分的“委员会”指“大陆架界限委员会”,《公约》指《联合国海洋法公约》。

(一)澳大利亚南极外大陆架

1. 关于二百海里外大陆架的照会

Continental Shelf Notification

2. 澳大利亚提案的执行摘要以及外部界限坐标参数的两个附件

Executive Summary of the Submission by Australia

(1)执行摘要正文

(2)执行摘要附件1外大陆架外部界限的度分秒表格

Annex 1-Tables listing the points defining the outer limit of Australia's extended continental shelf(Degrees, Minutes and Seconds)

(3)执行摘要附件2外大陆架外部界限的十进制表格

Annex 2-Tables listing the points defining the outer limit of Australia's extended continental shelf(Decimal Degrees)

3. 澳大利亚代表团致联合国秘书长的照会

Note from the Permanent Mission of Australia to the Secretary-General of the United Nations accompanying the Lodgment of Australia's Submission

4. 有关地图

5. 相关国家照会

(1)印度尼西亚(2009年8月7日)

(2)印度(2005年7月5日)

(3)德国(2005年4月5日)

(4)荷兰(2005年3月31日)

(5)法国(2005年3月28日)

(6)东帝汶(2005 年 2 月 11 日)

(7)日本(2005 年 1 月 19 日)

(8)俄罗斯(2004 年 12 月 9 日)

(9)美国(2004 年 12 月 3 日)

6. 委员会的建议

(1)委员会 2004 年 11 月 15 日作出的建议

Recommendations of the Commission on the Limits of the Continental Shelf in regard to the Submission Made by Australia on 15 November 2004

(2)委员会 2004 年 11 月 15 日作出的建议摘要

Summary of the Recommendations of the Commission on the Limits of the Continental Shelf in regard to the Submission Made by Australia on 15 November 2004

7. 委员会第 15 届会议

8. 委员会第 21 届会议

9. 澳大利亚根据《公约》第 76 条第 9 款和第 84 条交存永久描述其大陆架外部界限的有关资料

Deposit by Australia, pursuant to articles 76, paragraph 9, and 84 of the Convention, of relevant information, including geodetic data, permanently describing the outer limits of its continental shelf

https://www.un.org/depts/los/clcs_new/submissions_files/submission_aus.htm

(二)新西兰南极外大陆架

1. 关于二百海里外大陆架的照会

Continental Shelf Notification

2. 新西兰提案的执行摘要

Executive Summary of the Submission by New Zealand

3. 执行摘要坐标勘误表

Continental Shelf Submission of New Zealand-Corrigendum to the Executive Summary

4. 新西兰代表团致联合国秘书长的三份照会

(1)新西兰代表团与提案随附的照会

Note from the Permanent Mission of New Zealand to the Secretary-General of the United Nations accompanying the Lodgment of New Zealand's Submission

(2)新西兰代表团提交的两份照会(2006 年 7 月 10 日、2008 年 7 月 31 日)

Note from the Permanent Mission of New Zealand addressed to the Secretariat of the United Nations

5. 相关国家照会

(1)汤加(2008 年 4 月 8 日)

(2)荷兰(2006 年 12 月 19 日)

(3)法国(2006 年 7 月 13 日)

(4)日本(2006 年 6 月 28 日)

(5)斐济(2006 年 6 月 23 日)

6. 委员会针对新西兰提案的建议的摘要

Summary of the Recommendations of the Commission on the Limits of the Continental Shelf in regard to the Submission Made by New Zealand 19 April 2006

7. 委员会第 18 届会议

8. 委员会第 22 届会议

9. 新西兰根据《公约》第 76 条第 9 款和第 84 条第 2 款交存的各点地理坐标表

Deposit by New Zealand of Lists of Geographical Coordinates of Points, Pursuant to Articles 76, Paragraph 9, and Article 84, Paragraph

2, of the Convention

https://www.un.org/depts/los/clcs_new/submissions_files/submission_nzl.htm

(三)阿根廷南极外大陆架

1. 关于二百海里外大陆架的照会

Continental Shelf Notification

2. 阿根廷提案的执行摘要

Executive Summary of the Submission by Argentina

3. 阿根廷大陆架外部界限坐标参数

Coordinates of the Fixed Points Defining the Outer Limit of the Argentine Continental Shelf

4. 阿根廷代表团致联合国秘书长的照会(2009 年 4 月 21 日)

Note from the Permanent Mission of Argentina Addressed to the Secretary-General of the United Nations Accompanying the Lodgment of Argentina's Submission

5. 相关国家照会

(1)智利(2016 年 5 月 25 日)

(2)英国(2012 年 8 月 23 日、2009 年 8 月 6 日)

(3)阿根廷针对英国的照会(2012 年 8 月 8 日)

(4)日本(2009 年 11 月 19 日)

(5)荷兰(2009 年 9 月 30 日)

(6)印度(2009 年 8 月 31 日)

(7)俄罗斯(2009 年 8 月 24 日)

(8)美国(2009 年 8 月 19 日)

6. 委员会 2016 年针对阿根廷提案的建议摘要

Summary of Recommendations of the Commission on the Limits of the Continental Shelf in regard to the Submission Made by Argentina on 21 April 2009

7. 委员会第 24 届会议

8. 委员会第 30 届会议

9. 委员会第 40 届会议

https://www.un.org/depts/los/clcs_new/submissions_files/submission_arg_25_2009.htm

10. 2016 年阿根廷部分修改了提案

(1)关于二百海里外大陆架的照会

Continental Shelf Notification

(2)部分修改后的执行摘要

Executive Summary—Partial Revised Submission

(3)委员会 2017 年针对阿根廷修改后的提案的建议摘要

Summary of Recommendations of the Commission on the Limits of the Continental Shelf in regard to the Partial Revised Submission Made by Argentina on 28 October 2016

(4)委员会第 43 届会议

11. 阿根廷根据《公约》第 76 条第 9 款交存的各点地理坐标表

Deposit by the Republic of Argentina of a list of geographical coordinates of points, pursuant to article 76, paragraph 9 of the Convention

https://www.un.org/depts/los/clcs_new/submissions_files/submission_arg_rev.htm

(四)英国南极外大陆架

1. 关于二百海里外大陆架的照会

Continental Shelf Notification

2. 英国关于福克兰群岛、南乔治亚群岛和南桑威奇群岛的划界案的执行摘要

Executive Summary—Continental Shelf Submission in respect of the Falkland Islands, South Georgia and the South Sandwich Islands

3. 相关国家照会

阿根廷(2009 年 8 月 20 日)

4. 委员会第 25 届会议

https://www.un.org/depts/los/clcs_new/submissions_files/submission_gbr_45_2009.htm

5. 在英国阿森松岛划界案中的照会

(1)日本(2009 年 11 月 19 日)

(2)荷兰(2009 年 8 月 28 日)

(3)英国代表团致联合国秘书长的照会(2008 年 5 月 9 日)

Note from the Permanent Mission of the United Kingdom of Great Britain and Northern Ireland to the Secretary-General of the United Nations Accompanying the Lodgment of the Partial Submission of the United Kingdom

https://www.un.org/depts/los/clcs_new/submissions_files/submission_gbr.htm

(五)挪威南极外大陆架

1. 关于二百海里外大陆架的照会

Continental Shelf Notification

2. 挪威关于布韦岛和德龙宁毛德地的划界案的执行摘要

Executive Summary—Continental Shelf Submission of Norway in respect of Bouvetøya and Dronning Maud Land

3. 有关地图

4. 挪威代表团致联合国秘书长的照会

Note from the Permanent Mission of Norway addressed to the Secretary—General of the United Nations Accompanying the Lodgement of Norway's Submission

5. 相关国家照会

(1)日本(2009 年 11 月 19 日)

(2)荷兰(2009 年 9 月 30 日)

(3)印度(2009 年 8 月 31 日)

(4)俄罗斯(2009 年 6 月 15 日)

(5)美国(2009 年 6 月 4 日)

6. 2015 年挪威申请修改提案

(1)关于二百海里外大陆架的照会

Continental Shelf Notification

(2)修改后的执行摘要

Revised Executive Summary

7. 委员会的建议摘要

(1)委员会针对挪威关于布韦岛和德龙宁毛德地的划界案的建议摘要

Summary of Recommendations of the Commission on the Limits of the Continental Shelf in regard to the Submission Made by Norway in respect of Bouvetøya and Dronning Maud Land on 4 May 2009

(2)委员会建议摘要的勘误表

Corrigendum to the Summary of the Recommendations

8. 委员会第 25 届会议

9. 委员会第 32 届会议

10. 委员会第 49 届会议

https://www.un.org/depts/los/clcs_new/submissions_files/submission_nor_30_2009.htm

(六)法国南极外大陆架

1. 关于二百海里外大陆架的照会

Continental Shelf Notification

2. 法国提案的执行摘要-依照《公约》第 76 条第 8 款向大陆架界限委员会提交的关于法属安的列斯和凯尔盖朗群岛地区的部分划界案

Executive Summary—Partial Submission to the Commission on

the Limits of the Continental Shelf pursuant to Article 76, paragraph 8 of the UNCLOS in respect of the areas of the French Antilles and the Kerguelen Islands

3. 法国代表团给委员会的信函(2011 年 1 月 7 日)

Letter dated 7 January 2011

4. 法国代表团致联合国秘书长的照会(2009 年 2 月 5 日)

Note verbale dated 5 February 2009

5. 相关国家照会

(1)日本(2009 年 11 月 19 日)

(2)荷兰(2009 年 8 月 28 日)

6. 委员会针对法国关于法属安的列斯和凯尔盖朗群岛地区的提案的建议摘要

Summary of the Recommendations of the Commission on the Limits of the Continental Shelf in regard to the Partial Submission Made by the Republic of France in respect of the Areas of the French Antilles and the Kerguelen Islands on 5 February 2009

7. 委员会第 25 届会议

8. 委员会第 26 届会议

9. 委员会第 29 届会议

https://www.un.org/depts/los/clcs_new/submissions_files/submission_fra1.htm

(七)智利南极外大陆架

1. 关于二百海里外大陆架的照会

Continental Shelf Notification

2. 智利提案的执行摘要

Executive Summary of the Submission by Chile

3. 智利代表团致联合国秘书长的照会递交提案(2022 年 2 月 28 日)

Note dated 28 February 2022 from the Permanent Mission of Chile to the Secretary—General of the United Nations transmitting the submission

4. 相关国家照会

(1)阿根廷(2022 年 11 月 1 日)

(2)英国(2022 年 4 月 22 日)

5. 委员会第 55 届会议

https://www.un.org/depts/los/clcs_new/submissions_files/submission_chl_89_2022.htm

六、著作和论文

(一)南极外文著作和论文集

1. 综合性

(1)Ignacio Javier Cardone. *The Antarctic Politics of Brazil: Where the Tropic Meets the Pole*. Springer International Publishing, 2021

(2)Ignacio Javier Cardone. *A Continent for Peace and Science: Antarctic Science and International Politics from the 6th International Geographical Congress to the Antarctic Treaty* (1895-1959). King's College London, 2019

(3)Jeffrey D. Myhre. *The Antarctic Treaty System: Politics, Law, and Diplomacy*. Routledge, 2019

(4)John Norton Moore, ed. *Common Resources: Law of the Sea, Outer Space, and Antarctica*. Brill Nijhoff, 2018

(5)Klaus Dodds, Alan D. Hemmings, Peder Roberts, ed. *Handbook on the Politics of Antarctica*. Edward Elgar Publishing, 2017

(6)Ben Saul, Tim Stephens. *Antarctica in International Law*. Bloomsbury Publishing, 2015

(7)Alan D. Hemmings, Donald R. Rothwell, Karen N. Scott, ed. *Antarctic Security in the Twenty-First Century Legal and Policy Per-*

spectives. Routledge,2012

(8) Paul Arthur Berkman. *Science Diplomacy: Antarctica, Science, and the Governance of International Spaces*. Washington, D. C.: Smithsonian Institution Scholarly Press,2011

(9) Haward Marcus, Griffiths Tom. *Australia and the Antarctic Treaty System: 50 Years of Influence*. UNSW Press,2011

(10) Natalie Klein, Joanna Mossop, Donald R. Rothwell. *Maritime Security: International Law and Policy Perspectives from Australia and New Zealand*,2009

(11) Harlan K. Cohen. *Handbook of the Antarctic Treaty System*. 9th ed. ,2002

(12) William M. Bush. *Australian Environmental Legislation and the Antarctic: The Meeting of International and Domestic Law and Politics*. Fridtjof Nansen Institute,1999

(13) James D. Hansom, John E. *Gordon*. *Antarctic Environments and Resources: A Grographical Perspective*. Routledge,1998

(14) Olav Schram Stokke, Davor Vidas. *Governing the Antarctic: The Effectiveness and Legitimacy of the Antarctic Treaty System*. Cambridge University Press,1996

(15) Francesco Francioni, Tullio Scovazzi. *International Law for Antarctica (2nd edition)*. Kluwer Law International,1996

(16) K. R. Simmonds. *The Antarctic Conventions*. Simmonds & Hill,1993

(17) Sir Arthur Watts. *International Law and The Antarctic Treaty System*. Grotius,1992

(18) Emilio J. Sahurie. *The International Law of Antarctica*. New Haven Press; Dordrecht; Boston: M. Nijhoff Publishers; Norwell,1992

(19) Eugenio A. Genest. *Las Organizaciones No Gubernamentales Y*

El Sistema Del Tratado Antártico. Dirección Nacional del Antártico, 1992

(20) Sanjay Chaturvedi. *The Dawning of Antarctica*. New Delhi: Segment Books, 1990

(21) Christopher C. Joyner, Sudhir K. *Chopra. The Antarctic Legal Regime*. Dordrecht: Martinus Nijhoff, 1988

(22) M. J. Peterson. *Managing the Frozen South: The Creation and Evolution of the Antarctic Treaty System*. University of California Press, 1988

(23) Francesco Francioni, Tullio Scovazzi. *International Law for Antarctica / Droit international de La antarctique*. Giuffrè Editore, 1987

(24) Jeffrey D. Myhre. *The Antarctic Treaty System: Politics, Law, and Diplomacy*. Westview Press, 1986

(25) Ulrich J. Nussbaum. *Rohstoffgewinnung in Der Antarktis: Völkerrechtliche Grundlagen Der Nutzung Nichtlebender Ressourcen*. Springer-Verlag, 1985

(26) Finn Sollie. *The Antarctic Treaty System: The Political Problem of Potential Resource Development*. Norsk utenrikspolitisk institutt, 1984

(27) F. M. Auburn. *Antarctic Law and Politics*. Indiana University Press, 1982

(28) Richard A. Herr, Robert Hall, Bruce W. Davis. *Issues in Australia's Marine and Antarctic Policies*. Hobart: Department of Political Science, University of Tasmania, 1982

(29) Philip C. Jessup, Howard J. Taubenfeld. *Controls for Outer Space and the Antarctic Analogy*. Columbia University Press, 1959

2. 环境和资源

(1) Alessandro Antonello. *The Greening of Antarctica: Assembling an International Environment*. Oxford University Press, 2019

（2）Runyu Wang. *International Law on Antarctic Mineral Resource Exploitation*. Peter Lang GmbH, Internationaler Verlag der Wissenschaften, 2017

（3）Malgosia Fitzmaurice, Dai Tamada. *Whaling in the Antarctic: The Significance and the Implications of the ICJ Judgment*. Brill Nijhoff, 2016

（4）Ben Milligan. *Marine Protected Areas in Antarctic Waters: A Review of Policy Options in the Context of International Law*, 2013

（5）Rudiger Wolfrum. *The Convention on the Regulation of Antarctic Mineral Resource Activities: An Attempt to Break New Ground*. Springer London, Limited; Springer, 2011

（6）Gillian D. Triggs. *The Antarctic Treaty Regime: Law, Environment and Resources*. Cambridge University Press, 2009

（7）Gianfranco Tamburelli. *The Antarctic Legal System: The Protection of the Environment of the Polar Regions*. Giuffrè Editore, 2008

（8）Gillian Triggs, Anna Riddell, ed. *Antarctica: Legal and Environmental Challenges for the Future*. British Institute of International and Comparative Law, 2007

（9）Grahame Murray Budd. *Exploration of Heard Island between* 1947 *and* 1971 / G. M Budd. *Law in the Twilight Zones, Applying Environmental Laws from the Antarctic Treaty's Madrid Protocol to Outer Space* / G. L. Lugten & J. A. Jabour. *Fishing Overcapacity, Subsidies and the WTO System: An Antarctic Focus* / Philip Bender. *Antarctic CRC*. U of Tasmania Law School Press, 2006

（10）Francesco Francioni, Tullio Scovazzi, ed. *Biotechnology and International Law*. Oxford and Portland, Oregon 2006

（11）Gianfranco Tamburelli. *The Antarctic Legal System and Environmental Issues*. Giuffrè Editore, 2006

（12）Davor Vidas. *Protecting the Polar Marine Environment: Law and Policy for Pollution Prevention*. Cambridge University Press, 2005

（13）Kees Bastmeijer. *The Antarctic Environmental Protocol and Its Domestic Legal Implementation*. Kluwer Law International, 2003

（14）Joe Verhoeven, Philippe Sands, Maxwell Bruce. *The Antarctic Environment and International Law*. Kluwer Law International, 2001

（15）Davor Vidas. *Implementing the Environmental Protection Regime for the Antarctic*. Springer, 2000

（16）Niels Krüger. *Anwendbarkeit Von Umweltschutzverträgen in Der Antarktis: The Applicability of Environmental Treaties in the Antarctic*. Springer, 2000

（17）Christopher C. Joyner. *Cramra's Legacy of Legitimacy: Progenitor to the Madrid Environmental Protocol*. U of Tasmania, 1995

（18）Lorraine M. Elliott. *International Environmental Politics: Protecting the Antarctic*. St. Martin's Press, 1994

（19）R. I. Lewis Smith, D. W. H. Walton, P. R. Dingwall. *Developing the Antarctic Protected Area System: Proceedings of the SCARIUCN Workshop on Antarctic Protected Areas*. IUCN, 1994

（20）Donald Rothwell. *The Madrid Protocol and its Relationship with the Antarctic Treaty System*. U of Tasmania, 1992

（21）Joe Verhoeven, Philippe Sands, Maxwell Bruce, ed. *The Antarctic Environment and International Law; Limited*. Kluwer Academic Publishers, 1992

（22）Rudiger Wolfrum. *The Convention on the Regulation of Antarctic Mineral Resource Activities; An Attempt to Break New Ground*. Springer-Verlag Berlin Heidelberg, 1991

（23）Romualdo Bermejo. *L'Antarctique Et Ses Ressources*

Minérales: Le Nouveau Cadre Juridique. Presses universitaires de France, 1990

(24) S. K. Blay. *The Convention on the Regulation of Antarctic Mineral Resource Activities: Can a Claimant Veto It?* U of Tasmania, 1989

(25) Rüdiger Wolfrum, E. A. Michos-Ederer, ed. *Antarctic challenge III: Conflicting Interests, Cooperation, Environmental Protection, Economic Development; Proceedings of an Interdisciplinary Symposium* July 7th-12th, 1987. Duncker & Humblot, 1988

(26) Francisco Orrego Vicuña. *Antarctic Mineral Exploitation: The Emerging Legal Framework*. Cambridge University Press, 1988

(27) Rüdiger Wolfrum, Klaus Bockslaff, Ingrid L. Jahn. ed. *Antarctic Challenge II: Conflicting Interests, Cooperation, Environmental Protection, Economic Development*. Duncker & Humblot, 1986

(28) William E. Westermeyer. *The Politics of Mineral Resource Development in Antarctica: Alternative Regimes for the Future*. Westview Press, 1984

(29) Rüdiger Wolfrum, Klaus Bockslaff, ed. *Antarctic Challenge: Conflicting Interests, Cooperation, Environmental Protection, Economic Development; Proceedings of an Interdisciplinary Symposium*, June 22nd-24th, 1983. Duncker & Humblot, 1984

(30) Jonathan I. Charney. *The New Nationalism and the Use of Common Spaces: Issues in Marine Pollution and the Exploitation of Antarctica*. Allanheld, 1982

(二)南极外文论文

1. 综合性

(1) Y. Yermakova, R. Hingley, A. Shibata. "The Policy-Law-Science Nexus in the Antarctic." *Antarctic Science*, 2023, pp. 1-4

(2) Z. Madani, A. Shibata. "International Law, Climate Change

and the Antarctic Treaty System: Re-contemplating Governance Questions Apropos of the Mounting Challenges." *Antarctic Science*, vol. 35 (5), 2023, pp. 374-89

(3) T. Daya-Winterbottom. "Legal Personality in Antarctica." *The Yearbook of Polar Law Online*, vol. 14(1), 2023, pp. 123-44

(4) M. M. Villalobos. "Antarctic Maritime Zones in the Era of Climate Change: ILC, ILA and the Long Road Ahead." *The Yearbook of Polar Law Online*, vol. 14(1), 2023, pp. 183-201

(5) Y. Makanse, E. A. Ortega, E. Molenaar, et al. "Values and Principles in the Antarctic Treaty and the Environmental Protocol: An Overview and Categorization." *The Yearbook of Polar Law*, vol. 15, 2023

(6) K. Bastmeijer, J. Jabour, D. Leary, et al. "Money-making in Antarctica and Related Challenges to the Antarctic Treaty System." *The Yearbook of Polar Law*, 2023, vol. 15, 2023

(7) G. A. Ramírez Buchheister. "Non-State Actors, Non-Consultative Parties and their Participation in the Antarctic Treaty System." 16*th Polar Law Symposium*, Date: 2023/10/26-2023/10/28, Location: Tórshavn, Faroe Islands. 2023

(8) R. Strating. "Assessing the Maritime 'Rules-based Order' in Antarctica." *Australian Journal of International Affairs*. vol. 76 (3), 2022, pp. 286-304

(9) P. Flamm. "Legitimating the Antarctic Treaty System: from Rich Nations Club to Planetary Ecological Democracy?" *Australian Journal of International Affairs*, vol. 76(3), 2022, pp. 266-85

(10) B. Arpi, J. McGee. "Rediscovering the Importance of Antarctic Law for the Early Twenty-first Century." *Australian Journal of International Affairs*, vol. 76(3), 2022, pp. 248-65

(11) H. Titterton, M. Haward. "The Kerguelen Plateau: Interactions between the Law of the Sea and the Antarctic Treaty." *Marine Policy*, vol. 138, 2022, p. 104993

(12) A. Akil. "Antarctica as a Common Heritage of Humanity within the Framework of International Law." *Erciyes Univ. JL Fac.*, vol. 16, 2021, p. 339

(13) D. R. Rothwell. "The Antarctic Treaty at Sixty Years: Past, Present and Future." *Melb. J. Int'l L.*, vol. 22, 2021, p. 332

(14) Y. Yermakova. "Legitimacy of the Antarctic Treaty System: Is it time for a reform?" *The Polar Journal*, vol. 11(2), 2021, pp. 342-59

(15) E. J. Molenaar. "Participation in the Antarctic Treaty." *The Polar Journal*, vol. 11(2), 2021, pp. 360-80

(16) Joanne Yao. "An International Hierarchy of Science: Conquest, Cooperation, and the 1959 Antarctic Treaty System." *European Journal of International Relations*, vol. 27, no. 4, 2021, pp. 995-1019

(17) Bruno Arpi. "Maps Have Meaning: Why Does a Recent Argentine Map Have Potential Implications for Antarctic Governance?" *Australian Journal of Maritime & Ocean Affairs*, vol. 13, no. 2, 2021, pp. 79-93

(18) Robert Keith Headland. "Territory and Claims in the Antarctic Treaty Region: A Disquisition on Historical and Recent Developments." *Cartographic Journal*, vol. 57, no. 2, 2020, pp. 160-74

(19) Jeffrey Mcgee, et al. "'Logrolling' in Antarctic Governance: Limits and Opportunities." *Polar Record*, vol. 56, 2020, pp. 1-11

(20) Nils Vanstappen. "Legitimacy in Antarctic Governance: The Stewardship Model." *Polar Record*, vol. 55, no. 5, 2019, pp. 358-60

(21) Alessandro Antonello. "The Antarctic Treaty as a Temporal Order." *Polar Record*, vol. 55, no. 5, 2019, pp. 323-25

(22) Klaus Dodds. "Reflecting on the 60th Anniversary of the Antarctic Treaty." *Polar Record*, vol. 55, no. 5, 2019, pp. 311-16

(23) U. Rack. "The Way to the Antarctic Treaty: System of Rules in Times of Global Conflict." *Polar Record*, vol. 55, no. 5, 2019, pp. 320-22

(24) Ryan A. Musto. "Antarctic Arms Control as Past Precedent." *Polar Record*, vol. 55, no. 5, 2019, pp. 330-33

(25) Kern William Craig. "The Antarctic Frontier in International Relations." *Florida Political Chronicle*, vol. 26, no. 2, 2018, pp. 28-62

(26) Steven Freeland, Anja Nakarada Pecujlic. "How Do You Like Your Regulation—Hard or Soft? The Antarctic Treaty and The Outer Space Treaty Compared." *National Law School of India Review*, vol. 30, no. 1, 2018, pp. 11-36

(27) Shirley V. Scott. "What Lessons does the Antarctic Treaty System Offer for the Future of Peaceful Relations in the South China Sea?" *Marine Policy*, vol. 87(4), 2018, pp. 295-300

(28) Jacob A. Reed. "Cold War Treaties in a New World: The Inevitable End of the Outer Space and Antarctic Treaty Systems." *Air & Space Law*, vol. 42, 2017, pp. 463-86

(29) Carlos R. Hernández-Salas. "Distinguished Status Quo: The American Antarctic Quadrant after Submissions to the Commission on the Limits of the Continental Shelf." *International Journal of Marine and Coastal Law*, vol. 30, no. 2, 2015, pp. 285-304

(30) Timo Koivurova. "Multipolar and Multilevel Governance in the Arctic and the Antarctic." Proceedings of the Annual Meeting (American Society of International Law), vol. 107, *International Law in a Multipolar World*, 2013, pp. 443-46

(31) Fernando Villamizar Lamus. "Antarctic Treaty and Antarctic

Territory Protection Mechanisms / Tratado Antártico Y Mecanismos De Protección Del Territorio Antártico." *Revista Chilena de Derecho*, vol. 40, no. 2, Mayo-Agosto 2013, pp. 461-88

(32) Fernando Villamizar lamus. "Tratado Antártico Y Mecanismos De Protección Del Territorio Antártico." *International Law*, no. 21, 2012, pp. 255-95

(33) Tim Stephens. "The Arctic and Antarctic Regimes and the Limits of Polar Comparativism." *German Yearbook of International Law-Jahrbuch für Internationales Recht.*, vol. 54, 2011, Duncker & Humblot GmbH, 2012, pp. 315-50.

(34) S. V. Scott. "Ingenious and Innocuous? Article IV of the Antarctic Treaty as Imperialism." *Polar Journal*, vol. 1, no. 1, 2011, pp. 51-62

(35) Jason Kendall Moore. "Particular Generalisation: the Antarctic Treaty of 1959 in Relation to the Anti-nuclear Movement." *Polar Record*, vol. 44, no. 229, 2008, pp. 115-25

(36) Jason Kendall Moore, Consuelo Leon WÖppke. "The Frozen Continent: an Antarctic Play." *Polar Record*, vol. 44, no. 230, 2008, pp. 277-78

(37) David W. H. Walton. "UNCLOS versus the Antarctic Treaty." *Antarctic Science*, vol. 20, no. 4, 2008, p. 311

(38) Karen Scott. "Institutional Developments within the Antarctic Treaty System." *International & Comparative Law Quarterly*, vol. 52, no. 2, 2003, pp. 473-87

(39) Donald R. Rothwell. "The Law of the Sea and the Antarctic Treaty System: Rougher Seas Ahead for the Southern Ocean?" in Jabour-Green, J. & Haward, M. ed. *The Antarctic: Past, Present and Future*. Antarctic CRC Research Report #28. Hobart, 2002, pp. 113-25

(40) Patrizia Vigni. "Interaction between the Antarctic Treaty System and the Other Relevant Conventions Applicable to the Antarctic Area—A Practical Approach versus Theoretical Doctrines." *The* 4 *Max Planck Y. B. U. N. L.*, 2000, p. 481

(41) Davor Vidas. "Emerging Law of the Sea Issues in the Antarctic Maritime Area: A Heritage for the New Century?" *Ocean Development & International Law*, vol. 31, no. 1/2, 2000, pp. 197-222

(42) Jacek Machowski. "Forty Years of Antarctic Treaty." *Polish Quarterly of International Affairs*, vol. 8, no. 4, 1999, pp. 82-97

(43) Julia Green. "Antarctic EEZ Baselines: An Alternative Formula." *International Journal of Marine & Coastal Law*, vol. 11, no. 3, 1996, pp. 333-50

(44) Francis M. Auburn. "Dispute Settlement under the Antarctic System." *Archiv des Völkerrechts*, 30. Bd., no. 2, 1992, pp. 212-21

(45) Sudhir K. Chopra. "Antarctica: Some Ethical and Legal Questions." *Proceedings of the Annual Meeting (American Society of International Law)*, vol. 85, April 17-20 1991, pp. 475-78

(46) Catherine Redgwell. "Antarctica." *The International and Comparative Law Quarterly*, vol. 40, no. 4, 1991, pp. 976-81

(47) Catherine Redgwell. "Antarctica." *The International and Comparative Law Quarterly*, vol. 39, no. 2, 1990, pp. 474-81

(48) Dagmar Butte. "International Norms in the Antarctic Treaty." *International Legal Perspectives*, vol. 3, no. 1, 1990, pp. 1-39

(49) Romualdo Bermejo. "The Antarctic system: crisis or success of multilateralism?" *The Comparative and International Law Journal of Southern Africa*, vol. 22, no. 1, 1989, pp. 1-32

(50) Francis M. Auburn. "Aspects of the Antarctic Treaty System." *Archiv des Völkerrechts*, 26. Bd., no. 2, Staatsoberhaupt Und Völkerrecht /

Head of State and International Law, 1988, pp. 203-15

(51) Sanjay Chaturvedi. "Antarctica and the United Nations." *India Quarterly*, vol. 42(1), 1986, pp. 1-26

(52) Christopher C. Joyner, Sudhir K. Chopra, David A. Colson, James Victor Gbeho, Richard A. Falk. "Antarctica in the United Nations: Rethinking the Problems and Prospects." *Proceedings of the Annual Meeting (American Society of International Law)*, vol. 80, April 9-12 1986, pp. 269-85

(53) Bernard H. Oxman. "Antarctica and the New Law of the Sea." *Cornell International Law Journal*, vol. 19(2), 1986, pp. 211-47

(54) Stephan Eilers. "Antarctica Adjourned? The U. N. Deliberations on Antarctica." *The International Lawyer*, vol. 19, no. 4, 1985, pp. 1309-18

(55) F. M. Auburn. "Consultative Status under the Antarctic Treaty." *The International and Comparative Law Quarterly*, vol. 28, no. 3, 1979, pp. 514-22

(56) J. Tinker. "Cold War over Antarctic Wealth." *New Scientist*, vol. 83, no. 1173, 1979, p. 867

(57) J. Tinker. "Antarctica: Towards a New Internationalism." *New Scientist*, vol. 83, no. 1172, 1979, p. 799

(58) "Thaw in International Law? Rights in Antarctica under the Law of Common Spaces." *The Yale Law Journal*, vol. 87, no. 4, 1978, pp. 804-59

(59) Shirley Oakes Butler. "Owning Antarctica: Cooperation and Jurisdiction at the South Pole." *Journal of International Affairs*, vol. 31 (1), 1977, pp. 35-51

(60) G. N. Barrie. "The Antarctic Treaty: Example of Law and Its Sociological Infrastructure." *The Comparative and International Law Journal of Southern Africa*, vol. 8, no. 2, 1975, pp. 212-24

(61) Edvard Hambro. "Some Notes on the Future of the Antarctic Treaty Collaboration." *The American Journal of International Law*, vol. 68, no. 2, 1974, pp. 217-26

(62) F. M. Auburn. "The White Desert." *The International and Comparative Law Quarterly*, vol. 19, no. 2, 1970, pp. 229-56

(63) John Hanessian. "The Antarctic Treaty 1959." *The International and Comparative Law Quarterly*, vol. 9, no. 3, 1960, pp. 436-80

(64) Robert D. Hayton. "The Antarctic Settlement of 1959." *The American Journal of International Law*, vol. 54, no. 2, 1960, pp. 348-71

2. 环境和资源

(1) G. R. Buchheister. "The 2018 Judgment by the European Court of Justice on Antarctic MPAS and its Possible Significance to the Antarctic Treaty System." *The Yearbook of Polar Law Online*, vol. 14 (1), 2023, pp. 167-82

(2) A. J. Press, A. J. Constable. "Conservation Law in Antarctica and the Southern Ocean: The Antarctic Treaty System, Conservation, and Environmental Protection." *Australian Journal of International Affairs*, vol. 76(3), 2022, pp. 305-23

(3) C. E. Foster. "Due Diligence and Compliance with the Protocol on Environmental Protection to the Antarctic Treaty." *The Yearbook of Polar Law Online*, vol. 13(1), 2022, pp. 154-74

(4) M. Haward. "Biodiversity in Areas Beyond National Jurisdiction (BBNJ): the Commission for the Conservation of Antarctic Marine Living Resources (CCAMLR) and the United Nations BBNJ Agreement." *The Polar Journal*, vol. 11(2), 2021, pp. 303-16

(5) Ana Costov, Jessica Appelmann. "Exploitation of Antarctic Iced Freshwater: A Call to Unfreeze Legal Discourse." *Groningen Journal of International Law*, vol. 9, no. 1, 2021, pp. 60-77

(6) Paschalis Arvanitidis, Aikaterini Almyriotou. "The Commons Institution of Antarctica: A Roadmap to Governance of Mankind Resources." *Journal of Property, Planning and Environmental Law*, vol. 13, no. 2, 2021, pp. 165-84

(7) Mónica Remedios-de León, et al. "International Response under the Antarctic Treaty System to the Establishment of a Non-native Fly in Antarctica." *Environmental Management*, vol. 67, no. 6, 2021, pp. 1043-59

(8) Natasha B. Gardiner. "Marine Protected Areas in the Southern Ocean: Is the Antarctic Treaty System Ready to Co-exist with a New United Nations Instrument for Areas beyond National Jurisdiction?" *Marine Policy*, vol. 122, 2020, p. 104212

(9) Mengzhu Zhang, et al. "Marine Plastic Pollution in the Polar South: Responses from Antarctic Treaty System." *Polar Record*, vol. 56, 2020, pp. 1-9

(10) Brendan Gogarty, et al. "Protecting Antarctic Blue Carbon: As Marine Ice Retreats Can the Law Fill the Gap?" *Climate Policy* (*Earthscan*), vol. 20, no. 2, 2020, pp. 149-62

(11) Robin Warner. "Environmental Assessment in Marine Areas Beyond National Jurisdiction: Practice and Prospects." *Proceedings of the Annual Meeting* (*American Society of International Law*), vol. 111, April 12-15 2017, pp. 252-55

(12) D. W. H. Walton. "Losing Control—the Future Management of Bioprospecting in the Antarctic Treaty Area." *Antarctic Science*, vol. 29, no. 5, 2017, p. 395

(13) Penelope Nevill. "Area-Based Management Tools, Including Marine Protected Areas." *Proceedings of the Annual Meeting* (*American Society of International Law*), vol. 111, April 12-15 2017, pp. 247-51

(14) Harriet Harden-Davies. "Capacity Building and Technology Transfer for Marine Biodiversity in Areas Beyond National Jurisdiction." *Proceedings of the Annual Meeting (American Society of International Law)*, vol. 111, April 12-15 2017, pp. 243-45

(15) Danielle Smith, et al. "Marine Protected Areas: A Spark for Contestation over 'rational Use' of Antarctic Marine Living Resources in the Southern Ocean?" *Australian Journal of Maritime & Ocean Affairs*, vol. 8, no. 3, 2016, pp. 180-98

(16) Anastasia Telesetsky, Seokwoo Lee. "After Whaling in the Antarctic: Amending Article VIII to Fix a Broken Treaty Regime." *International Journal of Marine & Coastal Law*, vol. 30, no. 4, 2015, pp. 700-26

(17) Brendan Plant. "Sovereignty, Science, and Cetaceans: The 'Whaling in the Antarctic' Case." *The Cambridge Law Journal*, vol. 74, no. 1, 2015, pp. 40-44

(18) Young Michaela. "Whaling in the Antarctic (Australia v Japan: New Zealand Intervening): Progressive Judgment or Missed Opportunity for the Development of International Environmental Law?" *Comparative and International Law Journal of Southern Africa*, vol. 48, no. 1, 2015, pp. 59-88

(19) Laurence Cordonnery, et al. "Nexus and Imbroglio: CCAMLR, the Madrid Protocol and Designating Antarctic Marine Protected Areas in the Southern Ocean." *International Journal of Marine & Coastal Law*, vol. 30, no. 4, 2015, pp. 727-64

(20) Remi Moncel. "Dangerous Experiments: Scientific Integrity in International Environmental Adjudications after the ICJ's Decision in Whaling in the Antarctic." *Ecology Law Quarterly*, vol. 42, 2015, p. 305

(21) Jacqueline Peel. "Introductory Note to Whaling in the Ant-

arctic(Australia V. Japan:New Zealand Intervening) (I. C. J.) . " *International Legal Materials*, vol. 54, no. 1, 2015, pp. 1-52

(22) Sonia E. Rolland. " Whaling in the Antarctic (Australia v. Japan: New Zealand Intervening) . " *American Journal of International Law*, vol. 108, no. 3, 2014, pp. 496-502

(23) Mary Button. "Cleaning up Space: The Madrid Protocol to the Antarctic Treaty as a Model for Regulating Orbital Debris. " *William & Mary Environmental Law and Policy Review*, vol. 37, 2013, p. 539

(24) Arie Trouwborst. "Bird Conservation and Climate Change in the Marine Arctic and Antarctic: Classic and Novel International Law Challenges Converging in the Polar Regions. " *Journal of International Wildlife Law & Policy*, vol. 16, no. 1, 2013, pp. 1-40

(25) Cassandra M. Brooks. " Competing Values on the Antarctic High Seas: CCAMLR and the Challenge of Marine-protected Areas. " *The Polar Journal*, vol. 3(2), 2013, pp. 277-300

(26) Peter Convey, et al. " Continental Governance and Environmental Management Mechanisms under the Antarctic Treaty System: Sufficient for the Biodiversity Challenges of This Century?" *Biodiversity*, vol. 13, no. 3/4, 2012, pp. 234-248

(27) Rohani Mohd Shah, et al. " Antarctic Treaty System and Madrid Protocol 1991: Transformation of Legislation. " *APCBEE Procedia*, vol. 1, 2012, pp. 74-78

(28) Rebecca Leaper, Cara Miller. " Management of Antarctic Ballen Whales amid Past Exploitation, Current Problems, Emerging Threats and Complex Marine Ecosystems. " *Antarctic Science*, vol. 23 (6), 2011, pp. 503-529

(29) Alan D. Hemmings, Lorne K. Kriwoken. " High Level Ant-

arctic EIA under the Madrid Protocol:State Practice and the Effectiveness of the Comprehensive Environmental Evaluation Process." *International Environmental Agreements:Politics, Law & Economics*, vol. 10, no. 3, 2010, pp. 187-208

(30) Alan D. Hemmings. "Does Bioprospecting Risk Moral Hazard for Science in the Antarctic Treaty System?" *Ethics in Science and Environmental Politics*, vol. 10, 2010, pp. 5-12

(31) Kevin A. Hughes, Peter Convey. "The Protection of Antarctic Terrestrial Ecosystems from Inter-and Intra-continental Transfer of Non-indigenous Species by Human Activities: A Review of Current Systems and Practices." *Global Environmental Change Part A:Human & Policy Dimensions*, vol. 20, no. 1, 2010, pp. 96-112

(32) Pamela L. Schoenberg. "A Polarizing Dilemma: Assessing Potential Regulatory Gap-Filling Measures for Arctic and Antarctic Marine Genetic Resource Access and Benefit Sharing." *Cornell International Law Journal*, vol. 42, 2009, p. 271

(33) Adriana Fabra, Virginia Gascon. "The Convention on the Conservation of Antarctic Marine Living Resources (CCAMLR) and the Ecosystem Approach." *International Journal of Marine & Coastal Law*, vol. 23, no. 3, 2008, pp. 567-598

(34) Peter Convey. "Non-native Species in Antarctic Terrestrial and Freshwater Environments: Presence, Sources, Impacts and Predictions." In Finnemore ed. *Non-native Species in the Antarctic: Proceedings. Gateway Antarctica*, 2007, pp. 97-130

(35) Michael Johnson. "Liability for Environmental Damage in Antarctica:The Adoption of Annex VI to the Antarctic Environmental Protocol." *Georgetown International Environmental Law Review*, vol. 19, 2006, p. 33

(36) Philip Bender. "Trade Restrictions for Antarctic Conservation Under the Free Trade Principles of the WTO System." *Southeastern Environmental Law Journal*, vol. 14, 2006, p. 163

(37) Evan T. Bloom. "Introductory Note to Antarctic Treaty Environmental Protocol Liability Annex." *International Legal Materials*, vol. 45, no. 1, 2006, pp. 1-4

(38) Philip Bender. "The Precautionary Approach and Management of the Antarctic Krill." *Journal of Environmental Law*, vol. 18, no. 2, 2006, pp. 229-244

(39) David J. Bederman. "Antarctic Environmental Liability: The Stockholm Annex and beyond." *Emory International Law Review*, vol. 19, 2005, p. 1383

(40) Timo Kolvurova. "Environmental Protection in the Arctic and Antarctic: Can the Polar Regimes Learn from Each Other?" *International Journal of Legal Information*, vol. 33, no. 2, 2005, pp. 204-218

(41) Liesbeth Peeters. "Square Peg, Round Hole Jurisdiction over Minerals Mining Offshore Antarctica." *Macquarie Journal of International and Comparative Environmental Law*, vol. 1, no. 2, 2004, pp. 217-232

(42) Kevin R. Wood. "The Uncertain Fate of the Madrid Protocol to the Antarctic Treaty in the Maritime Area." *Ocean Development & International Law*, vol. 34, no. 2, 2003, pp. 139-159

(43) Jason Lowther. "Licences to Fish and the Conservation of Antarctic Marine Living Resource." *Environmental Law & Management*, vol. 14, no. 6, 2002, pp. 362-364

(44) David W. Floren. "Antarctic Mining Regimes: An Appreciation of the Attainable." *Journal of Environmental Law and Litigation*, vol. 16, 2001, p. 467

(45) Donald R. Rothwell. "Polar Environmental Protection and International Law: The 1991 Antarctic Protocol." *European Journal of International Law*, vol. 11, no. 3, 2000, pp. 591-614

(46) Jr. Sherwood Willing Wise. "The Antarctic Ice Sheet: Rise and Demise?" *Journal of Land Use & Environmental Law*, vol. 15, no. 2, Supplement: Symposium Issue on Global Warming, 2000, pp. 383-422

(47) Timothy Ensminger, et al. "Environmental Impact Assessment under the National Environmental Policy Act and the Protocol on Environmental Protection to the Antarctic Treaty." *Environmental Management*, vol. 24, no. 1, 1999, pp. 13-23

(48) Joseph J. Ward. "Black Gold in a White Wilderness—Antarctic Oil: The Past, Present, and Potential of a Region in Need of Sovereign Environmental Stewardship." *Journal of Land Use & Environmental Law*, vol. 13, no. 2, 1998, pp. 363-397

(49) Gerald S. Schatz. "International Environmental Law: Lessons from the Antarctic Protection Protocol." *Proceedings of the Annual Meeting (American Society of International Law)*, vol. 92, The Challenge of Non-State Actors, April 1-4 1998, pp. 226-228

(50) Stuart B. Kaye. "Legal Approaches to Polar Fisheries Regimes: A Competitive Analysis of the Convention for the Conservation of Antarctic Marine Living Resources and the Bering Sea Doughnut Hole Convention." *California Western International Law Journal*, vol. 26, no. 1, 1995, pp. 75-114

(51) Paul Lincoln Stoller. "Protecting the White Continent: Is the Antarctic Protocol Mere Words or Real Action?" *Arizona Journal of International and Comparative Law*, vol. 12, no. 1, 1995, p. 335-366

(52) Catherine Redgwell. "Environmental Protection in Antarcti-

ca: The 1991 Protocol." *The International and Comparative Law Quarterly*, vol. 43, no. 3, 1994, pp. 599-634

(53) Lorraine M. Elliott. "Environmental Protection in the Antarctic: Problems and Prospects." *Environmental Politics*, vol. 3, no. 2, 1994, pp. 247-272

(54) Review by Christopher C. Joyner. "The Convention on the Regulation of Antarctic Mineral Resource Activities—An Attempt to Break New Ground." by Rudiger Wolfrum. *The American Journal of International Law*, vol. 87, no. 2, 1993, pp. 360-363

(55) Sander van Bennekom. "A New Regime to Protect the Antarctic Environment." *Leiden Journal of International Law*, vol. 5(1), 1992, pp. 33-52

(56) S. K. N. Blay. "New Trends in the Protection of the Antarctic Environment: The 1991 Madrid Protocol." *The American Journal of International Law*, vol. 86, no. 2, 1992, pp. 377-399

(57) William M. Welch. "Antarctic Treaty System: Is It Adequate to Regulate or Eliminate the Environmental Exploitation of the Globe's Last Wilderness." *The Houston Journal of International Law*, vol. 14, 1992, pp. 597-630

(58) Sudhir K. Chopra. "Antarctica: Some Ethical and Legal Questions." *Proceedings of the Annual Meeting (American Society of International Law)*, vol. 85, April 17-20 1991, pp. 475-478

(59) Douglas M. Zang. "Frozen in Time: The Antarctic Mineral Resource Convention." *Cornell Law Review*, vol. 76(3), 1991, pp. 722-768

(60) Donald R. Rothwell. "The Antarctic Treaty System: Resource Development, Environmental Protection or Disintegration?" *Arctic*, vol. 43, no. 3, 1990, pp. 284-291

(61) A. D. Watts. "The Convention on the Regulation of Antarctic

Mineral Resource Activities 1988." *The International and Comparative Law Quarterly*, vol. 39, no. 1, 1990, pp. 169-182

(62) A. D. Hendry. "The Antarctic Minerals Act 1989." *The International and Comparative Law Quarterly*, vol. 39, no. 1, 1990, pp. 183-90

(63) Sudhir K. Chopra, Tucker R. Scully, Christopher C. Beeby, Robert Hayton, Christopher C. Joyner. "The Antarctic Minerals Agreement." *Proceedings of the Annual Meeting (American Society of International Law)*, vol. 83, April 5-8 1989, pp. 204-224

(64) Matthew Howard. "The Convention on the Conservation of Antarctic Marine Living Resources: A Five-Year Review." *The International and Comparative Law Quarterly*, vol. 38, no. 1, 1989, pp. 104-149

(65) Bernard H. Oxman. "Evaluating the Antarctic Minerals Convention: The Decision-Making System." *The University of Miami Inter-American Law Review*, vol. 21, no. 1, 1989, pp. 17-80

(66) Christopher C. Joyner. "The Antarctic Minerals Negotiating Process." *The American Journal of International Law*, vol. 81, no. 4, 1987, pp. 888-905

(67) Richard B. Bilder, William R. Mansfield, Christopher C. Joyner, James N. Barnes, Sudhir K. Chopra. "Who Has the Right of Exploitation, and the Right to Prevent Exploitation, of the Minerals in Antarctica?" *Proceedings of the Annual Meeting (American Society of International Law)*, vol. 79, April 25-27 1985, pp. 58-73

(68) James K. McElroy. "Antarctic Fisheries: History and Prospects." *Marine Policy*, vol. 8(3), 1984, pp. 239-258

(69) Stephen A. Zorn. "Antarctic Minerals: A Common Heritage Approach." *Resources Policy*, vol. 10(1), 1984, pp. 2-18

(70) Boleslaw A. Boczek. "The Protection of the Antarctic Ecosystem: A Study in International Environmental Law." *Ocean Development & International Law*, vol. 13, no. 3, 1983, pp. 347-425

(71) Roland Rich. "A Minerals Regime for Antarctica." *The International and Comparative Law Quarterly*, vol. 31, no. 4, 1982, pp. 709-725

(72) Steven J. Burton. "New Stresses on the Antarctic Treaty: Toward International Legal Institutions Governing Antarctic Resources." *Virginia Law Review*, vol. 65, no. 3, 1979, pp. 421-512

(73) James N. Barnes. "The Emerging Antarctic Living Resources Convention." *Proceedings of the Annual Meeting (American Society of International Law)*, vol. 73, April 26-28 1979, pp. 272-292

(74) John A. Dugger. "Exploiting Antarctic Mineral Resources-Technology, Economics, and the Environment." *University of Miami Law Review*, vol. 33, 1978, pp. 315-339

(75) Frank Pallone. "Resource Exploitation: The Threat to the Legal Regime of Antarctica." *The International Lawyer*, vol. 12, no. 3, 1978, pp. 547-561

3. 旅游

(1) K. Bastmeijer, A. Shibata, I. Steinhage, et al. "Regulating Antarctic Tourism: The Challenge of Consensus-Based Decision Making." *American Journal of International Law*, vol. 117(4), 2023, pp. 651-676

(2) Tadeusz Palmowski. "Development of Antarctic Tourism." *Geo Journal of Tourism & Geosites*, vol. 33, 2020, pp. 1520-1526

(3) Nengye Liu. "The Rise of China and the Antarctic Treaty System?" *Australian Journal of Maritime & Ocean Affairs*, vol. 11, no. 2, 2019, pp. 120-131

(4) T. Tin, et al. "Impacts of Local Human Activities on the Ant-

arctic Environment." *Antarctic Science*, vol. 21, no. 1, 2009, pp. 3-33

(5) Kees Bastmeijer, Ricardo Roura. "Regulating Antarctic Tourism and the Precautionary Principle." *The American Journal of International Law*, vol. 98, no. 4, 2004, pp. 763-81

(6) Shirley V. Scott. "How Cautions Is Precautious? Antarctic Tourism and the Precautionary Principle." *The International and Comparative Law Quarterly*, vol. 50, no. 4, 2001, pp. 963-71

(7) Davor Vidas. "Antarctic Tourism: A Challenge to the Legitimacy of the Antarctic Treaty System?" *German Yearbook of International Law-Jahrbuch für Internationales Recht.* : vol. 36, 1993, Duncker & Humblot GmbH, 1994, pp. 187-224

4. 各国参与南极事务

(1) E. Beringen, N. Liu, M. Lim. "The Three Eras of Australian Practice on MPAs: The Interaction between National and International Law and Policy." *Australian Journal of Maritime & Ocean Affairs*, 2023, pp. 1-31

(2) Y. Chen. "China's Role of Bioprospecting in Antarctica and Future Prospects." *Chinese Journal of Environmental Law*, vol. 7(1), 2023, pp. 75-99

(3) L. He. "Legal Challenges to the Antarctic Treaty System and the Protection of China's Basic Rights and Interests in Antarctica." *China Oceans L. Rev.*, 2021, p. 51

(4) Patrick Flamm. "An Unlikely Partnership? New Zealand-South Korea Bilateral Cooperation and Antarctic Order." *Polar Record*, vol. 57, no. 8, 2021, pp. 1-10

(5) Manzano Iturra, Karen Isabel. "La Disputa Por El Canal Del Beagle Y Sus Consecuencias Geopolíticas Para La Zona Austral-antártica (Spanish)." *Revista Científica General José María Córdova*,

vol. 19, no. 35, 2021, pp. 799-815

(6) Jiliang Chen. "China's Political Narratives and Antarctic Diplomacy." *Australian Journal of Maritime & Ocean Affairs*, vol. 13, no. 1, 2021, pp. 61-78

(7) Nong Hong. "China and the Antarctic: Presence, Policy, Perception, and Public Diplomacy." *Marine Policy*, vol. 134, 2021, p. 104779

(8) Shirley V. Scott. "The Irrelevance of Non-recognition to Australia's Antarctic Territory Title." *International & Comparative Law Quarterly*, vol. 70, no. 2, 2021, pp. 491-503

(9) Shirley V. Scott, Lucia Meilin Oriana. "The History of Australian Legal Opposition to Japanese Antarctic Whaling." *Australian Journal of International Affairs*, vol. 73(5), 2019, pp. 466-84

(10) Wilder Alejandro Sanchez. "How are we getting there? The Present and Future of South America's Antarctic Fleet." *The Polar Journal*, vol. 9(2), 2019, pp. 390-401

(11) Wilder Alejandro Sanchez. "An Overview of Colombia's Antarctic Programme." *The Polar Journal*, vol. 8(2), 2018, pp. 386-96

(12) Kevin A. Baumert. "The Outer Limits of the Continental Shelf Under Customary International Law." *The American Journal of International Law*, vol. 111, no. 4, 2017, pp. 827-72

(13) Jonathan Harrington. "China, Global Ecopolitics and Antarctic Governance: Converging Paths?" *Journal of Chinese Political Science*, vol. 22, no. 1, 2017, pp. 37-56

(14) Daniel Bray. "The Geopolitics of Antarctic Governance: Sovereignty and Strategic Denial in Australia's Antarctic Policy." *Australian Journal of International Affairs*, vol. 70, no. 3, 2016, pp. 256-74

(15) Jason R. Swanson, Daniela Liggett, Gabriela Roldan. "Conceptualizing and Enhancing the Argument for Port State Control in the

Antarctic Gateway States." *The Polar Journal*, vol. 5 (2), 2015, pp. 361-85

(16) Keyuan Zou, Xinchang Liu. "New Trends in China's Practice in Antarctic Expedition Management." *International Journal of Marine & Coastal Law*, vol. 30, no. 3, 2015, pp. 533-50

(17) Shirley V. Scott. "Australia's Decision to Initiate Whaling in the Antarctic: Winning the Case versus Resolving the Dispute." *Australian Journal of International Affairs*, vol. 68(1), 2014, pp. 1-16

(18) Alessandro Antonello. "Australia, the International Geophysical Year and the 1959 Antarctic Treaty." *Australian Journal of Politics & History*, vol. 59, no. 4, 2013, pp. 532-46

(19) Christopher C. Joyner. "United States Foreign Policy Interests in the Antarctic." *The Polar Journal*, vol. 1(1), 2011, pp. 17-35

(20) Ann-Maire Brady. "China's Rise in Antarctica?" *Asian Survey*, vol. 50, no. 4, 2010, pp. 759-85

(21) Klaus Dodds, Alan D. Hemmings. "Frontier Vigilantism? Australia and Contemporary Representations of Australian Antarctic Territory." *Australian Journal of Politics & History*, vol. 55, no. 4, 2009, pp. 513-29

(22) Andrew Serdy. "Is There a 400-Mile Rule in UNCLOS Article 76 (8)?" *The International and Comparative Law Quarterly*, vol. 57, no. 4, 2008, pp. 941-54

(23) Donald K. Anton. "Australian Jurisdiction and Whales in Antarctica: Why the Australian Whale Sanctuary in Antarctic Waters Does Not Pass International Legal Muster and Is Also a Bad Idea as Applied to Non-Nationals." *Asia Pacific Journal of Environmental Law*, vol. 11, no. 3/4, 2008, pp. 159-92

(24) Marcus Haward, et al. "Australia's Antarctic Agenda." *Aus-*

tralian Journal of International Affairs, vol. 60, no. 3, 2006, pp. 439-56

(25) L. A. Schuch, V. K. Garg, E. Kuzmann, R. Garg, A. C. de Oliveira. "Antarctica: general aspects and Brazilian research activities.", *Environmental Management and Health*, vol. 12, no. 1, 2001, pp. 67-78

(26) Kathleen T. Mulville. "How the Antarctic Science, Tourism, and Conservation Act of 1996 Fails Antarctica." *William and Mary Environmental Law and Policy Review*, vol. 23(2), 1999, pp. 649-82

(27) Stuart Kaye, Donald R. Rothwell. "Australia's Antarctic Maritime Claims and Boundaries." *Ocean Development and International Law*, vol. 26, no. 3, 1995, pp. 195-226

(28) Keyuan Zou. "China's Antarctic Policy and the Antarctic Treaty System." *Ocean Development and International Law*, vol. 24, no. 3, 1993, pp. 237-55

(29) Anita Dey. "India in Antarctica: Perspectives, Programmes and Achievements." *International Studies*, vol. 29(2), 1992, pp. 173-85

(30) Christopher C. Joyner. "Japan and the Antarctic Treaty System." *Ecology Law Quarterly*, vol. 16, no. 1, 1989, pp. 155-69

(31) Robert Friedheim, Tsuneo Akaha. "Antarctic Resources and International Law: Japan, the United States, and the Future of Antarctica." *Ecology Law Quarterly*, vol. 16, no. 1, 1989, pp. 119-54

(32) B. W. Davis. "The United Kingdom, Australia and Antarctica: The Background and Some Emergent Issues." *Environmental and Planning Law Journal*, vol. 4(1), 1987, pp. 26-32

(33) Sanjay Chaturvedi. "India and the Antarctic Treaty System: Realities and Prospects." *India Quarterly*, vol. 42(4), 1986, pp. 351-80

(34) Christopher C. Joyner. "Anglo-Argentine Rivalry after the Falklands/Malvinas War: Laws, Geopolitics, and the Antarctic Connection." *Lawyer of the Americas*, vol. 15, no. 3, 1984, pp. 467-502

(35) Boleslaw A. Boczek. "The Soviet Union and the Antarctic Regime." *The American Journal of International Law*, vol. 78, no. 4, 1984, pp. 834-58

(36) Carlos J. Moneta. "Antarctica, Latin America, and the International System in the 1980s: Toward a New Antarctic Order?" *Journal of Interamerican Studies and World Affairs*, vol. 23, no. 1, 1981, pp. 29-68

(三)南极中文著作

1. 李小涵. 南极条约体系规则的习惯国际法形成研究[M]. 北京:中国政法大学出版社,2022.

2. 王婉潞. 南极治理机制变革研究[M]. 北京:时事出版社,2022.

3. 安特·埃尔辛加. 南极科学研究:变化与趋势[M]. 潘敏,等,译. 北京:海洋出版社,2021.

4. 陈力,等. 中国南极权益维护的法律保障[M]. 上海:上海人民出版社,2018.

5. 何柳. 门户国家经验视角下中国参与南极治理的问题及策略研究[M]. 武汉:武汉大学出版社,2018.

6. 普莱斯考特,崔格斯. 国际边疆与边界:法律、政治与地理[M]. 孔令杰,等,译. 北京:社会科学文献出版社,2017.

7. 潘敏著,傅崐成. 国际政治中的南极——大国南极政策研究[M]. 上海:上海交通大学出版社,2015.

8. 刘惠荣,刘秀. 南极生物遗传资源利用与保护的国际法研究[M]. 北京:中国政法大学出版社,2013.

9. 郭培清,石伟华. 南极政治问题的多角度探讨[M]. 北京:海洋出版社,2012.

10. 华薇娜,张侠. 南极条约协商国南极活动能力调研统计报告[M]. 北京:海洋出版社,2012.

11. 颜其德,朱建钢. 南极洲领土主权与资源权属问题研究[M]. 上海:上海科学技术出版社,2009.

12. 李占生,等. 南极条约体系[M]. 天津:天津大学出版社,1997.

13. 邹克渊. 南极矿物资源与国际法[M]. 北京:现代出版社,1997.

14. 邹克渊. 南极矿物资源与国际法[M]. 北京:北京大学出版社,1996.

15. 位梦华,郭琨. 南极政治与法律[M]. 北京:法律出版社,1989.

16. 国家海洋局极地专项办公室编. 南极大陆矿产资源考察与评估[M]. 北京:海洋出版社,2016.

17. 国家海洋局极地专项办公室编. 南极周边海域矿产资源潜力调查与评估[M]. 北京:海洋出版社,2016.

18. 国家海洋局极地专项办公室编. 南极周边海域海洋地球物理考察[M]. 北京:海洋出版社,2016.

19. 国家海洋局极地专项办公室编. 南极周边海域物理海洋和海洋气象考察[M]. 北京:海洋出版社,2016.

20. 国家海洋局极地专项办公室编. 南极周边海域海洋生物多样性与生态考察[M]. 北京:海洋出版社,2016.

21. 国家海洋局极地专项办公室编. 南极周边海域磷虾等生物资源考察与评估[M]. 北京:海洋出版社,2016.

22. 国家海洋局极地专项办公室编. 南极周边海域海洋化学与碳通量考察[M]. 北京:海洋出版社,2016.

23. 国家海洋局极地专项办公室编. 南极地区环境遥感考察图集[M]. 北京:海洋出版社,2016.

24. 中国地名研究所,武汉大学中国南极测绘研究中心编译. 南极科学考察国家地名管理辑要[M]. 北京:中国社会出版社,2019.

25. 中国地名研究所,中国南极洲测绘研究中心编译. 外国南极地名管理概览[M]. 北京:中国社会出版社,2016.

26. 中国地名研究所编著. 中国南极科学考察区域地名规范研究[M]. 北京:中国社会出版社,2011.

27. 中国地名研究所编. 中国南极地名文件选编[M]. 北京:中国社会出版社,2011.

(四)南极中文论文

1. 中国与南极

(1)王婉潞. 南极治理新态势与中国应对[J]. 国际展望,2023,15(05):55-76+162-163.

(2)吴宁铂. 中国参与南极海洋治理的国际法构建:机遇、障碍与路径[J]. 国际法学刊,2022,(2):63-78+155.

(3)羊志洪,周怡圃. 南极条约体系面临的困境与中国的应对[J]. 边界与海洋研究,2022,7(3):68-86.

(4)潘敏,胡荣. 我国参与南极科学研究委员会:进程、挑战与应对[J]. 中国海洋大学学报(社会科学版),2022,(1):80-91.

(5)何柳,CHEN Jueyu,HUANG Rui. 南极条约体系的法律挑战及中国南极基本权益的维护[J]. 中华海洋法学评论,2021,17(3):34-76.

(6)王婉潞,王海媚. 21世纪以来中国的南极研究:进展与前景——王婉潞博士访谈[J]. 国际政治研究,2021,42(6):132-155.

(7)陈力. 论我国南极立法的适用范围[J]. 复旦学报(社会科学版),2020,62(3):189-200.

(8)吴慧,张欣波. 国家安全视角下南极法律规制的发展与应对[J]. 国际安全研究,2020,38(3):3-20.

(9)郭红岩. 南极活动行政许可制度研究——兼论中国南极

立法[J]. 国际法学刊,2020,(3):57-75.

(10)董跃,郭启萌. 我国南极活动的税法问题研究[J]. 税务研究,2020,(2):72-78.

(11)何志鹏,姜晨曦. 南极海洋保护区建立之中国立场[J]. 河北法学,2018,(7):25-43.

(12)王文,姚乐. 新型全球治理观指引下的中国发展与南极治理——基于实地调研的思考和建议[J]. 中国人民大学学报,2018,32(3):123-134.

(13)丁煌,云宇龙. 中国南极国家安全利益的生成及其维护路径研究[J]. 太平洋学报,2018,26(9):70-82.

(14)秦天宝,虞楚箫. 倡导“绿色”考察 保护南极环境——《南极考察活动环境影响评估管理规定》述评[J]. 环境保护,2017,45(16):47-49.

(15)李仁真. 关于加快推进南极活动立法的思考和建议[J]. 边界与海洋研究,2017,2(1):123-125.

(16)陈玉刚,王婉潞. 试析中国的南极利益与权益[J]. 中国战略报告,2017,(1):291-309.

(17)刘昕畅,邹克渊. 国际法框架下中国南极旅游规制的立法研究[J]. 太平洋学报,2016,24(2):17-26.

(18)阮建平. 南极政治的进程、挑战与中国的参与战略——从地缘政治博弈到全球治理[J]. 太平洋学报,2016,24(12):21-31.

(19)何柳. 中国参与南极治理的国际合作战略研究[J]. 武大国际法评论,2016,(2):300-320.

(20)周菲,鲍文涵. 南极资源利用与中国参与——基于自主治理理论的分析[J]. 北京理工大学学报(社会科学版),2016,18(5):91-97.

(21)陈玉刚,王婉潞. 试析中国的南极利益与权益[J]. 吉林大学社会科学学报,2016,56(4):95-105.

(22)彭鹏．浅谈南极条约体系中的国际条约在中国的适用[J]．海洋开发与管理,2016,33(2):76-80.

(23)姜茂增,郭周荣．中国进行南极生物勘探的管理现状与对策分析[J]．山东商业职业技术学院学报,2014,(2):83-87.

(24)刘秀．可持续利用和保护南极资源的法律研究及中国的战略选择[J]．青岛科技大学学报(社会科学版),2013,(1):110-115.

(25)梁咏．对南极地区的国际法展望与中国立场:人类共同遗产的视角[J]．法学评论,2011,(5):84-90.

(26)凌晓良,陈丹红,刘小汉,等．南极区域保护和管理研究——我国首个南极特别保护区设立的回顾和总结[J]．中国海洋大学学报(社会科学版),2010,(3):6-11.

(27)徐颖．南极条约体系与我国南极权益维护:从中国南极昆仑站建立的角度[J]．青年科学,2009,(11):105.

(28)张林．南极条约体系与我国南极区域海洋权益的维护[J]．海洋开发与管理,2008,25(2):69-75.

(29)陈维春．南极条约体系协商国环保政策对中国之启示[J]．江西行政学院学报,2006,(S2):95-96.

(30)朱建钢,颜其德,凌晓良．南极资源纷争及我国的相应对策[J]．极地研究,2006,(3):215-222.

2. 综合性

(1)杨子涵．论南极条约区域上空的法律地位[J]．边界与海洋研究,2023,8(6):54-70.

(2)郑英琴．探索共建南极命运共同体:南极国际治理的发展趋势与推进路径[J]．边界与海洋研究,2023,8(3):90-106.

(3)刘惠荣,谢炘池．非政府组织对南极环境决策的影响路径与中国因应[J]．极地研究,2023,35(3):415-427.

(4)陈力,刘思竹．论冰架在南极条约体系中的法律地位[J]．复旦学报(社会科学版),2023,65(1):161-172.

(5)姜茂增,刘惠荣．规制科学活动的南极国际法规范的类型、结构与性质分析——以南极条约协商会议文件为研究对象[J]．极地研究,2022,34(2):239-253.

(6)马忠法,许子昀．《南极条约》第4条法律问题研究[J]．极地研究,2022,34(4):503-515.

(7)陈奕彤,高晓．无人机系统在南极的应用、法律规制与中国因应[J]．极地研究,2022,34(3):329-339.

(8)王怡然．非政府组织参与南极国际治理的地位与作用[J]．太平洋学报,2022,30(3):79-93.

(9)潘敏,胡荣．南极科学研究委员会与南极条约协商会议的关系演进[J]．复旦国际关系评论,2022,(1):344-364.

(10)郑凡．新冠肺炎疫情对南极条约体系实施与遵约制度的挑战及其应对[J]．中国海商法研究,2022,33(1):38-48.

(11)王婉潞,潘敏．南极条约协商会议的组织结构与运作变迁[J]．太平洋学报,2021,29(12):93-104.

(12)吴慧,张欣波．论"南极条约地区"的地域范围[J]．国际法研究,2021,(4):3-19.

(13)朱翠萍,吕嘉欣．南极治理:地缘政治博弈与国际制度合作[J]．太平洋学报,2021,29(12):78-92.

(14)邓贝西,张侠．南极事务"垄断"格局:形成、实证与对策[J]．太平洋学报,2021,29(7):79-92.

(15)李雪平．人类命运共同体理念的南极实践:国际法基础与时代价值[J]．武大国际法评论,2020,4(5):1-18.

(16)李春雷．南极搜救体系对非政府南极活动发展趋势的影响及我国的对策研究[J]．中国渔业经济,2020,38(4):34-42.

(17)刘唯哲,CHEN Jueyu.《联合国海洋法公约》对南极海域争端的影响与启示[J]. 中华海洋法学评论,2020,(3):52-82.

(18)刘惠荣. 南极治理中的“人类命运共同体”意蕴[J]. 中国海洋大学学报(社会科学版),2019,(6):9-14.

(19)王婉潞. 南极治理机制的内涵、动力与前景[J]. 极地研究,2019,31(2):198-208.

(20)郭红岩. 南极治理的新发展:《布拉格宣言》的意义[J]. 中国海洋大学学报(社会科学版),2019,(6):14-17.

(21)郭红岩. 论南极条约体系关于南极争端的解决机制[J]. 中国海洋大学学报(社会科学版),2018,(3):1-8.

(22)朱正威,吴佳. 极地治理的国家角色与制度供给——评《极地国家政策研究报告》[J]. 公共行政评论,2018,11(4):160-163.

(23)高小平. 建构多元治理的新型国际制度——读《极地国家政策研究报告》[J]. 中国行政管理,2018,(7):150-152.

(24)郑英琴. 南极的法律定位与治理挑战[J]. 国际研究参考,2018,(9):1-7.

(25)王婉潞. 联合国与南极条约体系的演进[J]. 中国海洋大学学报(社会科学版),2018,(3):16-22.

(26)王婉潞. 南极治理中的规范更替[J]. 边界与海洋研究,2018,3(4):110-119.

(27)陈力. 论南极条约体系的法律实施与执行[J]. 极地研究,2017,29(4):531-544.

(28)屠景芳. 南极视察机制探究[J]. 复旦国际关系评论,2017,(2):167-181.

(29)刘惠荣. 解读南极条约中的生态与科学[J]. 人与生物圈,2017:150-153.

(30)郑英琴. 世界净土:南极的公域价值与治理挑战[J]. 世界知识,2017,(13):52-53.

(31)王婉潞. 南极治理机制的类型分析[J]. 太平洋学报,2016,24(12):77-86.

(32)王婉潞. 南极治理中的权力扩散[J]. 国际论坛,2016,18(4):14-19.

(33)杨瑛.《联合国海洋法公约》对南极事务的影响[J]. 理论月刊,2015,(6):174-178.

(34)陈力. 论南极海域的法律地位[J]. 复旦学报(社会科学版),2014,(5):150-160.

(35)陈力. 南极治理机制的挑战与变革[J]. 国际观察,2014,(2):95-109.

(36)郑英琴. 南极话语权刍议[J]. 国际关系研究,2014(6):62-72+149-150.

(37)陈力,屠景芳. 南极国际治理:从南极协商国会议迈向永久性国际组织?[J]. 复旦学报(社会科学版),2013,(3):143-155+169-170.

(38)石伟华. 既有南极治理机制分析[J]. 极地研究,2013,(1):90-95.

(39)陈玉刚. 试析南极地缘政治的再安全化[J]. 国际观察,2013,(3):56-62.

(40)陈玉刚,周超,秦倩. 批判地缘政治学与南极地缘政治的发展[J]. 世界经济与政治,2012,(10):116-131+159-160.

(41)甘露. 南极主权问题及其国际法依据探析[J]. 复旦学报(社会科学版),2011,(4):119-125.

(42)郭培清,石伟华.《南极条约》50周年:挑战与未来走向[J]. 中国海洋大学学报(社会科学版),2010,(1):11-16.

(43)胡德坤,唐静瑶. 南极领土争端与《南极条约》的缔结[J]. 武汉大学学报(人文科学版),2010,63(1):64-69.

(44)常李艳,华薇娜,李煜. 通过国际南极论文分析南极研究现状[J]. 极地研究,2010,(6):174-189.

(45)凌晓良,朱建钢,陈丹红,等. 透过南极条约协商会议文件和议案看南极事务[J]. 中国软科学,2009,(S2):290-297.

(46)石伟华. 南极政治及浅析[J]. 极地研究,2009,21(2):160-166.

(47)郭培清,石伟华. 试析南极科学与南极政治的关系[J]. 中国海洋大学学报(社会科学版),2009,(6):6-9.

(48)石伟华,郭培清. 过热的南极——南极非军事化面临挑战[J]. 海洋世界,2008,(7):74-79.

(49)颜其德,朱建钢.《南极条约》与领土主权要求[J]. 海洋开发与管理,2008,25(4):78-84.

(50)郭培清. 埃斯库德罗宣言与南极中立化[J]. 海洋世界,2007,(4):77-80.

(51)郭培清. 全球气候视野中的南极洲[J],海洋世界,2007,(2):68-71.

(52)郭培清. 非政府组织与南极条约关系分析[J]. 太平洋学报,2007,(4):10-16.

(53)郭培清. 南极洲与联合国关系辨析[J]. 太平洋学报,2006,(5):17-24.

(54)郭培清. 联合国"无权"管辖的南极洲[J]. 海洋世界,2006,(12):34-37.

(55)颜其德,胡领太. 南极洲政治前景浅析[J]. 极地研究,2005,17(3):157-164.

(56)徐世杰. 浅析南极条约协商会议工作机制及影响[J]. 海洋开发与管理,2004,21(3):41-44.

(57)阮振宇. 南极条约体系与国际海洋法:冲突与协调[J]. 复旦学报(社会科学版),2001,(1):131-137.

(58)邹克渊. 南极条约体系与第三国[J]. 国际法学,1996,

(1):16-22.

(59)邹克渊．南极条约体系与第三国[J]．中外法学杂志，1995，(5):41-46.

(60)邹克渊．南极全面保护的法律思考[J]．中外法学，1991，(04):36-39+56.

(61)邹克渊．南极法——国际法中的又一新分支[J]．法学杂志，1991，(4):10.

(62)邹克渊．南极条约体系及其未来[J]．中外法学杂志，1990，(1):41-43.

(63)刘玮．论南极洲的法律地位及确立原则[J]．汕头大学学报(人文社会科学版)，1990，6(1):8-22.

(64)慕亚平．论南极的法律地位[J]．法律科学-西北政法学院学报，1989，(2):48-52.

(65)张克文．论南极洲目前的法律地位[J]．武汉大学学报(社会科学版)，1987，(5):119-127.

(66)李钢．《南极条约》及其法律制度[J]．国际问题研究，1985，(2):51-59.

(67)潘云喜．围绕南极法律地位的争端[J]．政治与法律，1985，(2):42-43.

(68)梁淑英，造福．谈谈南极洲的法律地位问题[J]．贵州大学学报(社会科学版)，1985，(3):13-19.

3. 环境和资源

(1)姜茂增，唐建业．科学与政策相互作用视角下的南极特别保护物种制度分析[J]．中国海洋大学学报(社会科学版)，2023，(6):21-32.

(2)牛宇燕，吴慧．南极治理机制应对气候变化的举措及其动因分析[J]．国际法学刊，2023，(4):109-130+157.

(3)邵子桐．南极环境影响评价制度对非缔约方适用问题研究[J]. 中国海洋大学学报(社会科学版),2022,(S1):112-118.

(4)李雪平,迟一诺. 2048年后南极矿产资源活动的管制措施研究[J]. 中国海洋大学学报(社会科学版),2022,(5):57-66.

(5)韦想云,朱国平. 由南极海洋保护区与南极磷虾渔业论非政府组织在南极治理中的角色与作用[J]. 水产学报,2022,46(3):513-523.

(6)唐建业,杨松. 南极条约体系下生物采探的科学和法律问题分析[J]. 中国海洋大学学报(社会科学版),2021,(6):41-50.

(7)吴宁铂,王勤,CHEN Jueyu. 南极海洋保护区的设立及阻碍因素评析[J]. 中华海洋法学评论,2021,17(3):77-107.

(8)刘惠荣,齐雪薇. 设立南极海洋保护区的法律困境与出路:兼谈中国的应对[J]. 海洋开发与管理,2021,38(4):58-68.

(9)刘冰玉,冯翀. 建立南极海洋保护区的规制模式探究[J]. 国际政治研究,2021,42(2):92-117.

(10)郭婧,徐鹏. 南极海洋保护区平衡"养护"与"合理利用"[J]. 中国海商法研究,2021,32(2):20-32.

(11)何柳. 南极海域矿产资源的法律冲突及发展趋势[J]. 亚太安全与海洋研究,2020,(6):53-66.

(12)杨雷,唐建业. 欧盟法院南极海洋保护区案评析——南极海洋保护区的属性之争[J]. 武大国际法评论,2020,4(5):19-43.

(13)李学峰,陈吉祥,岳奇,等. 南极特别保护区体系:现状、问题与建议[J]. 生态学杂志,2020,39(12):4193-4205.

(14)潘敏,徐理灵,LI Jiaxin. 南极罗斯海海洋保护区的建立——兼论全球公域治理中的集体行动困境及其克服[J]. 中华海洋法学评论,2020,(1):1-40.

(15)吴慧,商韬. 南极特别区域的国际法分析[J]. 中国国际法年刊,2019:64-97.

（16）李彧博，陆志波，杨情诗．南极特别保护区的发展趋势及设立流程分析［J］．极地研究，2019，31（4）：464-472.

（17）李雪平．关于南极条约区域环境仲裁的几个问题［J］．太平洋学报，2018，26（5）：90-98.

（18）王明远，陈予睿．公海生物资源保护与公海自由的相对化——基于“南极捕鲸案”的分析［J］．中州学刊，2018，（2）：65-70.

（19）Lilian del Castillo. 南极捕鲸案评析——适用《国际捕鲸管制公约》作为自成一体的独立制度［A］．赵菊芬译．//厦门大学海洋法与中国东南海疆研究中心．中国海洋法学评论（2017 年卷第 2 期 总第 26 期）．厦门：厦门大学海洋法与中国东南海疆研究中心，2017：59.

（20）董晓婉，陈力．南极海域 IUU 捕捞的国际法规制［J］．复旦国际关系评论，2017，（2）：141-166.

（21）张晨阳．澳大利亚诉日本捕鲸案的国际环境法评析［J］．广西政法管理干部学院学报，2016，31（6）：106-111.

（22）闫朱伟，朱建庚．南极海洋保护区建立的法律问题分析［J］．浙江海洋学院学报（人文科学版），2016，33（4）：8-13，23.

（23）唐建业．南极海洋保护区建设及法律政治争论［J］．极地研究，2016，28（3）：370-380.

（24）陈力．南极海洋保护区的国际法依据辨析［J］．复旦学报（社会科学版），2016，58（2）：152-164.

（25）李洁．南大洋海洋保护区建设的最新发展与思考［J］．中国海商法研究，2016，27（4）：92-97.

（26）曹亚斌．全球治理视域下的南极矿产资源问题研究［J］．中国矿业大学学报（社会科学版），2015，17（2）：50-55.

（27）桂静．不同维度下公海保护区现状及其趋势研究——以南极海洋保护区为视角［J］．太平洋学报，2015，23（5）：1-8.

（28）何田田．国际法院“南大洋捕鲸”案评析［J］．国际法研究，2015，（1）：95-109.

（29）杨雷，韩紫轩，陈丹红，等．“关于建立 CCAMLR 海洋保护区的总体框架”有关问题分析［J］．极地研究，2014，（4）：522-534.

（30）郑雷，郑苗壮．南极罗斯海海洋保护区的发展趋势研究［J］．中国海洋大学学报（社会科学版），2014，（6）：20-24.

（31）刘惠荣，陈明慧，董跃．南极特别保护区管理权辨析［J］．中国海洋大学学报（社会科学版），2014，（6）：1-6.

（32）刘茜．南极生物勘探相关法律问题的思考［J］．中国海商法研究，2014，（4）：81-86.

（33）刘佳奇．理论与现实：对澳大利亚诉日本南极捕鲸案的理性审视［J］．国际论坛，2013，15（5）：42-47+80.

（34）刘丹，夏霁．从国际法院 2010 年“南极捕鲸案”看规制捕鲸的国际法［J］．武大国际法评论，2012，（1）：293-313.

（35）刘惠荣，刘秀．国际法体系下南极生物勘探的法律规制研究［J］．中国海洋大学学报（社会科学版），2012，（4）：9-14.

（36）潘敏．论南极矿物资源制度面临的挑战［J］．现代国际关系，2011，（6）：47-51.

（37）阙占文．论南极环境损害责任制度［J］．江西社会科学，2011，31（3）：170-174.

（38）顾悦婷，孙波，陈丹江，等．南极特别管理区现状分析与未来展望［J］．极地研究，2010，（4）：431-440.

（39）陈雪忠，徐兆礼，黄洪亮．南极磷虾资源利用现状与中国的开发策略分析［J］．中国水产科学，2009，（3）：451-458.

（40）王惠．论南极环境损害责任制度之紧急事态导致的责任［J］．南京财经大学学报，2009，（3）：91-94.

（41）吴依林．从南极条约体系演化看矿产资源问题［J］．中国海洋大学学报（社会科学版），2009，（5）：11-13.

(42)吴依林．环境保护与南极的“软存在”[J]．海洋开发与管理,2009,(4):43-45.

(43)凌晓良,陈丹红,张侠,等．南极特别保护区的现状与展望[J]．极地研究,2008,(3):48-63.

(44)郭培清．南极的资源与资源政治[J],海洋世界,2007,(3):68-73.

(45)朱建钢,颜其德,凌晓良．南极资源及其开发利用前景分析[J]．中国软科学,2005,(8):22-27.

(46)王曦,陈维春．南极环境保护法律制度之浅见[J]．武大国际法评论,2005:108-127.

(47)凌晓良,温家洪,陈丹红,等．南极环境与环境保护问题研究[J]．海洋开发与管理,2005,(5):3-16.

(48)叶晓丹．南极环境损害责任制度探析[J]．江南大学学报(人文社会科学版),2004,3(6):37-40.

(49)李薇薇．南极环境损害责任制度的新发展[J]．法学评论,2000,(3):74-79.

(50)李薇薇．南极环境损害责任制度的新发展[J]．国际法学,2000,(5):58-64.

(51)邹克渊．规范未来南极矿物资源开发利用的法律原则[J]．海洋开发与管理,1994,11(3):66-68.

(52)邹克渊．南极的环境责任问题．中国国际法年刊(1993年卷),1994,北京:中国对外翻译出版公司．

(53)邹克渊．南极矿物资源与南极环境的法律保护[J]．政法论坛,1991,(3):63-68.

(54)龚迎春．试论《南极条约》体系确立的环境保护规范对各国的效力[J]．外交评论-外交学院学报,1990,(3):57-62.

(55)邹克渊．南极矿物资源制度中的争端解决程序评析[J]．中南政法学院学报,1990,7(2):21-25.

(56)邹克渊．在南极矿物资源法律中的视察制度[J]．法学杂志,1989(6):16-17.

4. 旅游

(1)徐鹏,孙伟．论南极旅游环境保护基金制度之构建——兼析中国的因应之策[J]．中国海洋大学学报(社会科学版),2023,(5):33-42.

(2)张志军．人与自然生命共同体视域下完善南极旅游国际治理的中国方案[J]．法学论坛,2023,38(1):151-160.

(3)李学峰,吴姗姗,岳奇．国际南极旅游组织协会的发展进程探析及对我国的思考[J]．中国市场,2022,(15):79-81.

(4)吴承照,潘维琪,LEUNG Yufai. 南极旅游发展与管理的国际协议[J]．海洋开发与管理,2022,39(10):55-61.

(5)吴萌,张晏瑲．国际法框架下的南极旅游立法及其完善[J]．产权法治研究,2017,(2):270-319.

(6)刘泽璞．南极旅游:法律与规制[J]．保定学院学报,2017,30(5):90-95.

(7)陈敬根．南极旅游海事风险的法律规制:规范构成与制度完善[J]．法学杂志,2017,38(2):95-105.

(8)吴依林．关于开展南极旅游业的思考[J]．中国海洋大学学报(社会科学版),2010,(6):5-8.

(9)顾婷．南极旅游:现实挑战与法律应对[J]．政治与法律,2010,(3):135-144.

(10)张丽珍．南极旅游的国际法规制[J]．中国海洋大学学报(社会科学版),2009,(6):14-18.

(11)郭培清．南极旅游影响评估及趋势分析[J],中国海洋大学学报(社会科学版),2007,(5):13-16.

5. 各国参与南极事务

(1)郑英琴．地缘政治变局与澳大利亚南极政策新动向解析

[J]. 亚太安全与海洋研究,2023,(3):111-124+4.

(2)陈忠华.《南极条约》协商国执行《马德里议定书》附件六的立法研究[J]. 辽东学院学报(社会科学版),2023,25(3):34-50.

(3)吴盈盈. 南极活动行政许可制度比较研究及对我国的立法启示[J]. 太平洋学报,2022,30(5):81-93.

(4)张蜜琳,曾馥菡,程文静. 英国的南极立法实践及其对中国的启示[J]. 辽东学院学报(社会科学版),2022,24(3):46-52.

(5)吕嘉欣. 阿根廷南极政策:国际制度合作中的主权声索[J]. 边界与海洋研究,2021,6(5):109-126.

(6)刘明,张洁. 中国与拉美国家的南极合作:动因、实践及对策[J]. 太平洋学报,2020,28(11):73-87.

(7)吴宁铂,马科斯·哈沃德. 澳大利亚对南极条约体系的影响:基于历史与现实利益的分析[J]. 太平洋学报,2020,28(3):38-49.

(8)马金星. 欧盟参与南极海洋环境治理的路径及趋势[J]. 欧洲研究,2019,37(6):78-102+7.

(9)梁怀新. 日本的南极战略评析[J]. 国际研究参考,2018,(10):21-25.

(10)陈腾瀚. 德国实施南极战略的路径构建[J]. 德国研究,2018,33(4):4-17,139.

(11)许善品,汪书丞. 澳大利亚南极战略:内涵、特征及思考[J]. 齐齐哈尔大学学报(哲学社会科学版),2018,(6):31-33.

(12)张亮. 澳大利亚南极战略的内在逻辑及其影响[J]. 亚太安全与海洋研究,2018,(5):48-59+125-126.

(13)赵宁宁. 挪威南极事务参与:利益关切及政策选择[J]. 边界与海洋研究,2018,3(4):98-109.

(14)梅春才,郭培清. 南极:中国与阿根廷外交的新支点[J].

世界知识,2017,(8):60-62.

(15)潘敏．论美国的南极战略与政策取向[J]．人民论坛(学术前沿),2017,(19):62-71.

(16)吴宁铂．澳大利亚南极立法体系及其困境[J]．边界与海洋研究,2017,2(2):116-127.

(17)赵宁宁．对当前澳大利亚南极政策的战略解析及其借鉴[J]．华东理工大学学报(社会科学版),2017,32(6):74-82.

(18)高建．澳大利亚南极战略[J]．国际研究参考,2017,(6):43-49.

(19)薛志华．澳大利亚的南极战略:逻辑框架与实施路径[J]．世界经济与政治论坛,2017,(3):95-107.

(20)赵宁宁．南非参与南极事务的利益关切与政策选择[J]．西亚非洲,2017,(6):95-113.

(21)赵宁宁．当前巴西的南极政策及前景展望[J]．和平与发展,2017,(3):105-119.

(22)鲍文涵,赵宁宁．制度供给视域下的英国南极参与:实践与借鉴[J]．北京理工大学学报(社会科学版),2016,18(2):139-144.

(23)鲍文涵．英国的南极参与:过程、目标与战略[J]．世界经济与政治论坛,2016,(2):70-84.

(24)胡欣．澳大利亚推出新南极战略[J]．世界知识,2016,(13):36-37.

(25)吴宁铂,陈力．澳大利亚南极利益——现实挑战与政策应对[J]．极地研究,2016,(1):123-132.

(26)周菲．法国对南极事务的参与以及对中国的经验借鉴[J]．法国研究,2015,(3):15-21.

(27)何柳．新西兰的南极政策与中新南极合作[J]．国际论坛,2015,17(2):45-50+80.

(28)何柳．新西兰南极领土主权的历史与现状论析[J]．理论月刊,2015,(5):173-179.

(29)周菲．德国参与南极事务的历程与特点及其启示[J]．德国研究,2015,30(2):34-44.

(30)吴军,赵宁宁．美国与南极治理:利益考量及政策实践[J]．太平洋学报,2015,23(12):45-54.

(31)郑英琴．美国主导全球公域的路径及合法性来源:以南极为例[J]．美国问题研究,2014,(2):136-148.

(32)刘明．英国与阿根廷的南极关系考察(1942-1961)[J]．外国问题研究,2014,(1):32-39.

(33)李任远．英国南极“伊丽莎白女王领地”主权合法性研究[J]．国际论坛,2013,15(3):26-31.

(34)陈力．美国的南极政策与法律[J]．美国研究,2013,27(1):65-86.

(35)沈鹏．美国的极地资源开发政策考察[J]．国际政治研究,2012,(1):97-116.

(36)吴依林．论澳大利亚南极科学战略及研究主题 [J]．中国海洋大学学报(社会科学版),2012,(1):1-4.

(37)徐敬森,孙立广,王希华．澳大利亚南极政治浅析[J]．极地研究,2010,(3):306-312.

(38)安玛丽·布蕾迪．新西兰与南极[J]．常晶译．中国海洋大学学报(社会科学版),2010,(4):1-7.

(39)吴依林．澳新南极战略研究[J]．海洋开发与管理,2008,25(9):27-31.

(40)朱瑾．美国政府的南极洲政策[J]．海洋世界,2008,(10):30-36.

(41)李升贵,潘敏,刘玉新．南极政治“单极化”趋势——以美国南极政策为中心的考察[J]．海洋开发与管理,2008,(10):

75-82.

(42)郭培清．美国南极洲政策中的苏联因素[J]．中国海洋大学学报(社会科学版),2007,(2):12-15.

(43)郭培清．南极中立化与美苏博弈[J]．海洋世界,2007,(5):61-61.

(44)郭培清．印度南极政策的变迁[J]．南亚研究季刊,2007,(2):50-55+1+4.

6. 大陆架

(1)杨俊敏,蒋昕．南极海域外大陆架划界争端法律问题研究[J]．浙江海洋大学学报(人文科学版),2018,35(2):1-11.

(2)吴宁铂．澳大利亚南极外大陆架划界案评析[J]．太平洋学报,2015,23(7):9-16.

(3)朱瑛,薛桂芳．大陆架划界对南极条约体系的挑战[J]．中国海洋大学学报(社会科学版),2012,(1):9-15.

(4)潘军．一次卓有成效的国家实践——200 海里外大陆架法律制度下澳大利亚划界案的实证分析[J]．太平洋学报,2012,20(8):66-79.

(5)朱瑛,薛桂芳,李金蓉．南极地区大陆架划界引发的法律制度碰撞[J]．极地研究,2011,(4):318-327.

(6)刘斌．南极大陆架的国际法学探析[J]．海洋开发与管理,2010,27(5):9-12.

(7)薛桂芳,王冠钰．澳大利亚外大陆架划界初探[J]．中国海洋大学学报(社会科学版),2009,(6):23-26.

第二章　北　　极

一、国际条约

（一）多边条约

1. 1920 年《斯瓦尔巴德条约》

The Svalbard Treaty

http://library.arcticportal.org/1909/1/The_Svalbard_Treaty_9ssFy.pdf

2. 1982 年《联合国海洋法公约》

United Nations Convention on the Law of the Sea

https://www.un.org/zh/documents/treaty/files/UNCLOS-1982.shtml#12

https://treaties.un.org/Pages/showDetails.aspx?objid=0800000280043ad5&clang=_en

3. 2023 年《〈联合国海洋法公约〉下的国家管辖范围以外区域海洋生物多样性的养护和可持续利用协定》

Agreement under the United Nations Convention on the Law of the Sea on the Conservation and Sustainable Use of Marine Biological Diversity of Areas beyond National Jurisdiction

https://treaties.un.org/Pages/showDetails.aspx?objid=08000002806222c4&clang=_en

4. 1995 年《执行 1982 年 12 月 10 日〈联合国海洋法公约〉有关养护和管理跨界鱼类种群和高度洄游鱼类种群的规定的协定》

Agreement for the Implementation of the Provisions of the United

Nations Convention on the Law of the Sea of 10 December 1982 relating to the Conservation and Management of Straddling Fish Stocks and Highly Migratory Fish Stocks

http://treaty.mfa.gov.cn/Treaty/web/detail1.jsp? objid=1531876071109

https://treaties.un.org/Pages/showDetails.aspx? objid=080000028004b51e&clang=_en

5. 1994年《关于执行1982年12月10日〈联合国海洋法公约〉第十一部分的协定》

Agreement relating to the Implementation of Part XI of the United Nations Convention on the Law of the Sea of 10 December 1982

http://treaty.mfa.gov.cn/web/detail1.jsp? objid=1531876070677

https://treaties.un.org/Pages/showDetails.aspx? objid=0800000280045372&clang=_en

6. 1958年《领海及毗连区公约》

Convention on the Territorial Sea and the Contiguous Zone

https://treaties.un.org/pages/ViewDetails.aspx? src=TREATY&mtdsg_no=XXI-1&chapter=21

7. 1958年《公海公约》

Convention on the High Seas

https://treaties.un.org/pages/ViewDetails.aspx? src=TREATY&mtdsg_no=XXI-2&chapter=21

8. 1958年《捕鱼及养护公海生物资源公约》

Convention on Fishing and Conservation of the Living Resources of the High Seas

https://treaties.un.org/pages/ViewDetails.aspx? src=TREATY&mtdsg_no=XXI-3&chapter=21

9. 1958 年《大陆架公约》

Convention on the Continental Shelf

https://treaties.un.org/Pages/ViewDetails.aspx?src=IND&mtdsg_no=XXI-4&chapter=21&clang=_en

10. 2018 年《预防中北冰洋不管制公海渔业协定》

Agreement to Prevent Unregulated High Seas Fisheries in the Central Arctic Ocean

http://treaty.mfa.gov.cn/web/detail1.jsp?objid=1545033178819

11. 2017 年《加强国际北极科学合作协定》

Agreement on Enhancing International Arctic Scientific Cooperation

https://oaarchive.arctic-council.org/bitstream/handle/11374/1916/EDOCS-4288-v2-ACMMUS10_FAIRBANKS_2017_Agreement_on_Enhancing_International_Arctic_Scientific_Cooperation.pdf?sequence=2&isAllowed=y

12. 2013 年《北极海洋油污预防与反应合作协定》

Agreement on Cooperation on Marine Oil Pollution Preparedness and Response in the Arctic

https://oaarchive.arctic-council.org/bitstream/handle/11374/529/EDOCS-2068-v1-ACMMSE08_KIRUNA_2013_agreement_on_oil_pollution_preparedness_and_response_signedAppendices_Original_130510.PDF?sequence=6&isAllowed=y

13. 2011 年《北极海空搜救合作协定》

Agreement on Cooperation on Aeronautical and Maritime Search and Rescue in the Arctic

https://oaarchive.arctic-council.org/bitstream/handle/11374/531/EDOCS-3661-v1-ACMMDK07_Nuuk_2011_SAR_Search_and_Rescue_Agreement_signed_EN_FR_RU.PDF?sequence=5&isAllowed=y

14. 1973 年《北极熊保护协定》

Agreement on the Conservation of Polar Bears

https://www.polarbearscanada.ca/en/legislation/international/1973-agreement-conservation-polar-bears

15. 1994 年《中白令海峡鳕资源养护与管理公约》

Convention on the Conservation and Management of Pollock Resources in the Central Bering Sea

http://treaty.mfa.gov.cn/web/detail1.jsp? objid=1531876070379

http://extwprlegs1.fao.org/docs/pdf/mul5117.pdf

16. 1992 年《保护东北大西洋海洋环境公约》

Convention for the Protection of the Marine Environment of the North-East Atlantic

https://www.ospar.org/site/assets/files/1169/ospar_convention.pdf

17. 1911 年《在北太平洋养护和保护毛皮海豹的措施的公约》

Convention respecting Measures for the Preservation and Protection of Fur Seals in the North Pacific Ocean

http://www.austlii.edu.au/au/other/dfat/treaties/1913/6.html

18. 1957 年《保护北太平洋毛皮海豹的临时公约》

Interim Convention on Conservation of North Pacific Fur Seals

https://treaties.un.org/doc/Publication/UNTS/Volume%20314/volume-314-I-4546-English.pdf

19. 2004 年《国际船舶压载水和沉积物控制和管理公约》

International Convention for the Control and Management of Ship's Ballast Water and Sediments

https://treaties.un.org/doc/Publication/UNTS/No%20Volume/55544/Part/I-55544-080000028053b465.pdf

20. 1971 年《设立国际油污损害赔偿基金的国际公约》

International Convention on the Establishment of An International Fund for Compensation for Oil Pollution Damage

https://treaties.un.org/doc/Publication/UNTS/Volume%201110/volume-1110-I-17146-English.pdf

21. 1969 年《国际干预公海油污事故公约》

International Convention Relating to Intervention on the High Seas in Cases of Oil Pollution Casualties

https://treaties.un.org/pages/showDetails.aspx?objid=08000002801089a9

22. 1969 年《油污损害民事责任国际公约》

International Convention on Civil Liability for Oil Pollution Damage

https://treaties.un.org/pages/showDetails.aspx?objid=08000002801083db

23. 1973 年《关于干预公海上除油类之外的其他物质造成海洋污染的议定书》

Protocol relating to Intervention on the High Seas in Cases of Pollution by Substances other than Oil

https://treaties.un.org/doc/Publication/UNTS/Volume%201313/volume-1313-I-21886-English.pdf

24. 1973 年《防止船舶造成污染国际公约》及 1978 年议定书

International Convention for the Prevention of Pollution from Ships/Protocol of 1978 Relating to the International Convention for the Prevention of Pollution from Ships 1973

https://wwwcdn.imo.org/localresources/en/KnowledgeCentre/ConferencesMeetings/Documents/MARPOL%201973%20-%20Final%20Act%20and%20Convention.pdf https://treaties.un.org/pages/showDetails.aspx?objid=08000 00280291139

25. 1972 年《防止倾倒废物及其他物质污染海洋公约》及 1996 年议定书

Convention on the Prevention of Marine Pollution by Dumping of Wastes and Other Matter / 1996 Protocol to the Convention on the Prevention of Marine Pollution by Dumping of Wastes and Other Matter

https://treaties.un.org/pages/showDetails.aspx?objid=08000 002800fdd18

http://treaty.mfa.gov.cn/web/detail1.jsp?objid=1531876075871

26. 1989 年《国际救助公约》

International Convention on Salvage

https://treaties.un.org/Pages/showDetails.aspx?objid=08000 002800a58b3&clang=_en

27. 1979 年《国际海上搜寻救助公约》

International Convention on Maritime Search and Rescue

https://treaties.un.org/doc/Publication/UNTS/Volume% 201405/volume-1405-I-23489-English.pdf

28. 1974 年《海上人命安全国际公约》及 1978 年议定书

International Convention for the Safety of Life at Sea/ Protocol of 1978 Relating to the International Convention for the Safety of Life at Sea 1974

https://treaties.un.org/pages/showDetails.aspx?objid=08000 002800ec37f

https://treaties.un.org/doc/Publication/UNTS/Volume%201226/ volume-1226-I-18961-English.pdf

29. 2009 年《关于预防、制止和消除非法、不报告、不管制捕鱼港口国措施协议》

Agreement on Port State Measures to Prevent, Deter and Eliminate Illegal, Unreported and Unregulated Fishing

https://www.fao.org/port-state-measures/resources/detail/en/c/1111616/

30. 1946 年《国际捕鲸管制公约》

International Convention for the Regulation of Whaling

https://archive.iwc.int/pages/view.php?ref=3607&k=

31. 1971 年《关于特别是作为水禽栖息地的国际重要湿地公约》

Convention on Wetlands of International Importance Especially as Waterfowl Habitat

http://treaty.mfa.gov.cn/web/detail1.jsp?objid=1531876061043

https://treaties.un.org/doc/Publication/UNTS/Volume%20996/volume-996-I-14583-English.pdf

32. 2017 年《北欧萨米人公约》

Nordic Saami Convention

https://www.fao.org/faolex/results/details/en/c/LEX-FAOC215314/

https://www.regjeringen.no/globalassets/upload/aid/temadokumenter/sami/sami_samekonv_engelsk.pdf

33. 1989 年《土著和部落人民公约》

Convention (No. 169) Concerning Indigenous and Tribal Peoples in Independent Countries (Indigenous and Tribal Peoples Convention)

https://www.un.org/zh/documents/treaty/OHCHR-1989

https://treaties.un.org/Pages/showDetails.aspx?objid=08000002800c0136&clang=_en

34. 1957 年《土著和部落人口公约》

Convention (No. 107) Concerning the Protection and Integration of Indigenous and Other Tribal and Semi-tribal Populations in Independent Countries(Indigenous and Tribal Populations Convention)

https://treaties.un.org/Pages/showDetails.aspx? objid=080000028013e0f8

35. 1992 年《联合国气候变化框架公约》

United Nations Framework Convention on Climate Change

https://www.un.org/zh/documents/treaty/A-AC.237-18%28PARTII%29-ADD.1

https://unfccc.int/resource/docs/convkp/conveng.pdf

36. 2015 年《巴黎协定》

Paris Agreement

https://www.un.org/zh/documents/treaty/FCCC-CP-2015-L.9-Rev.1

https://unfccc.int/sites/default/files/english_paris_agreement.pdf

37. 1997 年《〈联合国气候变化框架公约〉京都议定书》

Kyoto Protocolto the United Nations Framework Convention on Climate Change

https://unfccc.int/resource/docs/convkp/kpchinese.pdf

https://unfccc.int/resource/docs/convkp/kpeng.pdf

38. 1992 年《生物多样性公约》

Convention on Biological Diversity

https://www.cbd.int/convention/text/

39. 2000 年《〈生物多样性公约〉卡塔赫纳生物安全议定书》

Cartagena Protocol on Biosafety to the Convention on Biological Diversity

https://bch.cbd.int/protocol/text/

40. 2010 年《〈卡塔赫纳生物安全议定书〉关于赔偿责任和补救的名古屋—吉隆坡补充议定书》

The Nagoya-Kuala Lumpur Supplementary Protocol on Liability

and Redress to the Cartagena Protocol on Biosafety

https://bch.cbd.int/protocol/NKL_text.shtml

41. 2010 年《〈生物多样性公约〉关于获取遗传资源和公正和公平分享其利用所产生惠益的名古屋议定书》

Nagoya Protocol on Access to Genetic Resources and the Fair and Equitable Sharing of Benefits Arising from their Utilization to the Convention on Biological Diversity

https://www.cbd.int/abs/

42. 1979 年《保护野生动物迁徙物种公约》

Convention on the Conservation of Migratory Species of Wild Animals

https://www.cms.int/sites/default/files/instrument/CMS-text.en_.PDF

43. 2013 年《关于汞的水俣公约》

Minamata Convention on Mercury

http://treaty.mfa.gov.cn/tykfiles/20180831/1535706287167.pdf

http://treaty.mfa.gov.cn/tykfiles/20180831/1535706355800.pdf

44. 2001 年《关于持久性有机污染物的斯德哥尔摩公约》

Stockholm Convention on Persistent Organic Pollutants

http://chm.pops.int/theconvention/overview/textoftheconvention/tabid/2232/default.aspx

45. 1998 年《关于在国际贸易中对某些危险化学品和农药采用事先知情同意程序的鹿特丹公约》

Rotterdam Convention on the Prior Informed Consent Procedure for Certain Hazardous Chemicals and Pesticides in International Trade

http://treaty.mfa.gov.cn/tykfiles/20180718/1531876074835.pdf

46. 1989 年《控制危险废物越境转移及其处置巴塞尔公约》

Basel Convention on the Control of Transboundary Movements of

Hazardous Wastes and their Disposal

http://treaty.mfa.gov.cn/web/detail1.jsp?objid=1531876063564

47. 1999 年《危险废物越境转移及其处置所造成损害的责任和赔偿问题议定书》

Basel Protocol on Liability and Compensation for Damage Resulting from Transboundary Movements of Hazardous Wastes and their Disposal

https://www.un.org/chinese/documents/decl-con/docs/27-3b.htm

http://archive.basel.int/meetings/cop/cop5/docs/prot-e.pdf

48. 1985 年《保护臭氧层维也纳公约》

Vienna Convention for the Protection of the Ozone Layer

https://treaty.mfa.gov.cn/web/detail1.jsp?objid=1531876062226

https://treaties.un.org/pages/ViewDetails.aspx?src=IND&mtdsg_no=XXVII-2&chapter=27&clang=_en

49. 1987 年《关于消耗臭氧层物质的蒙特利尔议定书》及历次调整和修正

The Montreal Protocol on Substances that Deplete the Ozone Layer

https://treaty.mfa.gov.cn/web/detail1.jsp?objid=1531876064026

https://ozone.unep.org/treaties/montreal-protocol

50. 1991 年《越境环境影响评价公约》(包括修正案)

Convention on Environmental Impact Assessment in a Transboundary Context

https://unece.org/environment-policyenvironmental-assessment/text-convention

51. 2003 年《〈越境环境影响评价公约〉战略性环境评价议定书》

Protocol on Strategic Environmental Assessment to the Convention on Environmental Impact Assessment in a Transboundary Context https://unece.org/text-protocol

52. 1979 年《远距离越境空气污染公约》

Convention on Long-range Transboundary Air Pollution

https://treaties.un.org/Pages/ViewDetails.aspx?src=IND&mtdsg_no=XXVII-1&chapter=27&clang=_en

53. 1948 年《建立国际海事组织公约》

Convention on the International Maritime Organization

https://treaties.un.org/Pages/ViewDetails.aspx?src=IND&mtdsg_no=XII-1&chapter=12&clang=_en

54. 1944 年《国际民用航空公约》

Convention on International Civil Aviation

https://www.icao.int/publications/pages/doc7300.aspx

（二）双边条约

1. 2023 年《中华人民共和国和俄罗斯联邦关于深化新时代全面战略协作伙伴关系的联合声明》

https://www.fmprc.gov.cn/zyxw/202303/t20230322_11046188.shtml

2. 2023 年《中俄总理第二十八次定期会晤联合公报》

https://www.mfa.gov.cn/web/zyxw/202312/t20231220_11208196.shtml

3. 2023 年《中华人民共和国海警局和俄罗斯联邦安全总局关于加强海上执法合作的谅解备忘录》

https://www.ccg.gov.cn/2023/gjhz_0427/2252.html

4. 2022 年《中俄总理第二十七次定期会晤联合公报》

https://www.mfa.gov.cn/web/wjdt_674879/gjldrhd_674881/202212/P020221230481509603114.pdf

5. 2022 年《国家海洋局极地考察办公室与韩国极地研究所关于南北极合作的谅解备忘录》

https://chinare.mnr.gov.cn/catalog/detail?id=2577aa1e4de4481d8da8c599b178435b

6. 2022 年《极地科研合作谅解备忘录》和 2016 年《极地科研合作谅解备忘录》(中国自然资源部所属中国极地研究中心和 5 家泰国科研机构)

https://chinare.mnr.gov.cn/catalog/detail?id=fdeb5fac0fa6489e8ce160ed0beb80d5

7. 2021 年《中华人民共和国和俄罗斯联邦关于〈中俄睦邻友好合作条约〉签署 20 周年的联合声明》

https://www.mfa.gov.cn/web/ziliao_674904/1179_674909/202106/t20210628_9180841.shtml

8. 2021 年《中俄总理第二十六次定期会晤联合公报》

https://www.mfa.gov.cn/web/zyxw/202112/t20211201_10460421.shtml

9. 2020 年《中俄总理第二十五次定期会晤联合公报》

https://www.mfa.gov.cn/web/ziliao_674904/1179_674909/202012/t20201203_9869289.shtml

10. 2019 年《中华人民共和国和俄罗斯联邦关于发展新时代全面战略协作伙伴关系的联合声明》

https://www.mfa.gov.cn/web/gjhdq_676201/gj_676203/oz_678770/1206_679110/1207_679122/201906/t20190606_9337173.shtml

11. 2019 年《中俄总理第二十四次定期会晤联合公报》

https://www.mfa.gov.cn/web/ziliao_674904/1179_674909/201909/t20190918_9869136.shtml

12. 2018 年《中华人民共和国和俄罗斯联邦联合声明》

https://www.mfa.gov.cn/web/ziliao_674904/1179_674909/201806/t20180608_9868969.shtml

13. 2018 年《中俄总理第二十三次定期会晤联合公报》

https://www.mfa.gov.cn/web/ziliao_674904/1179_674909/201811/t20181108_7947866.shtml

14. 2017 年《中华人民共和国和俄罗斯联邦关于进一步深化

全面战略协作伙伴关系的联合声明》

http://treaty. mfa. gov. cn/web/detail1. jsp? objid=1626078928753

15. 2017年《关于建立“海洋与气候联合研究中心”的合作谅解备忘录》(中国国家海洋局第一海洋研究所和俄罗斯太平洋海洋研究所)

https://www. fio. org. cn/news/news-detail-7737. htm

16. 2016年《中华人民共和国国家海洋局和格陵兰教育、文化、研究和宗教部科学合作谅解备忘录》

https://www. gov. cn/xinwen/2016-05/16/content_5073689. htm

17. 2015年《中俄总理第二十次定期会晤联合公报》

https://www. mfa. gov. cn/web/ziliao _ 674904/1179 _ 674909/201512/t20151218_9868614. shtml

18. 2013年《中华人民共和国政府和冰岛政府关于全面深化双边合作的联合声明》

http://in. china-embassy. gov. cn/xwfw/xxfb/201304/t20130416_2371462. htm

19. 2012年《中华人民共和国政府与冰岛政府关于北极合作的框架协议》

http://treaty. mfa. gov. cn/web/detail1. jsp? objid=1531876999236

20. 2012年《中华人民共和国国家海洋局与冰岛外交部海洋和极地科技合作谅解备忘录》

http://in. china-embassy. gov. cn/xwfw/xxfb/201304/t20130416_2371462. htm

21. 2022年《丹麦政府与格陵兰政府一方与加拿大政府另一方关于格陵兰与加拿大之间地区的海洋及陆地边界的协议》

Agreement between the Government of the Kingdom of Denmark together with the Government of Greenland on the One Hand and the

Government of Canada on the Other Hand on the Maritime and Land Boundaries in the Area between Greenland and Canada

https://www.ft.dk/ripdf/samling/20231/beslutningsforslag/b14/20231_b14_som_fremsat.pdf

22. 2020 年《英国和挪威渔业框架协定》

Framework Agreement on Fisheries between the United Kingdom of Great Britain and Northern Ireland and the Kingdom of Norway

https://www.gov.uk/government/publications/uknorway-framework-agreement-on-fisheries-cs-norway-no12020

23. 2015 年《加拿大和瑞典北极科学合作安排》

Arctic Science Cooperation Arrangement between Canada and Sweden

https://www.canada.ca/en/global-affairs/news/2015/12/canada-and-sweden-conclude-arctic-cooperation-arrangement.html

24. 2010 年《挪威和俄罗斯关于巴伦支海和北冰洋海洋划界与合作协定》

Treaty between the Kingdom of Norway and the Russian Federation concerning Maritime Delimitation and Cooperation in the Barents Sea and the Arctic Ocean

https://www.un.org/depts/los/LEGISLATIONANDTREATIES/PDFFILES/TREATIES/NOR-RUS2010.PDF

25. 2006 年《挪威和丹麦有关格陵兰岛和斯瓦尔巴群岛大陆架和渔区分界线的协定》

Agreement between the Government of the Kingdom of Norway on the One Hand, and the Government of the Kingdom of Denmark together with the Home Rule Government of Greenland on the Other Hand, concerning the Delimitation of the Continental Shelf and the Fisheries Zones in the Area between Greenland and Svalbard

https://treaties.un.org/Pages/showDetails.aspx? objid=08000

00280064a71

26. 1997 年《丹麦及格陵兰地方自治政府和冰岛间大陆架和渔业区划界的协议》

Agreement between the Government of the Kingdom of Denmark along with the Local Government of Greenland on the One Hand and the Government of the Republic of Iceland on the Other Hand on the Delimitation of the Continental Shelf and the Fishery Zone in the Area between Greenland and Iceland

https://www.un.org/depts/los/LEGISLATIONANDTREATIES/PDFFILES/TREATIES/DNK-ISL1997CS.PDF

27. 1997 年《挪威与冰岛关于〈1980 年 5 月 28 日渔业和大陆架问题的协议〉及其衍生的 1981 年 10 月 22 日〈扬马延岛与冰岛之间大陆架的协议〉的附加议定书》

Additional Protocol to the Agreement of 28 May 1980 between Norway and Iceland Concerning Fishery and Continental Shelf Questions and the Agreement Derived There from of 22 October 1981 on the Continental Shelf between Jan Mayen and Iceland

https://www.un.org/depts/los/LEGISLATIONANDTREATIES/PDFFILES/TREATIES/NOR-ISL1997FC.PDF

28. 1997 年《加拿大和俄罗斯关于原住民与北方开发合作谅解备忘录》

Memorandum of Understanding between the Department of Indian Affairs and Northern Development (Canada) and the State Committee on Northern Affairs of the Russian Federation concerning Cooperation on Aboriginal and Northern Development

https://www.rcaanc-cirnac.gc.ca/eng/1100100014645/1621700493179?wbdisable=true

29. 1995 年《加拿大和美国保护北极美加地区候鸟条约》(修

订1916年英国和美国保护美加地区候鸟条约)

Protocol between the Government of Canada and the Government of the United States of America Amending the 1916 Convention between the United Kingdom and the United States of America for the Protection of Migratory Birds in Canada and the United States

https://www.treaty-accord.gc.ca/text-texte.aspx? id=101589

30. 1992年《加拿大和俄罗斯北极和北部合作协定》

Agreement between the Government of Canada and the Government of the Russian Federation on Cooperation in the Arctic and the North

https://www.treaty-accord.gc.ca/text-texte.aspx? id=100317

31. 1989年《加拿大和苏联北极和北部合作协定》

Agreement between the Government of Canada and the Government of the Union of Soviet Socialist Republics on Cooperation in the Arctic and the North

https://publications.gc.ca/collections/collection_2016/amc-gac/E3-1989-21.pdf

32. 1988年《美国与加拿大北极合作协定》

Agreement between the Government of Canada and the Government of the United States of America on Arctic Cooperation

https://www.treaty-accord.gc.ca/text-texte.aspx? id=101701

33. 1981年《挪威和冰岛关于扬马延岛与冰岛之间大陆架的协议》

Agreement on the Continental Shelf between Iceland and Jan Mayen

https://www.un.org/depts/los/LEGISLATIONANDTREATIES/PDFFILES/TREATIES/ISL-NOR1981CS.PDF

34. 1980年《挪威和冰岛渔业和大陆架问题的协议》

Agreement between Norway and Iceland on Fishery and Continental Shelf Questions https://www.un.org/depts/los/LEGISLATIONANDTREATIES/PDFFILES/TREATIES/isl-nor1980fcs.pdf

35. 1976年《苏联和美国保护北极候鸟及其生存环境协议》

Conservation of Migratory Birds and their Environment

https://www.animallaw.info/sites/default/files/Conservation%20of%20Migratory%20Birds%20and%20Their%20Environment.pdf

36. 1973年《丹麦和加拿大关于加拿大和格陵兰大陆架划界条约》(含双方修正换文)

Agreement between the Government of the Kingdom of Denmark and the Government of Canada relating to the Delimitation of the Continental Shelf between Greenland and Canada

https://www.un.org/depts/los/LEGISLATIONANDTREATIES/PDFFILES/TREATIES/DNK-CAN1973CS.PDF

https://www.treaty-accord.gc.ca/text-texte.aspx? id=104991

37. 1972年《日本和美国保护候鸟和有灭绝危险的鸟类以及它们的生存环境的条约》

Convention between the Government of Japan and the Government of the United States of America for the Protection of Migratory Birds and Birds in Danger of Extinction, and their Environment

https://www.animallaw.info/sites/default/files/US% 20Japan%20Migratory%20Bird%20Convention.pdf

38. 1957年《挪威和苏联关于瓦兰厄尔峡湾中两国海域边界协定》(含一份描述性协议)

Agreement between the Royal Norwegian Government and the Government of the Union of Soviet Socialist Republics concerning the sea frontier between Norway and the USSR in the Varangerfjord

https://www.un.org/depts/los/LEGISLATIONANDTREATIES/PDFFILES/TREATIES/NOR-RUS1957SF.PDF

https://www.state.gov/wp-content/uploads/2019/10/LIS-17.pdf

二、北极治理机制——北极理事会

（一）北极理事会的宣言和北极高级官员报告

部长级会议上通过的北极理事会宣言和北极高级官员报告

Arctic Council Declarations and SAO reports adopted at Ministerial Meetings

1. 北极理事会的宣言和北极高级官员报告-部长级会议上通过的宣言和北极高级官员报告

Declarations and SAO reports of the Arctic Council-Declarations and SAO reports adopted at Ministerial Meetings

其中宣言和声明有：

（1）2025 年《罗姆萨-特罗姆瑟声明》（北极理事会第十四次会议，2025 年 5 月 12 日）

Romssa-Tromsø Statement 2025

（2）2023 年《北极国家和土著永久参与方联合声明》（北极理事会第十三次会议，2023 年 5 月 11 日）

Joint Statement of the Arctic States and Indigenous Permanent Participants

（3）2021 年《雷克雅未克宣言》

Reykjavik Declaration（2021）

（4）2017 年《费尔班克斯宣言》

Fairbanks Declaration（2017）

（5）2016 年《20 周年宣言——北极理事会：和平与合作的论坛》

20th Anniversary Declaration—The Arctic Council: A Forum for Peace and Cooperation（2016）

（6）2015 年《伊魁特宣言》

Iqaluit Declaration（2015）

(7)2013 年《基律纳宣言》

Kiruna Declaration(2013)

(8)2011 年《努克宣言》

Nuuk Declaration(2011)

(9)2009 年《特罗姆瑟宣言》

Tromsø Declaration(2009)

(10)2006 年《萨列哈尔德宣言》

Salekhard Declaration(2006)

(11)2004 年《雷克雅未克宣言》

Reykjavik Declaration(2004)

(12)2002 年《伊纳里宣言》

Inari Declaration(2002)

(13)2000 年《巴罗宣言》

Barrow Declaration(2000)

(14)1998 年《伊魁特宣言》

Iqaluit Declaration(1998)

(15)1996 年《渥太华宣言》

Ottawa Declaration(1996)

https://arcticportal.org/ap-library/news/3759-arctic-council-ministerial-declaration-2025

https://oaarchive.arctic-council.org/items/5c41807a-27d8-4545-9169-166fc68a7dab

2. 北极理事会战略计划 2021—2030

Arctic Council Strategic Plan 2021-2030

https://oaarchive.arctic-council.org/bitstream/handle/11374/2601/ac-strategic-plan%20web.pdf?sequence=8&isAllowed=y

(二)部长级会议

北极理事会部长级会议的文件和成果

Documents and Deliverables from Arctic Council Ministerial Meetings

1. 2025 年 5 月 12 日在挪威特罗姆瑟举行的北极理事会第十四次会议

Fourteenth Meeting of the Arctic Council in Tromsø, Norway, May 12th 2025

2. 2023 年 5 月 11 日在俄罗斯联邦萨列哈尔德举行的北极理事会第十三次会议

Thirteenth Meeting of the Arctic Council in Salekhard, Russian Federation, May 11, 2023

3. 2021 年 5 月 20 日在冰岛雷克雅未克举行的部长级会议

Ministerial Meeting in Reykjavik, Iceland, May 20, 2021

4. 2019 年 5 月 6—7 日在芬兰罗瓦涅米举行的部长级会议

Ministerial Meeting in Rovaniemi, Finland, May 6-7 2019

5. 2017 年 5 月 11 日在美国费尔班克斯举行的部长级会议

Ministerial Meeting in Fairbanks, USA, May 11 2017

6. 2015 年 4 月 24—25 日在加拿大伊魁特举行的部长级会议

Ministerial Meeting in Iqaluit, Canada, April 24-25 2015

7. 2013 年 5 月 15 日在瑞典基律纳举行的部长级会议

Ministerial Meeting in Kiruna, Sweden, May 15 2013

8. 2011 年 5 月 12 日在格陵兰岛努克举行的部长级会议

Ministerial Meeting in Nuuk, Greenland, May 12 2011

9. 2009 年 4 月 29 日在挪威特罗姆瑟举行的部长级会议

Ministerial Meeting in Tromsø, Norway, April 29 2009

10. 2006 年 10 月 26 日在俄罗斯联邦萨列哈尔德举行的部长级会议

Ministerial Meeting in Salekhard, Russian Federation, October 26, 2006

11. 2004 年 11 月 24 日在冰岛雷克雅未克举行的部长级会议

Ministerial Meeting in Reykjavik, Iceland, November 24, 2004

12. 2002 年 10 月 9—10 日在芬兰伊纳里举行的部长级会议

Ministerial Meeting in Inari, Finland, October 9-10, 2002

13. 2000 年 10 月 12 日在美国巴罗举行的部长级会议

Ministerial Meeting in Barrow, USA, October 12 2000

14. 1998 年 9 月 17—18 日在加拿大伊魁特举行的部长级会议

Ministerial Meeting in Iqaluit, Canada, September 17-18, 1998

https://oaarchive. arctic-council. org/handle/11374/373

（三）副部长级会议

北极理事会副部长级会议的文件和声明

Documents and Statements from Arctic Council Deputy Ministers' Meetings

1. 2012 年 5 月 15 日在瑞典斯德哥尔摩举行的副部长级会议

Deputy Ministers' Meeting in Stockholm, Sweden 15 May 2012

2. 2010 年 5 月 27 日在丹麦哥本哈根举行的副部长级会议

Deputy Ministers' Meeting in Copenhagen, Denmark 27 May 2010

https://oaarchive. arctic-council. org/handle/11374/749

（四）北极高级官员会议

一年两次的北极高级官员会议的文件

Documents from the bi-annual Senior Arctic Officials' Meetings

1. 挪威的第二任主席期间（2023 年—2025 年）

Norway Chairmanship II（2023-2025）

2. 俄罗斯的第二任主席期间（2021 年 5 月—2023 年）

Russia Chairmanship II（May 2021-2023）

3. 冰岛的第二任主席期间（2019 年 5 月—2021 年）

Iceland Chairmanship II（May 2019-2021）

4. 芬兰的第二任主席期间(2017年5月—2019年)

Finland Chairmanship II(May 2017-2019)

5. 美国的第二任主席期间(2015年4月—2017年)

USA Chairmanship II(April 2015-2017)

6. 加拿大的第二任主席期间(2013年5月—2015年4月)

Canada Chairmanship II(May 2013-Apr 2015)

7. 瑞典的第一任主席期间(2011年5月—2013年5月)

Sweden Chairmanship I(May 2011-May 2013)

8. 丹麦的第一任主席期间(2009年4月—2011年5月)

Denmark Chairmanship I(Apr 2009-May 2011)

9. 挪威的第一任主席期间(2006年10月—2009年4月)

Norway Chairmanship I(Oct 2006-Apr 2009)

10. 俄罗斯的第一任主席期间(2004年11月—2006年10月)

Russia Chairmanship I(Nov 2004-Oct 2006)

11. 冰岛的第一任主席期间(2002年10月—2004年11月)

Iceland Chairmanship I(Oct 2002-Nov 2004)

12. 芬兰的第一任主席期间(2000年10月—2002年10月)

Finland Chairmanship I(Oct 2000-Oct 2002)

13. 美国的第一任主席期间(1998年9月—2000年10月)

USA Chairmanship I(Sep 1998-Oct 2000)

14. 加拿大的第一任主席期间(1996年9月—1998年9月)

Canada Chairmanship I(Sep 1996-Sep 1998)

https://oaarchive.arctic-council.org/handle/11374/250

(五)环境部长会议

环境部长会议的文件和声明

Documents and Statements from Environment Ministers' Meetings

2018年10月11—12日在芬兰罗瓦涅米举行的环境部长会议

Environment Ministers' Meeting in Rovaniemi,Finland 11-12 Oct 2018 https://oaarchive.arctic-council.org/handle/11374/2176

(六)北极理事会工作组:北极污染物行动方案

ACAP 工作组的报告和评估

Reports and Assessments of the ACAP Working Group

1. 二噁英/呋喃类——关于二噁英/呋喃专题的报告和评估

Dioxins/Furans—Reports and Assessments on the topic of Dioxins/Furans

2. 概况介绍——有关 ACAP 报告和倡议的简要信息

Fact Sheets—Brief information about ACAP reports and initiatives

3. 危险废弃物-与 ACAP 废弃物专家组内危险废弃物工作相关的所有产品、材料和资源

Hazardous Waste-All products, materials and resources related to the work on hazardous waste within ACAP's Expert Group on Waste

4. 土著人民污染物行动方案(IPCAP)——ACAP 的附属机构

Indigenous Peoples Contaminants Action Programme (IPCAP)—Subsidiary body of ACAP

5. 汞——关于汞问题的报告和评估

Mercury—Reports and Assessments on the topic of Mercury

6. 参考材料——程序性文件,如任务和职责范围

Reference Materials—Procedural documents such as mandates and terms of reference

7. 短寿命气候影响因素和污染物(SLCFC)——关于 SLCFC 主题的报告和评估

Short Lived Climate Forcers and Contaminants (SLCFC)—Reports and Assessments on the Topic of SLCFC

https://oaarchive.arctic-council.org/handle/11374/1

（七）北极理事会工作组：北极监测与评估计划

AMAP 工作组的报告和评估结果

Reports and Assessments of the AMAP Working Group

1. 评估报告

Assessment Reports

2. 技术报告

Technical Reports

https://oaarchive.arctic-council.org/handle/11374/617

（八）北极理事会工作组：北极动植物保护

CAFF 工作组的报告和评估

Reports and Assessments of the CAFF Working Group

1. 行政系列——CAFF 行政系列的报告和评估

Administrative Series—Reports and Assessments from the CAFF Administrative Series

2. 评估系列——评估系列的报告和评估结果

Assessment Series—Report and Assessments from the Assessment Series

3. 教育系列——探讨北极主要生态系统和进程的教育工具

Educational Series—Educational Tool Kits Exploring Major Ecosystems and Processes of the Arctic

4. 专家小组——CAFF 专家小组的报告和评估

Expert Groups—Reports and Assessments from the CAFF Expert Groups

5. 监测系列——监测系列的报告和评估

Monitoring Series—Reports and Assessment from the Monitoring Series

6. 战略系列——战略系列的报告和评估

Strategies Series—Reports and Assessments from the Strategies Series

https://oaarchive.arctic-council.org/handle/11374/126

(九)北极理事会工作组:应急预防、准备和响应

EPPR 工作组的报告和评估

Reports and Assessments of the EPPR Working Group

1. 演习——演习的报告

Exercises—Reports from Exercises

2. 溢油响应——关于石油泄漏应对的报告和评估

Oil Spill Response—Reports and Assessments on the Topic of oil spill response

3. 辐射——关于辐射问题的报告和评估

Radiation—Reports and Assessments on the Topic of Radiation

4. 参考材料——程序性文件,如任务书和职责范围

Reference Materials—Procedural Documents such as Mandates and Terms of Reference

5. 安全、地图和其他工作——与分析和评估有关的其他工作

Safety, Maps, and Other Work—Additional Work related to Analyses and Assessments

https://oaarchive.arctic-council.org/handle/11374/3

(十)北极理事会工作组:北极海洋环境保护

PAME 工作组的报告和评估

Reports and Assessments of the PAME Working Group

1. 北极海洋垃圾——北极海洋垃圾的报告和评估

Arctic Marine Litter—Reports and Assessments on the Topic of Arctic Marine Litter

2. 北极海洋航运评估(AMSA)

Arctic Marine Shipping Assessment(AMSA)

3. 北极海洋战略计划——北极海洋战略计划的报告和评估

Arctic Marine Strategic Plan—Reports and Assessments from the Arctic Marine Strategic Plan

4. 北极航运——北极航运的报告和评估

Arctic Shipping—Reports and Assessments on the topic of Arctic Shipping

5. 与北极区域水文委员会的合作

Collaboration with ARHC (The Arctic Regional Hydrographic Commission)

6. 生态系统管理方法——生态系统方法的报告和评估

Ecosystem Approach to Management—Reports and Assessments from the Ecosystem Approach

7. 保护北极海洋环境工作组的综合性文件——包括战略和工作计划

General PAME documents—including Strategies and Work Plans

8. 资源勘探与开发——资源勘探和开发的指南

Resource Exploration and Development—Guidelines on the Topic of Resource Exploration and Development

https://oaarchive.arctic-council.org/handle/11374/52

(十一)北极理事会工作组:可持续发展

SDWG 工作组的报告和评估

Reports and Assessments of the SDWG Working Group

1. 关于可持续发展工作组

About SDWG

2. 适应气候变化——关于适应气候变化专题的报告和评估

Adaptation to Climate Change—Reports and Assessments on the topic of Adaptation to Climate Change

3. 北极文化和语言——关于北极文化和语言专题的报告和评估

Arctic Cultures and Languages—Reports and Assessments on the Topic of Arctic Cultures and Languages

4. 北极人类健康——关于北极人类健康主题的报告和评估

Arctic Human Health—Reports and Assessments on the Topic of Arctic Human Health

5. 北极社会经济问题——关于北极社会经济问题的报告和评估

Arctic Socio-Economic Issues—Reports and Assessments on the topic of Arctic Socio-Economic Issues

6. 能源和北极社区——关于能源和北极社区主题的报告和评估

Energy and Arctic Communities—Reports and Assessments on the Topic of Energy and Arctic Communities

7. 自然资源的管理——关于自然资源管理专题的报告和评估

Management of Natural Resources—Reports and Assessments on the Topic of Management of Natural Resources

https://oaarchive. arctic-council. org/handle/11374/4

(十二)专家小组和其他倡议

北极理事会的专家小组和其他倡议

Expert Groups and Other Initiatives of the Arctic Council

1. 北极复原力评估——在北极理事会的主持下进行的关于复原力的专题工作

Arctic Resilience Assessment—Thematic work on Resilience performed under the auspices of the Arctic Council

2. 黑碳和甲烷专家小组

Black Carbon and Methane Expert Group

3. 基于生态系统的管理专家小组——基于生态系统的管理专家小组的文件

Ecosystem-Based Management Expert Group—Documents from the Ecosystem-Based Management Expert Group

4. 挪威担任主席期间野火倡议

Norwegian Chairship Wildland Fires Initiative

https://oaarchive.arctic-council.org/handle/11374/81

(十三)工作小组

北极理事会的工作小组

Task Forces of the Arctic Council

1. 科学合作工作组

Scientific Cooperation Task Force

2. 北极海洋合作特别工作组

Task Force on Arctic Marine Cooperation

3. 北极海洋油污预防工作组

Task Force on Arctic Marine Oil Pollution Prevention

4. 黑碳和甲烷问题特别工作组

Task Force on Black Carbon and Methane

5. 改善北极地区连通性特别工作组

Task Force on Improved Connectivity in the Arctic

6. 搜索和救援任务组

Task Force on Search and Rescue

7. 短暂气候影响因素特别工作组

Task Force on Short-Lived Climate Forcers

8. 北极地区电信基础设施工作组

Telecommunications Infrastructure in the Arctic

https://oaarchive.arctic-council.org/handle/11374/74

(十四)观察员

与北极理事会观察员国家和组织有关的文件

Documents relating to the Arctic Council Observer States and Organizations

1. 准则和程序性文件——与北极理事会观察员有关的准则

和程序性文件

Guidelines and Procedural Documents—Guidelines and Procedural Documents with Relevance to the Arctic Council Observers

2. 观察员会议——与北极理事会观察员举行的特别会议的文件

Observer Meetings—Documents from Special Session Meetings with Arctic Council Observers

https://oaarchive.arctic-council.org/handle/11374/1842

3. 各观察员的报告

Observers

https://oaarchive.arctic-council.org/handle/11374/1842

（十五）特色文件

北极理事会特色文件精选

A Selection of Featured Arctic Council Documents

1. 北极评估——评估北极环境状况的研究和报告

Arctic assessments—Research and Reports Assessing the State of the Arctic Environment

2. 生物多样性——特色文件

Biodiversity—Featured Documents

3. 气候——特色文件

Climate—Featured Documents

4. 合作——特色文件

Cooperation—Featured Documents

5. 突发事件和风险——特色文件

Emergencies and Risk—Featured Documents

6. 监测——特色文件

Monitoring—Featured Documents

7. 海洋——特色文件

Ocean—Featured Documents

8. 人民和社区——特色文件

People and Communities—Featured Documents

9. 污染问题——特色文件

Pollution—Featured Documents

10. 建议——特色文件

Recommendations—Featured Documents

https://oaarchive.arctic-council.org/handle/11374/2446

（十六）其他重要文件

程序性文件、沟通和外联计划以及北极理事会秘书处文件

Procedural Documents, Communication and Outreach Plans, and Arctic Council Secretariat Documents

1. 北极理事会秘书处（包括秘书处年度报告）

Arctic Council Secretariat

2. 交流与推广——战略和实施计划

Communication and Outreach—Strategies and Implementation Plans

3. 土著人民秘书处（包括拥有永久参与方地位的六个土著人民组织）

Indigenous Peoples' Secretariat

4. 程序性文件

Procedural Documents

https://oaarchive.arctic-council.org/handle/11374/935

三、国际文件

（一）国际北极科学委员会

1. 国际北极科学委员会战略计划 2023-2026

IASC Strategic Plan 2023-2026

https://iasc.info/images/about/organization/IASCStrategic-Plann2023_compressed.pdf

2. 国际北极科学委员会手册 2022 年 4 月 11 日版,含 6 个附件

IASC Handbook(version 11April 2022)

https://iasc.info/about/publications-documents/organisational-and-strategic

https://iasc.info/images/about/organization/IASC_Handbook_Version_April_2022__new_layout.pdf

3. 国际北极科学委员会战略计划 2018—2023

IASC Strategic Plan 2018-2023

https://iasc.info/about/publications-documents/organisational-and-strategic

4. 2016 年国际北极科学委员会国际审查和对未来的建议

IASC An International Review and Recommendations for the Future 2016

https://iasc.info/images/about/organization/IASC_Review_final.pdf

5. 年鉴——国际北极科学委员会公报

Yearbook-IASC Bulletin

(1)2025 年公报

IASC Bulletin 2025

(2)2024 年公报

IASC Bulletin 2024

(3)2023 年公报

IASC Bulletin 2023

(4)2022 年公报

IASC Bulletin 2022

(5)2021 年公报

IASC Bulletin 2021

(6)2020 年公报

IASC Bulletin 2020

(7)2019 年公报

IASC Bulletin 2019

(8)2018 年公报

IASC Bulletin 2018

(9)2017 年公报

IASC Bulletin 2017

(10)2016 年公报

IASC Bulletin 2016

(11)2015 年公报

IASC Bulletin 2015

(12)2014 年公报

IASC Bulletin 2014

(13)2013 年公报

IASC Bulletin 2013

(14)2012 年公报

IASC Bulletin 2012

(15)2011 年公报

IASC Bulletin 2011

(16)2008/2009 年公报

IASC Bulletin 2008/2009

https://iasc.info/about/publications-documents/bulletin

6. 国际北极科学委员会工作小组资助的科学研究报告

IASC Working Groups Reports

https://iasc.info/about/publications-documents/publications

(二)北极经济理事会

1. 2024 年北极采矿报告

Arctic Mining Report 2024

https://arcticeconomiccouncil.com/reports/arctic-mining-report-2024/

2. 北极食物状况——关于北极食物系统对当地社区和全球需求的重要性的报告(2023 年 9 月)

The State of Arctic Food—Report on the Importance of Arctic Food Systems for Local Communities and Global Needs(September 2023)

https://arcticeconomiccouncil.com/wp-content/uploads/2023/09/aec-arctic-food-report-2023.pdf

3. 北极经济理事会战略计划 2022—2025

AEC Strategic Plan 2022-2025

https://arcticeconomiccouncil.com/wp-content/uploads/2022/04/220419-aec-strategic-development-plan-2022-2025.pdf

4. 2021 年与北极地区议员常设委员会的谅解备忘录

2021 MoU with the Standing Committee of the Parliamentarians of the Arctic Region

https://arcticeconomiccouncil.com/wp-content/uploads/2021/11/211014-mou-between-scpar-and-aec-signed.pdf

5. 2021 年与圣彼得堡北极事务委员会的谅解备忘录

2021 MoU with St. Petersburg Committee for Arctic Affairs

https://arcticeconomiccouncil.com/wp-content/uploads/2021/07/2021-06-02-mou-aec-st-petersburg-committee-for-arctic-affairs-signed-1.pdf

6. 2019 年与北极理事会的谅解备忘录

2019 MoU with the Arctic Council

https://arcticeconomiccouncil.com/wp-content/uploads/2021/07/2019-06-05-mou-aec-ac-signed.pdf

7. 2018 年与北极大学的谅解备忘录

2018 MoU with the University of the Arctic

https://arcticeconomiccouncil.com/wp-content/uploads/2021/07/2018-04-09-mou-aec-uarctic-signed.pdf

8. 2024 年年度报告

Annual Report 2024

https://arcticeconomiccouncil. com/wp-content/uploads/2025/05/aec-annual-report-2025-high-resolution. pdf

9. 2023 年年度报告

Annual Report 2023

https://arcticeconomiccouncil. com/wp-content/uploads/2024/05/2024-aec-annual-report-4kb. pdf

10. 2022 年年度报告

Annual Report 2022

https://arcticeconomiccouncil. com/wp-content/uploads/2023/05/2023-annual-report. pdf

11. 2021 年年度报告

Annual Report 2021

https://arcticeconomiccouncil. com/wp-content/uploads/2022/05/2021-annual-report. pdf

12. 2020 年年度报告

Annual Report 2020

https://arcticeconomiccouncil. com/wp-content/uploads/2022/05/2020-annual-report-1. pdf

13. 2019 年年度报告

Annual Report 2019

https://arcticeconomiccouncil. com/wp-content/uploads/2022/05/2019-annual-report. pdf

14. 2018 年年度报告

Annual Report 2018

https://arcticeconomiccouncil. com/wp-content/uploads/2022/05/2018-annual-report. pdf

15. 2017 年年度报告

Annual Report 2017

https://arcticeconomiccouncil.com/wp-content/uploads/2022/05/2017-annual-report.pdf

16. 2021 年北极地区的连接基础设施

Connectivity Infrastructure in the Arctic (2021)

https://arcticeconomiccouncil.com/reports/connectivity-infrastructure-in-the-arctic-2021/

17. 2019 年北极经济理事会负责任型资源开发工作组:北极地区的矿产开发

AEC Working Group on Responsible Resource Development: Mineral Development in the Arctic (2019)

https://arcticeconomiccouncil.com/wp-content/uploads/2019/05/FINAL-Mineral-Development-in-the-Arctic.pdf

18. 2019 年北极经济理事会海运工作组:北极地区的海运状况

AEC Working Group on Maritime Transportation: The State of Maritime Transportation in the Arctic (2019)

https://arcticeconomiccouncil.com/wp-content/uploads/2019/10/AEC-Maritime-Transportation-WG-report.pdf

19. 2018 年北极地区的商业金融

Business Finance in the Arctic (2018)

https://arcticeconomiccouncil.com/reports/business-financing-in-the-arctic-2018/

20. 2017 年北极宽带——关于北极地区互联互通的建议

Arctic Broadband—Recommendations for an Interconnected Arctic (2017)

https://arcticeconomiccouncil.com/reports/https-arcticeconomiccouncil-com-wp-content-uploads-2019-10-aec-report_final-lr-pdf/

21. 北极环境影响评估的良好实践和建议

Good Practice and Recommendations for Arctic EIA

https://arcticeconomiccouncil. com/reports/good-practice-and-recommendations-for-arctic-eia/

22. 北极投资议定书

Arctic Investment Protocol

https://arcticeconomiccouncil. com/reports/arctic-investment-protocol-aip/

23. 北极地区的可持续投资机会

Sustainable Investment Opportunities in the Arctic

https://arcticeconomiccouncil. com/reports/sustainable-investment-opportunities-in-the-arctic/

24. 北极经济理事会程序规则

AEC Rules of Procedure

https://arcticeconomiccouncil. com/wp-content/uploads/2020/10/AEC_-Rules-of-Procedure_FINAL. pdf

25. 北极经济理事会会员会费结构

AEC Membership Dues Structure

https://arcticeconomiccouncil. com/join/

26. 北极经济理事会会员申请程序

AEC Membership Application Process

https://arcticeconomiccouncil. com/wp-content/uploads/2018/05/AEC-Membership-App-150518. pdf

27. 北极经济理事会道德准则

AEC Code of Ethics

https://arcticeconomiccouncil. com/wp-content/uploads/2020/02/code-of-ethics. pdf

28. 北极经济理事会隐私政策

AEC Privacy Policy

https://arcticeconomiccouncil. com/wp-content/uploads/2018/06/Privacy-Policy. pdf

(三)北极地区议员大会

1. 2024 年瑞典基律纳会议资料

Kiruna, Sweden 2024

2. 2022 年丹麦格陵兰努克会议资料

Nuuk, Greenland 2022

3. 2021 年挪威奥斯陆会议资料

Oslo, Norway 2021

4. 2018 年瑞典基律纳会议资料

Kiruna, Sweden 2018

5. 2018 年芬兰伊纳里会议资料

Inari, Finland 2018

6. 2017 年芬兰赫尔辛基会议资料

Helsinki, Finland 2017

7. 2017 年丹麦格陵兰南斯特伦菲尤尔和西西缪特会议资料

Kangerlussaq and Sisimiut, Greenland 2017

8. 2017 年美国阿拉斯加州安克雷奇会议资料

Anchorage, Alaska 2017

9. 2016 年挪威博德会议资料

Bodø, Norway 2016

10. 2016 年俄罗斯乌兰乌德会议资料

Ulan-Ude, Russia 2016

11. 2014 年芬兰赫尔辛基会议资料

Helsinki, Finland 2014

12. 2014 年丹麦哥本哈根会议资料

Copenhagen, Denmark 2014

https://arcticparl.org/conferences/

(四)北极科学部长会议

1. 第四届北极科学部长会议资料(2023 年圣彼得堡,俄罗斯主办)

ASM4-2023:4th Arctic Science Ministerial(Hosted by Russia)

https://asm4.ru/

https://cloud.mail.ru/public/4St3/sXibPXL6q

2. 第三届北极科学部长会议资料(2021 年东京,冰岛和日本主办)

ASM3-2021:3rd Arctic Science Ministerial (Co-hosted by Iceland and Japan)

https://asm3.org/conclusions/asm3/

3. 第二届北极科学部长会议资料(2018 年柏林,欧洲委员会、芬兰和德国主办)

ASM2-2018:2nd Arctic Science Ministerial (Co-hosted by the European Commission, Finland and Germany)

https://asm3.org/conclusions/asm2/

4. 第一届北极科学部长会议资料(2016 年华盛顿,美国主办)

ASM1-2016:1st Arctic Science Ministerial(Hosted by the United States of America)

https://asm3.org/conclusions/asm1/

(五)联合国

1. 2014 年《极地水域船舶操作国际规则》(国际海事组织)

International Code for Ships Operating in Polar Waters

http://library.arcticportal.org/1908/1/POLAR%20CODE%20TEXT%20AS%20ADOPTED.pdf

2. 2007 年《联合国土著人民权利宣言》

United Nations Declaration on the Rights of Indigenous Peoples

https://docs.un.org/zh/A/RES/61/295

https://docs.un.org/en/A/RES/61/295

3. 1992 年《里约环境与发展宣言》

Rio Declaration on Environment and Development

http://www.un-documents.net/rio-dec.htm

4. 1982 年《关于全球环境的内罗毕宣言》

Nairobi Declaration on the State of Worldwide Environment

http://www.un-documents.net/nair-dec.htm

5. 1972 年《联合国人类环境宣言》

Declaration of the United Nations Conference on the Human Environment

http://www.un-documents.net/unchedec.htm

6. 1982 年《世界自然宪章》

World Charter for Nature

https://www.un.org/zh/documents/treaty/files/A-RES-37-7.shtml

7. 1992 年《21 世纪议程》

Agenda 21

https://www.un.org/zh/documents/treaty/files/21stcentury.shtml

8. 1995 年《负责任渔业行为守则》(联合国粮农组织)

Code of Conduct for Responsible Fisheries

https://www.wto.org/english/tratop_e/rulesneg_e/fish_e/1995_fao_ccrf.pdf

9. 气候变化和北极可持续发展:科学、社会、文化和教育挑战

Climate Change and Arctic Sustainable Development: Scientific, Social, Cultural and Educational Challenges

UNESCO(02)/C636 | 2009 | Publications

https://unesdoc.unesco.org/ark:/48223/pf0000186364

10. 北极区域的可持续发展

Sustainable Development of the Arctic Region

UNEP/GC/DEC/SS. X/2 | 2008 | Resolutions and Decisions

https://digitallibrary.un.org/record/664973?ln=zh_CN

11. 北极人类居住区的可持续发展

Sustainable Development of Arctic Human Settlements

HS/C/RES/21/5| 2007-04-20 | Resolutions and Decisions

https://digitallibrary.un.org/record/664775?ln=zh_CN

12. 北极城市的可持续发展

Sustainable Development of Arctic Cities

HS/C/RES/20/8 | 2005-04-08 | Resolutions and Decisions

https://digitallibrary.un.org/record/664611

13. 北极的可持续发展

Sustainable Development of the Arctic

UNEP/GC/DEC/22/11 | 2003-02-07 | Resolutions and Decisions

https://digitallibrary.un.org/record/666284

14. 关于土地使用变化和气候变化对土著驯鹿牧民的生计和土地管理的影响，包括经文化调整的土著土地使用标准的研究：秘书处的说明

Study on the impacts of land use change and climate change on indigenous reindeer herders' livelihoods and land management, including culturally adjusted criteria for indigenous land uses: note / by the Secretariat

E/C. 19/2012/4 | 2012-02-23 | Documents and Publications

https://documents-dds-ny.un.org/doc/UNDOC/GEN/N12/240/53/pdf/N1224053.pdf?OpenElement

15. 北极问题常设论坛的建议：土著问题常设论坛第八届会

议,纽约,2009 年 5 月 18 日至 29 日

Recommendations of the Permanent Forum on the Arctic: Permanent Forum on Indigenous Issues 8th session, New York, 18-29 May 2009

E/C. 19/2009/L. 5 | 2009-05-26 | Documents and Publications

https://documents-dds-ny. un. org/doc/UNDOC/LTD/N09/348/55/pdf/N0934855. pdf? OpenElement

16. 土著问题常设论坛第八届会议报告(2009 年 5 月 18 日至 29 日)

Permanent Forum on Indigenous Issues: Report on the 8th Session (18-29 May 2009)

E/2009/43-E/C. 19/2009/14 | 2009 | Reports

https://digitallibrary. un. org/record/659566

17. 关于北极和西伯利亚地区土著人民状况的国际协商会议的报告,西伯利亚哈巴罗夫斯克,1993 年 9 月 6 日至 10 日:秘书处的说明

Report on the International Consultation on the Situation of the Indigenous Peoples of the Arctic and Siberian Regions, Khabarovsk, Siberia, 6-10 September 1993: note / by the Secretariat.

E/CN. 4/1994/AC. 4/TM. 4/4 | 1994-06-08 | Documents and Publications

https://documents-dds-ny. un. org/doc/UNDOC/GEN/G94/129/01/pdf/G9412901. pdf? OpenElement

18. 北极地区的人类住区:欧洲经委会关于北极地区人类住区规划和发展的专题讨论会的说明,格陵兰岛戈塔布,1978 年 8 月 18 日至 25 日

Human Settlements in the Arctic: an Account of the ECE Symposium on Human Settlements Planning and Development in the Arctic, Gothab, Greenland, 18-25 August 1978 https://digitallibrary.un.org/record/602238?ln=zh_CN

19. 对排入巴伦支海(北冰洋)的跨界河流及其主要跨界支流的初步评估/由监测和评估工作组主席提交

Preliminary Assessment of Transboundary Rivers discharging to the Barents Sea(Arctic ocean)and their Major Transboundary Tributaries / submitted by the Chairperson of the Working Group on Monitoring and Assessment

[E/]ECE/MP.WAT/WG.2/2007/5 | 2007-04-16 | Reports

https://documents-dds-ny.un.org/doc/UNDOC/GEN/G07/222/42/pdf/G0722242.pdf?OpenElement

20. 从 EECCA 国家排放到北冰洋的跨界河流及其主要跨界支流的初步评估:增编/由监测和评估工作组主席提交

Preliminary Assessment of Transboundary Rivers discharging from EECCA Countries to the Arctic Ocean and their Major Transboundary Tributaries: Addendum / submitted by the Chairperson of the Working Group on Monitoring and Assessment

[E/]ECE/MP.WAT/2006/16/Add.3 | 2006-10-06 | Reports

https://documents-dds-ny.un.org/doc/UNDOC/GEN/G06/257/77/pdf/G0625777.pdf?OpenElement

21. 持久性有毒物质的区域评估:北极区域报告 / 联合国环境规划署,化学品;全球环境基金

Regionally Based Assessment of Persistent Toxic Substances: Arctic regional report / United Nations Environment Programme, Chemicals; Global Environment Facility

UNEP/CHEMICALS/2003/1 | 2002-12 | Documents and Publications

https://digitallibrary.un.org/record/487298

22. 绘制人类对生物圈的影响的 GLOBIO 全球方法:北极

2050 情景和全球应用

GLOBIO Global Methodology for Mapping Human Impacts on the Biosphere：the Arctic 2050 Scenario and Global Application

UNEP/DEWA/TR. 01-3 | 2001 | Publications

https://digitallibrary.un.org/record/459146

23. 极地挑战：突破气候研究和服务的观测界限［世界气象组织公告编号：2015 年第 64（2）卷］

The Polar Challenge：Pushing the Boundaries of Observations for Climate Research and Services（World Meteorological Organization Bulletin n°：Vol 64（2）-2015）

https://public.wmo.int/en/resources/bulletin/polar-challenge-pushing-boundaries-of-observations-climate-research-and-services

（六）欧洲极地委员会

1. 欧洲极地委员会战略 2023—2027

EPB Strategy 2023-2027

https://europeanpolarboard.org/fileadmin/user_upload/EPB_Strategy_2023-2027.pdf

2. 欧洲极地委员会战略 2017—2022

EPB Strategy 2017-2022

https://www.europeanpolarboard.org/fileadmin/user_upload/FINAL_Online_EPB_Strategy_4.10.2017.pdf

3. 该机构的协议文件

（1）欧洲航天局和欧洲极地委员会之间的谅解备忘录

Memorandum of Understanding（MoU）between the European Space Agency（ESA）and the EPB

https://europeanpolarboard.org/fileadmin/user_upload/Covers/Mission/MoU-ESA.pdf

(2)北极气候稳定和变化谅解备忘录

Arctic-ECRA MoU

https://europeanpolarboard.org/fileadmin/user_upload/Covers/Mission/Original_A-ECRA_MoU_signed.pdf

(3)欧洲极地委员会和北极陆地研究和监测国际网络谅解备忘录

EPB-INTERACT MoU

https://europeanpolarboard.org/fileadmin/user_upload/Covers/Mission/EPB-INTERACT_MoU_04122014.pdf

(4)欧洲极地框架谅解备忘录

European Polar Framework MoU

https://europeanpolarboard.org/fileadmin/user_upload/Covers/Mission/EUROPEAN_POLAR_FRAMEWORK_MOU_V6_FINAL_European_Polar_Summit_Version.pdf

(5)欧洲极地委员会机构章程

EPB Constitution MoU

https://europeanpolarboard.org/fileadmin/user_upload/Covers/Mission/EPB_Constitution_updated_plenary_Brussels_FINAL.pdf

(6)欧洲极地委员会、国际北极科学委员会和南极研究科学委员会之间的谅解备忘录

Memorandum of Understanding (MoU) between the European Polar Board, the International Arctic Science Committee and the Scientific Committee on Antarctic Research

https://www.europeanpolarboard.org/fileadmin/user_upload/EPB-IASC-SCAR_MoU_2021-2025_Signed.pdf

4. 俄罗斯极地研究背景文件(2021年10月29日)

Polar Research in Russia Background Paper

https://www.europeanpolarboard.org/fileadmin/user_upload/

October2021_V1_Russian_Polar_research_Report_Lavrenteva. pdf

5. 研讨会报告:争取实现极地基础设施接入的统一(2019 年 8 月 1 日)

Workshop Report: Towards Harmonisation of Polar Infrastructure Access(1st August 2019)

(1)简短的研讨会摘要,包括建议

Short Workshop Summary, including Recommendations

(2)研讨会报告

Workshop Report

(3)欧洲极地委员会——K Latola

European Polar Board—K Latola

(4)保加利亚南极研究所——D Mateev

Bulgarian Antarctic Institute—D Mateev

(5)葡萄牙极地科研项目——T Cabrita

Portuguese Polar Programme—T Cabrita

(6)意大利极地科研项目——T Cabrita

Italian Polar Programme—V Vitale

(7)研究船——M Ojeda

Research Vessels—M Ojeda

(8)INTERACT 跨国访问——H Savela

INTERACT Transnational Access—H Savela

(9)COMNAP 效率特别工作组:半岛——A Quesada

COMNAP Efficiency Task Force: Peninsula—A Quesada

(10)ARICE 为优秀的科学提供北极地区的便利——N Biebow

ARICE Making the Arctic accessible for excellent science—N Biebow

(11)EUFAR 获取环境和地球科学的空中研究设施——P Brown

EUFAR Access to Airborne Research Facilities in Environmental and Geo-sciences—P Brown

(12) GEOCRI 信息服务和寒冷地区合作论坛——Y Qiu

GEOCRI Information Service and Forum for Collaboration for Cold Regions—Y Qiu

https://www.europeanpolarboard.org/action-groups/action-group-on-infrastructure/

6. 尽量减少北极研究的足迹——2018 年北极圈大会，由欧洲极地委员会和北极陆地研究和监测国际网络共同召集的分组会议

Minimising the Footprint of Arctic Research-Arctic Circle Assembly 2018 Breakout Session Co-convened by the European Polar Board (EPB) and INTERACT

https://www.europeanpolarboard.org/fileadmin/user_upload/EPB_INTERACT_Arctic_Circle_2018_breakout_session_report_FINAL.pdf

(七) 北极太平洋扇区工作组

1. 2024 年工作组会议

2. 2022 年 12 月工作组会议

3. 2020 年 11 月工作组会议

4. 2020 年 3 月工作组会议

5. 2019 年 10 月工作组会议

6. 2019 年 5 月工作组会议

7. 2018 年 6 月工作组会议

8. 2017 年 11 月工作组会议

9. 2017 年 3 月工作组会议

10. 2016 年 10 月工作组会议

11. 2016 年 3 月工作组会议

12. 2016 年 3 月数据研讨会

13. 2015 年 10 月工作组会议

14. 2015 年 4 月工作组会议

15. 2015 年太平洋气候线研讨会

16. 2014 年 10 月数据研讨会

17. 2014 年 10 月工作组会议

18. 2014 年 4 月工作组会议

19. 2013 年 10 月工作组会议

20. 2013 年 4 月工作组会议

21. 2013 年 3 月数据研讨会

22. 2012 年 11 月工作组会议

23. 2012 年 4 月工作组会议

24. 2011 年 11 月数据研讨会

25. 2011 年 11 月工作组会议

26. 2011 年 3 月工作组会议

27. 2010 年 12 月工作组会议

28. 2010 年 4 月工作组会议

29. 2009 年 3 月工作组会议

30. 2008 年 4 月工作组会议

31. 2007 年 4 月工作组会议

32. 2007 年 3 月工作组会议

33. 2006 年 10 月工作组会议

https://pag. arcticportal. org/documents

（八）国际水文组织

1. 北极区域水文委员会 2024 年第 14 次会议

ArcticRegional Hydrographic Commissions 14(2024)

https://iho. int/en/arhc14-2024-0

2. 北极区域水文委员会 2023 年第 13 次会议

Arctic Regional Hydrographic Commissions 13(2023)

https://iho. int/en/arhc13-2023

3. 北极区域水文委员会 2022 年第 12 次会议

Arctic Regional Hydrographic Commissions 12(2022)

https://iho.int/en/arhc12-2022

4. 北极区域水文委员会 2021 年第 11 次会议

Arctic Regional Hydrographic Commissions 11(2021)

https://iho.int/en/arhc11-2021

5. 北极区域水文委员会 2020 年第 10 次会议

Arctic Regional Hydrographic Commissions 10(2020)

https://iho.int/en/arhc10-2020

6. 北极区域水文委员会 2020 年闭会期间会议

ARHC Intersessional VTC-01 Meeting(2020)

https://iho.int/en/arhc-intersessional-vtc-01-meeting-2020

7. 北极区域水文委员会 2019 年第 9 次会议

Arctic Regional Hydrographic Commissions 9(2019)

https://iho.int/en/arhc9-2019

8. 北极区域水文委员会 2018 年第 8 次会议

Arctic Regional Hydrographic Commissions 8(2018)

https://iho.int/en/arhc8-2018

9. 北极地区水文委员会的章程

Statutes of the Arctic Regional Hydrographic Commission

https://iho.int/uploads/user/Inter-Regional%20Coordination/RHC/ARHC/MISC/ARHC_Statutes.pdf

10. 北极区域水文委员会与北极理事会保护北极海洋环境工作组的谅解备忘录

Memorandum of Understanding (MOU) between the Arctic Regional Hydrographic Commission (ARHC) and the Arctic Council's Working Group on the Protection of the Arctic Marine Environment

https://iho.int/uploads/user/Inter-Regional% 20Coordination/

RHC/ARHC/MISC/2B_ARHC%20PAME%20MOU. pdf

11. 北极区域水文委员会战略规划工作组的职权范围

Terms of Reference for the ARHC Strategic Planning Working Group

https://iho. int/uploads/user/Inter-Regional% 20Coordination/RHC/ARHC/MISC/ToR_SPWG. pdf

12. 北极区域水文委员会运营和技术工作组的职权范围

Terms of Reference for the ARHC Operations and Technologies Working Group

https://iho. int/uploads/user/Inter-Regional%20Coordination/RHC/ARHC/MISC/ToR_OTWG. pdf

13. 北极国际制图协调工作组的职权范围和议事规则

Terms of Reference and Rules of Procedure for the Arctic International Charting Coordination Working Group

https://iho. int/uploads/user/Inter-Regional% 20Coordination/RHC/ARHC/MISC/ToR_AICCWG. pdf

14. 北极区域海洋空间数据基础设施工作组的职权范围

Terms of Reference for the Arctic Regional Marine Spatial Data Infrastructures Working Group

https://iho. int/uploads/user/Inter-Regional%20Coordination/RHC/ARHC/MISC/ToR_ARMSDIWG_SEP2018. pdf

（九）国际捕鲸委员会

1. 1946 年《国际捕鲸管制公约》

International Convention for the Regulation of Whaling

https://archive. iwc. int/pages/view. php? ref=3607&k=

2. 国际捕鲸管制公约日程表

ICRW Schedule

https://archive. iwc. int/pages/view. php? ref=3606&k=

3. 国际捕鲸委员会决议

IWC Resolutions

https://archive.iwc.int/pages/search.php?search=%21collection72&k=

4. 鲸类环境状况报告

State of the Cetacean Environment Reports

https://iwc.int/management-and-conservation/environment/socer-report

5. 国际捕鲸委员会科学委员会报告

IWC Scientific Committee Reports

https://archive.iwc.int/pages/search.php?search=%21collection73&k=

6. 科学委员会国家进展报告

Scientific Committee National Progress Reports

https://iwc.int/scientific-research/reports/scprogress

7. 研讨会报告

Workshop Reports

https://archive.iwc.int/pages/search.php?search=%21collection118&k=

8. 国际捕鲸委员会程序规则

IWC Rules of Procedure

https://archive.iwc.int/pages/view.php?ref=3605&k=

9. 1975 年《国际捕鲸委员会与英国政府关于国际捕鲸委员会总部的协定》

Headquarters Agreement between the Government of the United Kingdom of Great Britain and Northern Ireland and the International Whaling Commission

https://archive.iwc.int/pages/view.php?ref=6195&k=

（十）欧盟

1. 欧盟理事会关于经修订的欧盟海事安全战略及其行动计划的结论（2023 年 10 月 24 日）

Council conclusions on the Revised EU Maritime Security Strategy (EUMSS) and its Action Plan

https://www.consilium.europa.eu/media/67499/st14280-en23.pdf

https://oceans-and-fisheries.ec.europa.eu/ocean/blue-economy/other-sectors/maritime-security-strategy_en

2. 欧盟海洋安全战略和行动计划“针对不断演变的海上威胁的加强版欧盟海洋安全战略”（2023 年 3 月 10 日更新）

Update of the EU Maritime Security Strategy and its Action Plan “An enhanced EU Maritime Security Strategy for Evolving Maritime Threats”

https://oceans-and-fisheries.ec.europa.eu/system/files/2023-03/join-2023-8-annex_en.pdf

3. 2021 年欧盟北极政策：加强欧盟参与建设和平、可持续和繁荣的北极

A Stronger EU Engagement for a Peaceful, Sustainable and Prosperous Arctic

https://eur-lex.europa.eu/legal-content/EN/TXT/?uri=CELEX:52021JC0027

4. 2020 年欧盟平衡的北极政策

A Balanced Arctic Policy for the EU

https://www.uaf.edu/caps/resources/policy-documents/eu-in-depth-analysis-balanced-arctic-policy-for-the-eu-2020.pdf

5. 欧洲议会 2017 年 3 月 16 日关于欧盟综合北极地区政策的决议

European Parliament Resolution of 16 March 2017 on an Integrated European Union Policy for the Arctic

https://www.europarl.europa.eu/doceo/document/TA-8-2017-0093_EN.html

6. 致欧洲议会和理事会的联合信函:欧盟的北极综合政策(2016年4月27日)

Joint Communication to the European Parliament and the Council: An Integrated European Union Policy for the Arctic

https://eeas.europa.eu/archives/docs/arctic_region/docs/160427_joint-communication-an-integrated-european-union-policy-for-the-arctic_en.pdf

7. 欧盟理事会关于制定欧盟北极地区政策的结论(2014年5月12日)

Council Conclusions on Developing a European Union Policy towards the Arctic Region

https://www.consilium.europa.eu/uedocs/cms_data/docs/pressdata/EN/foraff/142554.pdf

8. 2012年发展中的欧盟北极政策:2008年以来的进展和未来的行动步骤

Developing a European Union Policy towards the Arctic Region: Progress since 2008 and Next Steps

https://op.europa.eu/en/publication-detail/-/publication/70245d63-201c-47e8-9091-d5c07b96d964

9. 欧洲议会2011年1月20日关于欧盟对高纬度地区可持续政策的决议

European Parliament Resolution of 20 January 2011 on a Sustainable EU Policy for the High North

https://www.europarl.europa.eu/doceo/document/TA-7-2011-0024_EN.html

10. 2010 年北极航运的法律问题:总结报告(欧盟委员会)

Legal Aspects of Arctic Shipping:Summary Report

https://op.europa.eu/en/publication-detail/-/publication/c4fbcf5b-bb28-4035-bdf9-a06497fe8a36

11. 2009 年欧盟理事会北极问题结论

Council Conclusions on Arctic Issues

https://webgate.ec.europa.eu/maritimeforum/system/files/arctic_council_conclusions_09_en.pdf

12. 2008 年欧盟与北极地区

The European Union and the Arctic Region

https://eeas.europa.eu/archives/docs/arctic_region/docs/com_08_763_en.pdf

13. 2022 年欧盟国际海洋治理议程的联合公报-为可持续的蓝色星球设定方向

Setting the Course for a Sustainable Blue Planet—Joint Communication on the EU's International Ocean Governance Agenda

https://oceans-and-fisheries.ec.europa.eu/publications/setting-course-sustainable-blue-planet-joint-communication-eus-international-ocean-governance-agenda_en

14. 2021 年为可持续发展的蓝色星球确定方向:加强欧盟行动的建议

Setting the Course fora Sustainable Blue Planet: Recommendations for Enhancing EU Action

https://3rd-iog-forum.fresh-thoughts.eu/wp-content/uploads/sites/89/2021/04/IOG-recommendations-2021-WEB.pdf

15. 2019 年改善国际海洋治理——两年的进展(欧盟委员会)

Improving International Ocean Governance—Two years of progress

https://eur-lex.europa.eu/legal-content/EN/TXT/?uri=JOIN:

2019:4:FIN

16. 2019 年欧盟理事会海洋问题的结论

Council Conclusions on Oceans and Seas

https://www.consilium.europa.eu/media/41384/st14249-en19.pdf

17. 2016 年国际海洋治理:我们海洋的未来议程(欧盟委员会)

International Ocean Governance: An Agenda for the Future of Our Oceans

https://eur-lex.europa.eu/legal-content/EN/TXT/?uri=CELEX:52016JC0049

(十一)巴伦支欧洲——北极理事会

1. 巴伦支欧洲-北极理事会(包括历届主席规划、部长级会议等文件)

Barents Euro-Arctic Council

https://barents-council.org/documents/barents-euro-arctic-council

2. 巴伦支地区理事会

Barents Regional Council

https://barents-council.org/documents/barents-regional-council

3. 各工作小组

Working Groups

(1)交通与物流

Transport and Logistics

(2)森林

Forests

(3)经济合作

Economic Cooperation

(4)环境

Environment

(5)巴伦支地区青年理事会

Barents Regional Youth Council

(6)救援合作

Rescue Co-operation

(7)文化

Culture

(8)教育与研究

Education and Research

(9)健康与社会问题

Health and Social Issues

(10)旅游

Tourism

(11)青年问题

Youth Issues

(12)土著人民工作组

Working Group of Indigenous Peoples

https://barents-council. org/documents/working-groups

4. 巴伦支国际秘书处

International Barents Secretariat

https://barents-council. org/documents/international-barents-secretariat

5. 项目资金

Project Funding

https://barents-council. org/documents/project-funding

(十二)北大西洋公约组织

1. 2025 年重新领航正在融化的北极

Renavigatingthe Melting Arctic

https://www. nato-pa. int/document/2025-arctic-report-fridbertsson-022-stc

2. 2017 年北约与北极安全

NATO and Security in the Arctic

https://www.nato-pa.int/document/2017-nato-and-security-arctic-connolly-report-172-pctr-17-e-rev1-fin

3. 2012 年北极的经济机遇、环境义务和安全利害关系

Arctic Economic Opportunities, Environmental Obligationsand Security Stakes

https://www.nato-pa.int/document/2012-148-escter-12-e-rev1-arctic-kofod-report

4. 2005 年北极气候变化:北大西洋共同体面临的挑战

Climate Changes in the Arctic: Challenges for the North Atlantic Community

https://www.nato-pa.int/document/2005-180-stc05-e-rev1-climate-change-arctic-nolin-report

(十三)其他各类宣言和文件

1. 2025 年《日本和芬兰加强未来合作的联合声明》

Joint Statement on Reinforced Cooperation in the Future between Japan and the Republic of Finland

https://www.presidentti.fi/en/joint-statement-on-reinforced-cooperation-in-the-future-between-japan-and-the-republic-of-finland-tokyo-june-11-2025/

2. 2024 年《关于破冰船合作协定的联合声明》(加拿大、芬兰和美国)

Joint Statement on Icebreaker Collaboration Effort(ICE)Pact

https://bidenwhitehouse.archives.gov/briefing-room/statements-releases/2024/07/11/joint-statement-on-ice-pact/

3. 2024 年《加拿大、芬兰和美国关于北极和极地破冰船及其

他能力生产三边框架的谅解备忘录》以及《加拿大、芬兰和美国签署破冰船合作协定谅解备忘录的联合声明》

Memorandum of Understanding Among the Government of Canada, the Government of the Republic of Finland, and the Government of the United States of America Regarding a Trilateral Framework for the Production of Arctic and Polar Icebreakers and other Capabilities

Joint Statement on Signing of "ICE Pact" MOU between the United States, Canada, and Finland

https://www.dhs.gov/sites/default/files/2024-12/24_1113_scrc_signed-mou-icebreaker-pact-508.pdf

https://www.dhs.gov/archive/news/2024/11/13/joint-statement-signing-ice-pact-mou-between-united-states-canada-and-finland

4. 2024 年《挪威和英国战略伙伴关系联合宣言》

Joint Declarationon the Norwegian-UK Strategic Partnership

https://assets.publishing.service.gov.uk/media/6760215a239b9237f09153f0/JOINT_DECLARATION_ON_THE_NORWEGIAN-UK_STRATEGIC_PARTNERSHIP.pdf

5. 2024 年《英国和芬兰战略伙伴关系联合宣言》

Joint Declaration on the Strategic Partnership between the United Kingdom of Great Britain and Northern Ireland, and the Republic of Finland

https://www.gov.uk/government/publications/uk-finland-bilateral-cooperation-joint-declaration-on-the-strategic-partnership/joint-declaration-on-the-strategic-partnership-between-the-united-kingdom-of-great-britain-and-northern-ireland-and-the-republic-of-finland

6. 2023 年《巴黎呼吁——关注冰川和极地 极地峰会:"同一星球"宣言》

Paris Call for Glaciers and Poles—Declaration for the One Planet-Polar Summit

https://www.elysee.fr/admin/upload/default/0001/15/a5dd64473bd0c3d99c472fa1c18544784f5f1b95.pdf 中文版网站

https://www.elysee.fr/en/emmanuel-macron/2023/11/10/paris-call-for-glaciers-and-poles-declaration-for-the-one-planet-polar-summit 英文版网站

https://www.elysee.fr/emmanuel-macron/2023/11/10/appel-de-paris-pour-les-glaciers-et-les-poles-declaration-du-one-planet-polar-summit 法文版网站

https://www.elysee.fr/en/emmanuel-macron/2023/11/10/llamamiento-de-paris-por-los-glaciares-y-los-polos.es 西班牙文版网站

https://www.elysee.fr/admin/upload/default/0001/15/a6a33edcf7a0f6cf381aba985e45e334864f5159.pdf 俄文版网站

7. 2023 年《欧盟和加拿大峰会的联合声明》

EU-Canada Summit 2023-Joint Statement

https://ec.europa.eu/commission/presscorner/detail/en/statement_23_6054

8. 2023 年《加拿大和挪威关于双边合作的联合声明》

Canada-Norway Joint Statement on Bilateral Cooperation

https://www.canada.ca/en/global-affairs/news/2023/03/canada-norway-joint-statement-on-bilateral-cooperation.html

9. 2022 年《英国和挪威促进双边战略合作的联合宣言》

Joint Declaration to Promote Bilateral Strategic Cooperation between the United Kingdom of Great Britain and Northern Ireland and the Kingdom of Norway

https://www.gov.uk/government/publications/joint-declaration-to-promote-bilateral-strategic-cooperation-between-the-uk-and-norway/joint-declaration-to-promote-bilateral-strategic-cooperation-between-the-uk-and-norway

https://www.regjeringen.no/contentassets/9f02de244e01441cb32f35e3820653c1/uk-norway-joint-declaration.pdf

10. 2022 年《英国和芬兰加强防务合作框架安排》

UK-Finland Framework Arrangement on Enhanced Defence Co-operation

https://www.defmin.fi/files/5459/FIN_UK_FA.pdf

11. 2022 年《英国和芬兰双边声明》

United Kingdom-Finland Statement

https://www.gov.uk/government/publications/united-kingdom-finland-statement-11-may-2022/united-kingdom-finland-statement

12. 2022 年《英国和瑞典政治团结宣言》

UK-Sweden Political Declaration of Solidarity

https://www.gov.uk/government/publications/united-kingdom-sweden-statement-11-may-2022

13. 2022 年《保护东北大西洋海洋环境公约委员会关于海洋垃圾的区域行动计划》

The Second OSPAR Regional Action Plan on Marine Litter

https://www.ospar.org/documents? v=49384

14.《加拿大因纽特努纳加特-英国北极研究计划 2021—2025》

Canada-Inuit Nunangat-United Kingdom Arctic Research Programme 2021 - 2025

https://www.arctic.ac.uk/research/canada-inuit-nunangat-united-kingdom-arctic-research-programme-2021-2025-cinuk/

15. 2021 年《英国和挪威极地事务合作高级别安排》

UK-Norway High Level Arrangement on Cooperation on Polar Affairs

https://www.gov.uk/government/publications/uk-norway-high-level-arrangement-on-cooperation-on-polar-affairs

16. 2019 年《共建北极联合研究中心协议书》(青岛海洋科学与技术试点国家实验室和俄罗斯科学院希尔绍夫海洋研究所)

https://ex.chinadaily.com.cn/exchange/partners/82/rss/channel/cn/columns/80x78w/
stories/WS5cb07284a310e7f8b15763a4.html

https://ocean.ru/index.php/novosti-left/novosti-instituta/item/1311-rossiya-i-kitaj-v-arktike

17. 2018 年《北极空间观测联合研究合作协议》(中国科学院遥感地球研究所与芬兰气象研究所)

https://www.cas.cn/cm/201804/t20180418_4642415.shtml

18. 2018 年《第三轮中日韩北极事务高级别对话联合声明》

Joint Statement—The Third Trilateral High-Level Dialogue on the Arctic

https://www.mfa.gov.cn/web/wjb_673085/zzjg_673183/tyfls_674667/xwlb_674669/201806/t20180608_7670883.shtml

https://www.mfa.gov.cn/mfa_eng/wjdt_665385/2649_665393/201806/t20180608_679524.html

19. 2017 年《第二轮中日韩北极事务高级别对话联合声明》

Joint Statement—The Second Trilateral High-Level Dialogue on the Arctic

https://www.mfa.gov.cn/wjb_673085/zzjg_673183/tyfls_674667/xwlb_674669/201706/t20170614_7670739.shtml

https://www.mofa.go.jp/files/000263104.pdf

20. 2016 年《美国和加拿大关于气候、能源和北极地区领导力的联合声明》

U.S.-Canada Joint Statement on Climate, Energy, and Arctic Leadership

https://obamawhitehouse.archives.gov/the-press-office/2016/03/10/US-canada-joint-statement-climate-energy-and-arctic-leadership

21. 2015年《关于在北冰洋中部防止无管制公海捕鱼的奥斯陆宣言》(加拿大、丹麦、挪威、俄罗斯和美国)

Declaration Concerning the Prevention of Unregulated High Seas Fishing in the Central Arctic Ocean(16 July 2015)

https://www.wto.org/english/tratop_e/rulesneg_e/fish_e/2015_oslo_declaration.pdf

22. 2015年《关于东北亚和平与合作的联合宣言》(中国、日本和韩国)

Joint Declaration for Peace and Cooperation in Northeast Asia

https://www.mfa.gov.cn/web/ziliao_674904/1179_674909/201511/t20151102_7947616.shtml

https://www.mofa.go.jp/a_o/rp/page1e_000058.html

23. 2014年《保护东北大西洋海洋环境公约委员会关于海洋垃圾的区域行动计划》

Marine Litter Regional Action Plan

https://www.ospar.org/documents? v=34422

24. 2013年《中国—北欧北极研究中心合作协议》(中国、冰岛、丹麦、芬兰、挪威和瑞典)

https://www.gov.cn/gzdt/2013-12/12/content_2546677.htm

25. 2012年《关于在上海建立中国—北欧北极合作研究中心和在冰岛建立联合极光观测台的合作谅解备忘录》

https://www.mfa.gov.cn/web/gjhdq_676201/gj_676203/oz_678770/1206_678964/sbgx_678968/

26. 2008年《伊卢利萨特宣言》(美国、俄罗斯、加拿大、挪威和丹麦)

Ilulissat Declaration(28 May 2008)

https://arcticportal.org/images/stories/pdf/Ilulissat-declaration.pdf

27. 1993 年《关于北极地区环境与发展的努克宣言》(加拿大、美国、芬兰、挪威、瑞典、丹麦、冰岛和俄罗斯)

The Nuuk Declaration on Environment and Development in the Arctic(16 September 1993)

https://iea.uoregon.edu/MarineMammals/engine/Documents/1-0279-0287.htm

28. 1991 年《北极环境保护战略》(加拿大、丹麦、芬兰、冰岛、挪威、瑞典、苏联和美国)

Arctic Environment Protection Strategy 1991

http://library.arcticportal.org/1542/1/artic_environment.pdf

四、国家法律与政策

(一)加拿大

1. 2022 年禁止在北极近海水域开展某些活动的命令(2023 年最新修订)

Order Prohibiting Certain Activities in Arctic Offshore Waters

https://laws-lois.justice.gc.ca/eng/regulations/SOR-2022-274/index.html

2. 海事责任法(2021 年最新修订)

Marine Liability Act

https://laws.justice.gc.ca/eng/acts/m-0.7/rpdc.html

3. 北极水域防污法(2019 年最新修订)

Arctic Waters Pollution Prevention Act

https://laws-lois.justice.gc.ca/eng/acts/A-12/

4. 北极水域防污条例

Arctic Waters Pollution Prevention Regulations

https://laws.justice.gc.ca/eng/regulations/C.R.C.,_c._354/index.html

5. 加拿大通航水域法(2019 年最新修订)

Canadian Navigable Waters Act

https://laws-lois.justice.gc.ca/eng/acts/n-22/

6. 2001 年加拿大航运法(2019 年最新修订)

Canada Shipping Act,2001

https://laws-lois.justice.gc.ca/eng/acts/C-10.15/

7. 北极航运防污条例(2017 年最新修订)

Arctic Shipping Pollution Prevention Regulations

https://laws-lois.justice.gc.ca/eng/regulations/C.R.C.,_c._353/

8. 北极航行安全和防污条例

Arctic Shipping Safety and Pollution Prevention Regulations

https://laws.justice.gc.ca/eng/regulations/SOR-2017-286/

9. 海上运输安全法(2008 年最新修订)

Marine Transportation Security Act

https://laws.justice.gc.ca/eng/acts/m-0.8/page-1.html

10. 海上运输安全规章(2014 年最新修订)

Marine Transportation Security Regulations

https://laws.justice.gc.ca/eng/regulations/sor-2004-144/page-1.html

11. 航行安全控制区法令(2010 最新修订)

Shipping Safety Control Zones Order

https://laws-lois.justice.gc.ca/eng/regulations/C.R.C.,_c._356/

12. 加拿大北方船舶交通服务区规章(2010 最新修订)

Northern Canada Vessel Traffic Services Zone Regulations

https://laws.justice.gc.ca/eng/regulations/sor-2010-127/page-1.html

13. 2017 年加拿大北极水域客船操作指南

Guidelines for the Operation of Passenger Vessels in Canadian Arctic Waters

https://tc.canada.ca/en/marine-transportation/marine-safety/

guidelines-operation-passenger-vessels-canadian-arctic-waters-tp-13670-e

14. 1998 年加拿大北极冰情航运制度实施之用户辅助说明

User Assistance Package for the Implementation of Canada's Arctic Ice Shipping System

https://publications.gc.ca/site/eng/9.836182/publication.html

15. 2024 年北极行动评估(加拿大国防部)

Evaluation of Arctic Operations

https://www.canada.ca/en/department-national-defence/corporate/reports-publications/audit-evaluation/evaluation-arctic-operations.html

16. 2024 年我们的北方,强大而自由:加拿大的国防新愿景

Our North, Strong and Free: A Renewed Vision for Canada's Defence

https://www.canada.ca/en/department-national-defence/corporate/reports-publications/north-strong-free-2024.html

17. 2019 年加拿大北极和北方政策框架

Canada's Arctic and Northern Policy Framework

https://www.rcaanc-cirnac.gc.ca/eng/1560523306861/1560523330587

18. 2017 年强大、安全、参与:加拿大的国防政策

Strong, Secure, Engaged: Canada's Defence Policy

https://www.canada.ca/en/department-national-defence/corporate/reports-publications/canada-defence-policy.html

19. 2010 年加拿大北极外交政策宣言

Statement on Canada's Arctic Foreign Policy

https://www.international.gc.ca/world-monde/assets/pdfs/canada_arctic_foreign_policy-eng.pdf

20. 2009 年加拿大北方战略:我们的北方,我们的遗产,我们的未来

Canada's Northern Strategy: Our North, Our Heritage, Our Future http://library.arcticportal.org/1885/

21. 2008 年加拿大第一国防战略

Canada First Defence Strategy

https://www.canada.ca/en/department-national-defence/corporate/policies-standards/canada-first-defence-strategy-complete-document.html

22. 2005 年做一个自豪且有影响的角色

A Role of Pride and Influence in the World

https://www.files.ethz.ch/isn/15094/IPS-Overview22.pdf

23. 2000 年加拿大外交政策的北方维度

The Northern Dimension of Canada's Foreign Policy

https://www.uaf.edu/caps/resources/policy-documents/canada-the-northern-dimension.pdf

（二）美国

1. 2008 年北极远洋渔业决议

Arctic Ocean Fishing Resolution(Public Law 110-243-June 3,2008)

https://www.congress.gov/110/plaws/publ243/PLAW-110publ243.pdf

2. 1984 年北极考察和政策法案(1990 年、1993 年和 2006 年修正)

Arctic Research and Policy Act of 1984

http://www.arctic.gov/uploads/assets/arpa_amended.pdf

3. 2022 年北极地区国家战略的实施报告(2025 年 1 月)

Implementation Reportfor the 2022 National Strategy for the Arctic Region(January 2025)

https://bidenwhitehouse.archives.gov/wp-content/uploads/2025/01/NSAR-2022-Implementation-Report-.pdf

4. 2025 年国家海洋和大气管理局北极愿景和战略

NOAA's Arctic Vision and Strategy

https://arctic. noaa. gov/2025-arctic-vision-and-strategy/

5. 2024 年北极战略(美国国防部)

2024 Arctic Strategy

https://media. defense. gov/2024/Jul/22/2003507411/-1/-1/0/DOD-ARCTIC-STRATEGY-2024. PDF

6. 北极战略展望实施计划(美国海岸警卫队 2023 年 10 月)

Arctic Strategic Outlook Implementation Plan(United States Coast Guard, October 2023)

https://media. defense. gov/2025/Jun/10/2003735911/-1/-1/0/2023% 20ARCTIC% 20STRATEGY% 20OUTLOOK _ 2025% 20EDITS%20060625. PDF

7. 2023 年度北极报告(美国国家海洋和大气管理局)

Arctic Report Card 2023(National Oceanic and Atmospheric Administration)

https://arctic. noaa. gov/wp-content/uploads/2023/12/ArcticReportCard_full_report2023. pdf

8. 2022 年北极地区国家战略实施计划(2023 年 10 月 18 日)

Implementation Plan for the 2022 National Strategy for the Arctic Region(October 18,2023)

https://www. whitehouse. gov/wp-content/uploads/2023/10/NSAR-Implementation-Plan. pdf

9. 北极地区国家战略(2022 年 10 月)

National Strategy for the Arctic Region(October 2022)

https://bidenwhitehouse. archives. gov/wp-content/uploads/2022/10/National-Strategy-for-the-Arctic-Region. pdf

10. 国家安全战略(2022 年 10 月)

National Security Strategy(October 2022)

https://bidenwhitehouse. archives. gov/wp-content/uploads/2022/

10/Biden-Harris-Administrations-National-Security-Strategy-10. 2022. pdf

11. 美国能源部支持北极活动和优先事项的北极战略（2022 年 10 月）

U. S. Department of Energy Arctic Strategy—U. S. Department of Energy Strategy to Support Arctic Activities and Priorities(October 2022)

https://www. energy. gov/sites/default/files/2022-11/Arctic% 20Strategy_1. pdf

12. 北极研究计划 2022-2026

Arctic Research Plan 2022-2026

https://www. iarpccollaborations. org/uploads/cms/documents/ final-arp-2022-2026-20211214. pdf

13. 2021 年北极国土安全战略方针（美国国土安全部）

Strategic Approach for Arctic Homeland Security

https://www. dhs. gov/sites/default/files/publications/21 _ 0217 _plcy_dhs-arctic-strategy. pdf

14. 2021 年美国海军北极战略蓝图

Department of the Navy: A Strategic Blueprint for the Arctic

https://media. defense. gov/2021/Jan/05/2002560338/-1/-1/ 0/ARCTIC% 20BLUEPRINT% 202021% 20FINAL. PDF/ARCTIC% 20BLUEPRINT%202021%20FINAL. PDF

15. 2021 年夺回北极主导权（美国陆军）

Regaining Arctic Dominance

https://www. army. mil/e2/downloads/rv7/about/2021 _ army _ arctic_strategy. pdf

16. 2020 年北极战略（美国空军）

Arctic Strategy

https://www. af. mil/Portals/1/documents/2020SAF/July/Arc-ticStrategy. pdf

17. 2020 年保障美国在北极和南极地区国家利益的备忘录

Memorandum of Safeguarding U. S. National Interests in the Arctic and Antarctic Region, 2020

https://uaf. edu/caps/resources/policy-documents/us-memorandum-on-safeguarding-natl-interests-in-the-arctic-and-antarctic-regions-2020. pdf

18. 向国会提交的国防部北极战略报告(2019 年 6 月)

Report to Congress—Department of Defense Arctic Strategy(June 2019)

https://media. defense. gov/2019/Jun/06/2002141657/-1/-1/1/2019-DOD-ARCTIC-STRATEGY. PDF

19. 北极战略展望(美国海岸警卫队 2019 年 4 月)

Arctic Strategic Outlook(United States Coast Guard, April 2019)

https://www. uscg. mil/Portals/0/Images/arctic/Arctic_Strategy_Book_APR_2019. pdf

20. 北极战略展望(美国海军 2019 年 1 月)

Strategic Outlookfor the Arctic(The U. S. Navy, January 2019)

https://www. c2f. usff. navy. mil/Portals/24/Documents/Navy_Strategic_Outlook_Arctic_Jan2019. pdf? ver=2019-09-26-105926-343

21. 在北极地区开展研究的原则 2018 年版

The 2018 Principles for Conducting Research in the Arctic

https://www. nsf. gov/geo/opp/arctic/conduct. jsp

22. 北极研究计划 2017—2021

Arctic Research Plan 2017-2021

http://www. iarpccollaborations. org/uploads/cms/documents/iarpc_arctic_research_plan_2017-2021. pdf

23. 2016 年美国国家海洋和大气管理局行政命令 216-120:国家海洋和大气管理局北极计划的运作

NAO 216-120: Operation of NOAA Arctic Program

https://www.noaa.gov/organization/administration/nao-216-120-operation-of-noaa-arctic-program

24. 向国会提交的关于保护美国在北极地区国家安全利益的战略报告(2016 年 12 月)

Report to Congress on Strategy to Protect United States National Security Interests in the Arctic Region(December 2016)

https://dod.defense.gov/Portals/1/Documents/pubs/2016-Arctic-Strategy-UNCLAS-cleared-for-release.pdf

25. 2015 年回顾-北极地区国家战略实施进展报告(2016 年 3 月)

2015 Yearin Review-Progress Report on the Implementation of the National Strategy for the Arctic Region(March 2016)

https://obamawhitehouse.archives.gov/sites/whitehouse.gov/files/documents/Progress%20Report%20on%20the%20Implementation%20of%20the%20National%20Strategy%20for%20the%20Arctic%20Region.pdf

26. 北极地区国家战略实施框架(2016 年 3 月)

Implementation Framework for the National Strategy for the Arctic Region(March 2016)

https://obamawhitehouse.archives.gov/sites/whitehouse.gov/files/documents/National%20Strategy%20for%20the%20Arctic%20Region%20Implementation%20Framework%20%28Appendix%20A%29%20Final.pdf

27. 北极战略实施计划(美国海岸警卫队 2015 年 12 月)

Arctic Strategic Implementation Plan(United States Coast Guard, December 2015)

https://www.dco.uscg.mil/Portals/9/DCO%20Documents/5pw/Arctic%20Policy/CGAS%20IPlan%20Final%20Signed.pdf?ver=2017-08-25-075935-927

28. 行政命令-加强北极地区国家努力的协调(2015 年 1 月)

Executive Order-Enhancing Coordination of National Efforts in the Arctic(January 2015)

https://obamawhitehouse. archives. gov/the-press-office/2015/01/21/executive-order-enhancing-coordination-national-efforts-arctic

29. 北极地区国家战略:实施报告(2015 年 1 月)

National Strategy for the Arctic Region: Implementation Report (January 2015)

https://obamawhitehouse. archives. gov/sites/default/files/docs/report_on_implementation_of_the_national_strategy_for_the_arctic_region_. . . . pdf

30. 国家海洋和大气管理局北极行动计划(2014 年 4 月)

NOAA's Arctic Action Plan(April 2014)

https://arctic. noaa. gov/wp-content/uploads/2023/06/NOAAarcticactionplan2014. pdf

31. 北极地区国家战略实施计划(2014 年 1 月)

Implementation Plan forthe National Strategy for the Arctic Region(January 2014)

https://obamawhitehouse. archives. gov/sites/default/files/docs/implementation_plan_for_the_national_strategy_for_the_arctic_region_-_fi. . . . pdf

32. 美国海军北极路线图 2014—2030

The United States Navy Arctic Roadmap 2014 to 2030

https://climateandsecurity. org/wp-content/uploads/2021/07/US-NAVY-ARCTIC-ROADMAP_2014-2030. pdf

33. 北极研究计划 2013—2017

Arctic Research Plan 2013-2017

https://obamawhitehouse. archives. gov/sites/default/files/microsites/ostp/2013_arctic_research_plan_0. pdf

34. 北极战略(美国国防部 2013 年 11 月)

Arctic Strategy(November 2013)

https://www.hsdl.org/c/abstract/?docid=747036

35. 北极地区国家战略(2013 年 5 月)

National Strategy for the Arctic Region(May 2013)

https://obamawhitehouse.archives.gov/sites/default/files/docs/nat_arctic_strategy.pdf

36. 北极战略(美国海岸警卫队 2013 年 5 月)

Arctic Strategic(United States Coast Guard, May 2013)

https://www.dco.uscg.mil/Portals/9/DCO%20Documents/5pw/Arctic%20Policy/USCG%20Arctic%20Strategy.pdf?ver=2017-10-05-123403-330

37. 国家安全战略(2010 年 5 月)

National Security Strategy(May 2010)

https://obamawhitehouse.archives.gov/sites/default/files/rss_viewer/national_security_strategy.pdf

38. 2009 年海军北极路线图

Navy Arctic Roadmap

https://www.govinfo.gov/content/pkg/GOVPUB-D201-PURL-gpo7867/pdf/GOVPUB-D201-PURL-gpo7867.pdf

39. 2009 年北极地区政策(作为第 66 号国家安全总统指令和第 25 号国土安全总统指令发布)

Arctic Region Policy(National Security Presidential Directive 66 / Homeland Security Presidential Directive 25)

https://irp.fas.org/offdocs/nspd/nspd-66.pdf

40. 1994 年 6 月 9 日总统决定指令 NSC-26(美国对北极和南极地区的政策)

Presidential Decision Directive NSC-26, 9 June 1994 (United

States Policy on the Arctic and Antarctic Regions)

https://irp. fas. org/offdocs/pdd/pdd-26. pdf

(三)俄罗斯

1. 关于修改《向公民提供位于国家或市政所有权下、位于俄罗斯联邦北极地区以及北方、西伯利亚和远东其他地区的土地的特殊规定》的联邦法律,并对俄罗斯联邦若干其他法律文件进行修改(2024年12月13日第468-ФЗ号联邦法)

Федеральный закон от 13 декабря 2024 г. N 468-ФЗ "О внесении изменений в Федеральный закон "Об особенностях предоставления гражданам земельных участков, находящихся в государственной или муниципальной собственности и расположенных в Арктической зоне Российской Федерации и на других территориях Севера, Сибири и Дальнего Востока Российской Федерации, и о внесении изменений в отдельные законодательные акты Российской Федерации"

https://base. garant. ru/411108592/

2. 北方补给法案(2023年8月4日签署,2024年4月1日生效)

О северном завозе

https://www. consultant. ru/document/cons_doc_LAW_453883/

3. 关于修改俄罗斯联邦内海水域、领海和毗连区联邦法的联邦法(1998年7月31日第155-FZ号,2022年12月5日第510-FZ号修订)

Federal Law on Amendments to the Federal Law the internal sea waters, territorial sea and contiguous zone of the Russian Federation, 31 July 1998, No. 155-FZ, 5 December 2022, No. 510-FZ.

http://en. kremlin. ru/acts/news/70018

4. 俄罗斯商船航行法案(2021年6月11日修订,2022年1月1日生效)

Кодекс Торгового Мореплавания Российской Федерации

https://docs.cntd.ru/document/901732423

5. 俄罗斯北方海航道水域航行规则(2017 年 1 月 9 日修订)

Правил плавания в акватории Северного морского пути

https://docs.cntd.ru/document/902396546

6. 俄罗斯联邦特保自然区法

Российская Федерация Федеральный Закон Об Особо Охраняемых Природных Территориях

http://www.consultant.ru/document/cons_doc_LAW_6072/

7. 与北方海航道水域商船航行国家管制有关的联邦立法修订案

Федеральный Закон - О внесении изменений в некоторые законодательные акты Российской Федерации в части государственного регулирования торгового мореплавания в акватории Северного морского пути

https://mintrans.gov.ru/file/395874

8. 到 2050 年前矿产资源基础发展战略(2024 年 7 月 11 日)

Стратегии развития минерально-сырьевой базы Российской Федерации до 2050 года

https://www.consultant.ru/law/hotdocs/85781.html

9.《俄罗斯联邦北极地区社会经济发展》国家计划修改版(2024 年 6 月 27 日)

ИЗМЕНЕНИЯ, которые вносятся в приложение к государственной программе Российской Федерации "Социально-экономическое развитие Арктической зоны Российской Федерации"

http://government.ru/docs/all/154045/

10. 实施《到 2035 年之前俄罗斯北极国家政策基本原则》和《到 2035 年之前俄罗斯北极地区发展和国家安全保障战略》的统一行动计划(2023 年 12 月 9 日修订版,原版于 2021 年 4 月 15 日

颁布)

Единый план мероприятий по реализации Основ государственной политики Российской Федерации в Арктике на период до 2035 года и Стратегии развития Арктической зоны Российской Федерации и обеспечения национальной безопасности на период до 2035 года

https://www.consultant.ru/document/cons_doc_LAW_382471/124e2b1c2faa0cc5439add3d90c7f8f2396d07f8/

11. 2023 年关于批准俄罗斯联邦外交政策构想的法令

Указоб утверждении Концепции внешней политики Российской Федерации

http://www.kremlin.ru/events/president/news/70811

12. 到 2035 年之前俄罗斯北极地区发展和国家安全保障战略(2023 年 2 月 27 日修订版,原版于 2020 年 10 月 26 日颁布)

Стратегия развития Арктической зоны Российской Федерации и обеспечения национальной безопасности на период до 2035 года

https://www.consultant.ru/document/cons_doc_LAW_366065/f816e270336e0e2d9c1e07a4faf1fd0241a911b4/

13. 到 2035 年之前俄罗斯北极国家政策基本原则(2023 年 2 月 21 日修订版,原版于 2020 年 3 月 5 日颁布)

О внесении изменений в Основы государственной политики Российской Федерации в Арктике на период до 2035 года, утвержденные Указом Президента Российской Федерации от 5 марта 2020 г. № 164

http://kremlin.ru/acts/news/70570

14. 俄罗斯极地研究背景文件(欧洲极地委员会 2021 年发布的一份研究报告)

Polar Research in Russia Background Paper

https://www.europeanpolarboard.org/fileadmin/user_upload/October2021_V1_Russian_Polar_research_Report_Lavrenteva.pdf

15. 到 2035 年之前北方海航道发展规划(2022 年 8 月 1 日)

План развития Северного морского пути на период до 2035 года

http://government.ru/docs/46171/

16. 2022 年俄罗斯联邦海洋战略理论

Об утверждении Морской доктрины Российской Федерации

http://www.kremlin.ru/events/president/news/69084

17. 实施《到 2035 年之前俄罗斯北极国家政策基本原则》和《到 2035 年之前俄罗斯北极地区发展和国家安全保障战略》的统一行动计划(2021 年 4 月 15 日)

Единый план мероприятий по реализации Основ государственной политики Российской Федерации в Арктике на период до 2035 года и Стратегии развития Арктической зоны Российской Федерации и обеспечения национальной безопасности на период до 2035 года

https://www.garant.ru/products/ipo/prime/doc/400560856/

18.《俄罗斯联邦北极地区社会经济发展》国家计划(2021 年 3 月 30 日)

Государственная программа 《Социально-экономическое развитие Арктической зоны Российской Федерации》

http://government.ru/rugovclassifier/830/events/

19. 2021 年俄罗斯联邦国家安全战略

О Стратегии национальной безопасности Российской Федерации

http://www.kremlin.ru/acts/bank/47046

20. 到 2035 年之前北方海航道基础设施发展规划(2021 年 4 月 29 日修订版,原版于 2019 年 12 月 21 日颁布)

План развития инфраструктуры Северного морского пути

до 2035 года

https://www.consultant.ru/document/cons_doc_LAW_341878/db7f970b650c5ba1a10a32af60e35464f6f34e48/

21. 到 2035 年之前俄罗斯北极地区发展和国家安全保障战略(2020 年 10 月 26 日)

Стратегия развития Арктической зоны Российской Федерации и обеспечения национальной безопасности на период до 2035 года

http://www.scrf.gov.ru/media/files/file/hcTiEHnCdn6TqRm5A677n5iE3yXLi93E.pdf

22. 到 2035 年之前俄罗斯北极国家政策基本原则(2020 年 3 月 5 日)

Об Основах государственной политики Российской Федерации в Арктике на период до 2035 года

http://www.scrf.gov.ru/media/files/file/W5JeWAnrAyplMIMHXFRXEmQwLOUfoesZ.pdf

23. 到 2035 年之前北方海航道基础设施发展规划(2019 年 12 月 21 日)

План развития инфраструктуры Северного морского пути до 2035 года

http://government.ru/docs/38714/

24. 关于批准俄罗斯联邦外交政策构想(2016 年 11 月 30 日第 640 号俄罗斯联邦总统令)

Указ Президента Российской Федерации от 30.11.2016 г. № 640-Об утверждении Концепции внешней политики Российской Федерации

http://www.kremlin.ru/acts/bank/41451

25. 俄罗斯联邦北极地区到 2020 年的社会经济发展(2014 年)

Социально-экономическое развитие Арктической зоны Российской Федерации на период до 2020 года https://rg. ru/2014/04/24/arktika-site-dok. html

26. 到 2020 年之前俄罗斯联邦北极区域发展和国家安全保障战略(2013 年)

Стратегия Развития Арктической Зоны Российской Федерации И ОбеспеченияНациональной Безопасности На Период До 2020 Года

http://static. government. ru/media/files/2RpSA3sctElhAGn4RN9dHrtzk0A3wZm8. pdf

27. 到 2030 年之前俄罗斯联邦海洋活动发展战略(2010 年颁布,2015 年决定更新,2019 年批准)

Стратегия развития морской деятельности Российской Федерации до 2030 года

http://static. government. ru/media/files/f97zDwh44IjsniyhDZuV85gaL4AkE5M4. pdf

28. 到 2020 年之前俄罗斯联邦在北极地区的国家政策原则及远景规划(2008 年)

Основы Государственной Политики Российской Федерации В Арктике На период до 2020 года и Дальнейшую Перспективу

http://static. government. ru/media/files/A4qP6brLNJ175I40U0K46x4SsKRHGfUO. pdf

29. 苏联中央执行委员会主席团决议(1926 年 4 月 15 日)—1926 年《北冰洋陆地和岛屿为苏联领土的宣言》

Президиум Центрального Исполнительного Комитета Союза Ссp Постановление(от 15 апреля 1926 года)

https://docs. cntd. ru/document/901761796

(四)丹麦

1. 丹麦与加拿大 2022 年 6 月 14 日陆地和海洋划界协议的国内立法(2023 年)

Forslag til folketingsbeslutning om Danmarks indgåelse af overenskomst af 14. juni 2022 mellem Kongeriget Danmarks regering sammen med Naalakkersuisut på den ene side og Canadas regering på den anden side om maritim afgrænsning og landeafgrænsning i området mellem Grønland og Canada

https://www.ft.dk/samling/20231/beslutningsforslag/b14/tidsplan.htm

2. 格陵兰自治法案(2009年6月12日第473号法案)

Lov om Grønlands Selvstyre(LOV nr 473 af 12/06/2009)

Act on Greenland Self-Government(Act no. 473 of 12 June 2009)

https://www.retsinformation.dk/eli/lta/2009/473

https://natlex.ilo.org/dyn/natlex2/r/natlex/fe/details?p3_isn=110442 英文版

3. 关于格陵兰政府缔结国际协议的法案(2005年6月24日第577号法案)

Lov om Grønlands landsstyres indgåelse af folkeretlige aftaler (LOV nr 577 af 24/06/2005)

https://www.retsinformation.dk/eli/lta/2005/577

4. 格陵兰地方自治法案(1978年11月29日第577号法案)

Lov om Grønlands hjemmestyre(LOV nr 577 af 29/11/1978)

https://www.retsinformation.dk/eli/lta/1978/577

5. 丹麦捕鱼和狩猎法(2008年、2001年修订,1999年通过)

Landstingslov nr. 12 af 29. oktober 1999 om fangst og jagt

Act on Fishing and Hunting(No. 12 of 1999)

包括以下命令:

(1)关于保护和捕杀白鲸的第3号命令 2017-01-27

Order No. 3 on protection and hunting of white whales 2017-01-27

(2)关于保护和猎杀鸟类的第1号命令 2017-01-05

Order No. 1 on protection and hunting of birds 2017-01-05

(3)关于国际指定湿地保护的第 12 号令 2016-06-01

Order No. 12 on internationally designated wetland protection 2016-06-01

(4)关于商业狩猎许可证的第 13 号命令 2014-12-30

Order No. 13 on commercial hunting license 2014-12-30

(5)关于保护和猎杀大型鲸鱼的第 12 号命令 2014-12-22

Order No. 12 on the protection and hunting of large whales 2014-12-22

(6)关于休闲狩猎许可证的第 14 号命令 2014-12-14

Order No. 14 on leisure-hunting license 2014-12-14

(7)关于保护和狩猎野生驯鹿(Rangifer tarandus)的第 7 号命令 2013-06-27

Order No. 7 on protection and hunting of wild reindeers(Rangifer tarandus)2013-06-27

(8)关于保护和狩猎麝香牛的第 8 号命令 2013-06-27

Order No. 8 on the protection and hunting of musk oxen 2013-06-27

(9)关于保护和猎杀大型鲸鱼的第 4 号命令 2013-02-07

Order No. 4 on the protection and hunting of large whales 2013-02-07

(10)关于商业狩猎许可证的第 18 号命令 2012-10-09

Order No. 18 on commercial hunting license 2012-10-09

(11)关于休闲狩猎许可证的第 17 号命令 2012-10-09

Order No. 17 on leisure-hunting license 2012-10-09

(12)关于保护和猎取麝香牛的第 9 号命令 2012-07-11

Order No. 9 on the protection and hunting of musk oxen 2012-07-11

(13)关于在帕米乌特市保存野兔的法规 2011-09-14

Statutes on preservation of hares in Kommuneqarfik Sermersooq, Paamiut 2011-09-14

(14)关于保护和猎杀白鲸和独角鲸的第 7 号命令 2011-03-29

Order No. 7 on conservation and hunting of beluga and narwhal 2011-03-29

(15)关于保护和猎杀海豹的第 16 号命令 2010-11-12

Order No. 16 on the protection and hunting of seals 2010-11-12

(16)关于报告大型鲸鱼的捕获和伤害的第 12 号命令 2010-07-16

Order No. 12 on the reporting of catch and wounding of large whales 2010-07-16

(17)关于保护和捕猎大鲸鱼的第 11 号命令 2010-07-16

Order No. 11 on protection and hunting of large whales 2010-07-16

(18)关于报告大型鲸鱼捕获和受伤情况的第 10 号命令 2009-04-17

Order No. 10 on the reporting of catch and wounding of large whales 2009-04-17

(19)关于保护和捕猎大型鲸鱼的第 9 号命令 2009-04-17

Order No. 9 on the protection and hunting of large whales 2009-04-17

(20)关于保护鸟类的第 5 号命令 2008-02-29

Order No. 5 on the protection of birds 2008-02-29

(21)关于海象保护和狩猎的第 20 号命令 2006-10-27

Order No. 20 on walrus protection and hunting 2006-10-27

(22)关于保护和猎杀海象的第 9 号命令 2006-07-05

Order No. 9 on the protection and hunting of walrus 2006-07-05

(23)关于保护和猎杀北极熊的第 21 号命令 2005-09-22

Order No. 21 on the protection and hunting of polar bears 2005-09-22

(24)关于捕捞大鲸鱼的第 10 号命令 2005-04-13

Order No. 10 on catch of large whales 2005-04-13

(25)关于保护和捕猎白鲸和独角鲸的第 2 号命令 2004-02-12

Order No. 2 on the protection and hunting of beluga and narwhal 2004-02-12

(26)关于保护鸟类的第 1 号命令 2004-01-21

Order No. 1 on protection of birds 2004-01-21

(27)关于非商业性狩猎和捕鱼的第 18 号命令 2002-06-26

Order No. 18 on non-commercial hunting and fishing 2002-06-26

(28)关于休闲狩猎证据的第 3 号命令 2002-01-03

Order No. 3 on recreational hunting evidence 2002-01-03

(29)关于商业狩猎许可证的第 2 号命令 2002-01-03

Order No. 2 on commercial hunting licence 2002-01-03

(30)关于保护鸟类的第 38 号命令 2001-12-06

Order No. 38 on the protection of birds 2001-12-06

(31)关于支付非商业性狩猎和捕鱼许可证的第 13 号命令 2001-03-16

Order No. 13 on payment of non-commercial hunting and fishing permits 2001-03-16

(32)关于猎取麝香牛(Ovibus moschatus)的第 7 号命令 2001-02-08

Order No. 7 on the hunting of musk oxen (Ovibus moschatus) 2001-02-08

(33)关于狩猎驯鹿的第 6 号命令 2001-02-08

Order No. 6 on hunting of caribou 2001-02-08

(34)关于保护麝香牛的第 9 号命令 2001-02-08

Order No. 9 on the protection of musk oxen 2001-02-08

(35)关于保护驯鹿的第 8 号命令 2001-02-08

Order No. 8 on the protection of reindeer 2001-02-08

(36)关于商业狩猎许可证的第 4 号命令 2000-02-01

Order No. 4 on commercial hunting licence 2000-02-01

https://www.fao.org/faolex/results/details/zh/c/LEX-FAOC105876

6. 丹麦自然保护法(2003 年)

Landstingslov nr. 29 af 18. december 2003 om naturbeskyttelse

Act on Nature Conservation(No. 29 of 2003)

包括以下命令:

(1)关于保护和狩猎鸟类的第 1 号命令 2017-01-05

Order No. 1 on protection and hunting of birds 2017-01-05

(2)关于国际指定湿地保护的第 12 号令 2016-06-01

Order No. 12 on internationally designated wetland protection 2016-06-01

(3)关于野生驯鹿(Rangifer tarandus)的保护和狩猎的第 7 号命令 2013-06-27

Order No. 7 on protection and hunting of wild reindeers(Rangifer tarandus)2013-06-27

(4)关于保护和猎杀麝香牛的第 8 号命令 2013-06-27

Order No. 8 on the protection and hunting of musk oxen 2013-06-27

(5)关于保护和狩猎麝香牛的第 9 号命令 2012-07-11

Order No. 9 on the protection and hunting of musk oxen 2012-07-11

(6)关于保护和猎杀海豹的第 16 号命令 2010-11-12

Order No. 16 on the protection and hunting of seals 2010-11-12

(7)关于保护和捕猎大鲸鱼的第 11 号命令 2010-07-16

Order No. 11 on protection and hunting of large whales 2010-07-16

(8)关于保护伊维图特和康吉林吉特地区的第 4 号命令 2010-04-12

Order No. 4 on the conservation of an area by Ivittuut and Kangilinnguit 2010-04-12

(9)关于保护和捕猎大型鲸鱼的第 9 号命令 2009-04-17

Order No. 9 on the protection and hunting of large whales 2009-04-17

(10)关于保护鸟类的第 5 号命令 2008-02-29

Order No. 5 on the protection of birds 2008-02-29

(11)关于保护伊卢利萨特冰峡湾的第 10 号命令 2007-06-15

Order No. 10 on protection of Ilulissat Fiord 2007-06-15

(12)关于海象保护和狩猎的第 20 号命令 2006-10-27

Order No. 20 on walrus protection and hunting 2006-10-27

(13)关于保护和猎杀海象的第 9 号命令 2006-07-05

Order No. 9 on the protection and hunting of walrus 2006-07-05

(14)关于保护和猎杀北极熊的第 21 号命令 2005-09-22

Order No. 21 on the protection and hunting of polar bears 2005-09-22

(15)关于捕捞大鲸鱼的第 10 号命令 2005-04-13

Order No. 10 on catch of large whales 2005-04-13

(16)关于遵守 1973 年 3 月 3 日《濒危野生动植物种国际贸易公约》(华盛顿公约/CITES)的野生动植物进出口的第 12 号命令 2004-12-13

Order No. 12 on export and import of wild animals and plants in adherence to the Convention of 3 March 1973 on International Trade in Endangered Species of Wild Fauna and Flora(Washington Convention / CITES)2004-12-13

(17)关于保护和狩猎白鲸和独角鲸的第 2 号命令 2004-02-12

Order No. 2 on the protection and hunting of beluga and narwhal 2004-02-12

(18)关于保护鸟类的第1号命令 2004-01-21

Order No. 1 on protection of birds 2004-01-21

https://www.fao.org/faolex/results/details/zh/c/LEX-FAOC106094

7. 文化古迹的保护和其他文化遗产保护的法案

Inatsisartutlov nr. 11 af 19. maj 2010 om fredning og anden kulturarvsbeskyttelse af kulturminder

http://lovgivning.gl/da-DK/Lov? rid={A8872163-73B9-4A97-91DF-872C10E4F15D}

8. 格陵兰岛关于鸟类保护的行政命令

Hjemmestyrets bekendtgørelse nr. 5 af 29. februar 2008 om beskyttelse af fugle.

https://www.fao.org/faolex/results/details/zh/c/LEX-FAOC106422

9. 进入或在格陵兰岛的特定区域旅游的行政命令

Bekendtgørelse om adgang til og vilka °r for færdsel Iove dele af Grønland

https://www.retsinformation.dk/eli/lta/2010/138/Pdf

10. 格陵兰岛的北部渔区第176号行政令

Bekendtgørelse om fiskeriterritoriet ved Grønland

https://www.retsinformation.dk/eli/lta/1980/176

11. 梅尔维尔海湾自然保护的行政命令

Greenland Home Rule Executive Order concerning Melville Bay Nature Reserve

https://naalakkersuisut.gl/~/media/Nanoq/Files/Attached%20Files/Engelske-tekster/Legislation/Melliville%20Bay.doc

12. 西格陵兰市对某种野生动物保护的行政命令

Greenland Home Rule Executive Order concerning Preservation of Arnangarnup Qoorua, Maniitsoq Municipality, West Greenland

https://naalakkersuisut.gl/~/media/Nanoq/Files/Attached%

20Files/Engelske-tekster/Legislation/Arnangarngup%20Qoorua. doc

13. 关于东部和北部格陵兰岛国家公园的行政命令

Hjemmestyrets bekendtgørelse nr. 7 af 17. juni 1992 om Nationalparken I Nord-og Østgrønland

https://lovgivning. gl/lov? rid =% 7B1FC9C99F-1BE0-494A-A663-4CA19ABEAF62%7D

14. 格陵兰关于未经许可使用无线电频率以及关于无线电测试和呼叫信号等的行政命令

Bekendtgørelse for Grønland om anvendelse af radiofrekvenser uden tilladelse samt om radioprøver og kaldesignaler m. v.

https://www. retsinformation. dk/eli/lta/2012/1134/Pdf

15. 格陵兰岛北极捕鱼的行政令

Greenland Home Rule Executive Order concerning Arctic Char Fishing

http://naalakkersuisut. gl/~/media/Nanoq/Files/Attached%20Files/Engelske-tekster/Legislation/Arctic%20Char%20Fishing. doc

16. 格陵兰政府关于在格陵兰岛旅游的行政命令

The Ministry for Greenland Executive Order of 22nd February 1967 concerning travel to and in Greenland as amended by Executive Order of 21st May 1976

17. 文化古迹保护法案(已废除)

Landstingslov nr. 18 af 19. november 2007 om fredning af kulturminder

http://lovgivning. gl/lov? rid =% 7BE0F24FB5-8C37-46A8-8E02-36505D6B8F22%7D

18. 丹麦担任北极理事会 2025—2027 年主席国

The Kingdom of Denmark's Chairship of the Arctic Council 2025-2027

https://arctic-council. org/site/assets/files/14961/kod _ chairship_program-compressed. pdf

19. 丹麦北极战略 2021—2030(因格陵兰岛北极政策延后,尚未公布正式文件)

20. 2024 年格陵兰在世界上——没有我们的参与,就不要做有关我们的决定(格陵兰岛 2024—2033 年外交、安全和国防战略)

GRØNLAND I VERDEN-Intet om os, uden os(Grønlands udenrigs-, sikkerheds-og forsvarspolitiske strategi for 2024-2033-en Arktisk Strategi)

NUNARPUT NUNARSUARMI-Pineqartilluta ilaassaagut (2024-miit 2033-mut Nunatta Nunanut Allanut, Sillimaniarnermut Illersornissamullu Politikissaanut Periusissiaq-Periusissiaq Issittumeersoq)

GREENLAND IN THE WORLD-Nothing about us without us (Greenland's Foreign, Security and Defense Policy 2024-2033-an Arctic Strategy)

https://legacy. altinget. dk/misc/arktisk-strategi-dansk. pdf 丹麦文版

https://paartoq. gl/wp-content/uploads/2024/03/Greenlands _ Foreign_-Security_and_Defense_Policy_2024_2033. pdf 英文版

https://naalakkersuisut. gl/-/media/publikationer/selvstaendighed_og_udenrigsanliggender/2024/sillimaniarnermut. zip? la = da 丹麦文、格陵兰文、英文版合集

21. 丹麦国防协定 2024—2033

Danish Defence Agreement 2024-2033

https://www. fmn. dk/en/topics/agreements-and-economi/agreement-for-danish-defence/

22. 2023 年丹麦对外和安全政策战略

Foreign and Security PolicyStrategy 2023

https://um. dk/en/foreign-policy/foreign-and-security-policy-2023

23. 2022 年法罗群岛在北极

The Faroe Islandsin the Arctic

https://cdn. prod. website-files. com/645b173b42ee12d72d1885cc/6462ffcd4fb83a4fef868547 _ arktis _ eng _web. pdf

24. 格陵兰岛矿产战略 2020—2024

Greenland's Mineral Strategy 2020-2024

https://govmin. gl/wp-content/uploads/2020/03/Greenlands _ Mineral_Strategy_2020-2024. pdf

25. 外交与安全政策战略 2019—2020

Foreign and Security Policy Strategy 2019-2020

https://www. fmn. dk/globalassets/fmn/dokumenter/nyheder/engelske/-2018-11-15-foreign-and-security-policy-strategy-2019-2020-. pdf

26. 丹麦国防协定 2018—2023

Danish Defence Agreement 2018-2023

https://www. fmn. dk/en/topics/agreements-and-economi/agreement-for-danish-defence/agreement-for-danish-defence-2018---2023/

27. 2016 年变革时期的丹麦外交与防务-通往 2030 年的丹麦利益和价值观之路

Dansk diplomati og forsvar i en brydningstid-Vejen frem for Danmarks interesser og værdier mod 2030

https://um. dk/udenrigspolitik/aktuelle-emner/dansk-diplomati-og-forsvar-i-en-brydningstid

28. 2016 年国防部未来在北极的任务

Forsvarsministeriets fremtidige opgaveløsning i Arktis

https://www. ft. dk/samling/20151/almdel/fou/bilag/151/1650324. pdf

29. 丹麦国防协定 2013—2017

Danish Defence Agreement 2013-2017

https://www.fmn.dk/globalassets/fmn/dokumenter/forlig/-eng_forligstekst-2013-2017-inkl-bilag-.pdf

30. 丹麦北极战略 2011—2020

Denmark, Greenland and the Faroe Islands: Kingdom of Denmark Strategy for the Arctic 2011-2020

http://library.arcticportal.org/1890/1/DENMARK.pdf

31. 丹麦国防协定 2010—2014

Danish Defence Agreement 2010-2014

https://www.fmn.dk/globalassets/fmn/dokumenter/forlig/-danish-defence-agreement-2010-2014-english-.pdf

32. 2008 年变革时期的北极:在北极地区活动的战略草案

Arktis i en brydningstid: Forslag til strategi for aktiviteter i det arktiske område

https://www.uaf.edu/caps/resources/policy-documents/denmark-arktis-i-en-brydningstid-2008.pdf

33. 丹麦国防协定 2005—2009

Danish Defence Agreement 2005-2009

https://www.fmn.dk/globalassets/fmn/dokumenter/forlig/-eng-forsvarsforlig-2005-2009-inkl-bilag-.pdf

(五)挪威(包含斯瓦尔巴群岛相关法律)

1. 2021 年挪威大陆架法案

Lov om Norges kontinentalsokkel

https://lovdata.no/dokument/NL/lov/2021-06-18-89

2. 2019 年港口和水域法

Lov om havner og farvann(havne-og farvannsloven)

https://lovdata.no/dokument/NL/lov/2019-06-21-70

3. 2005 年陆地和自然资源的管理和法律关系的法案

Lov 2005-06-17 nr 85：Lov om rettsforhold og forvaltning av grunn og naturressurser I Finnmark fylke（finnmarksloven）

https：//wipolex. wipo. int/en/text/494118

4. 2005 年水产养殖法

Lov om akvakultur（akvakulturloven）

https：//lovdata. no/dokument/NL/lov/2005-06-17-79

5. 2002 年在挪威经济区内悬挂格陵兰旗帜的船只捕鱼的规定

Forskrift om regulering av fisket med fartøyer som fører grønlandsk flagg I Norges økonomiske sone I 2002

https：//lovdata. no/dokument/LTI/forskrift/2002-02-21-254

6. 2000 年辐射防护和辐射使用法（辐射防护法案）

Lov om strålevern og bruk av stråling（strålevernloven）

https：//lovdata. no/dokument/NL/lov/2000-05-12-36

7. 能源的生产、转换、转让、销售、分配和使用等相关法律（1990 年能源法案）

Lov om produksjon，omforming，overføring，omsetning，fordeling og bruk av energi m. m. （energiloven）

https：//lovdata. no/dokument/NL/lov/1990-06-29-50

8. 1983 年 6 月 3 日关于咸水捕鱼等的第 40 号法令生效（海水渔场法案）

Ikrafttredelse av lov 3. juni 1983 nr. 40 om saltvannsfiske m. v.

https：//lovdata. no/dokument/LTI/forskrift/1984-08-10-1552

9. 1976 年挪威经济区法

Lov om Norges økonomiske sone

https：//lovdata. no/dokument/NL/lov/1976-12-17-91

10. J-230-2013：1976 年 12 月 17 日第 91 号关于挪威经济区

的法案

J-230-2013：Lov 17. desember 1976 nr. 91 om Norges økonomiske sone

https://www.fiskeridir.no/Yrkesfiske/Regelverk-og-reguleringer/J-meldinger/Gjeldende-J-meldinger/J-230-2013

11. 1975 年关于对海底石油储量等征税的法案

Lov om skattlegging av undersjøiske petroleumsforekomster mv. (petroleumsskatteloven)

https://lovdata.no/dokument/NL/lov/1975-06-13-35

12. 1973 年建立斯瓦尔巴大型自然保护区和鸟类保护区的相关条例

Regulations relating to large nature conservation areas and bird reserves in Svalbard as established in 1973

https://www.regjeringen.no/en/dokumenter/regulation-nature-consrevation-areas-bird-reserves-svalbard/id2355095/

13. 1963 年石油和矿藏以外的海底自然资源科学勘探、调查和利用法

Lov om vitenskapelig utforskning og undersøkelse etter og utnyttelse av andre undersjøiske naturforekomster enn petroleumsforekomster og mineralforekomster

https://lovdata.no/dokument/NL/lov/1963-06-21-12

14. 斯瓦尔巴养狗条例

Regulations relating to a requirement to keep dogs on a leash in Svalbard

https://www.regjeringen.no/en/dokumenter/regulations-relating-to-a-requirement-to/id512070/

15. 斯瓦尔巴环境保护基金发放的条例

Regulations relating to grants from the Svalbard Environmental

Protection Fund

https://www.regjeringen.no/en/dokumenter/grants-svalbard-envrionment-fund/id750407/

16. 斯瓦尔巴收获动物的相关规定

Regulations relating to harvesting of the fauna on Svalbard

https://www.regjeringen.no/en/dokumenter/harvesting-fauna-svalbard/id512066/

17. 斯瓦尔巴土地利用规划和环境影响评估条例

Regulations relating to environmental impact assessment and delimitation of the land-use planning areas in Svalbard

https://www.regjeringen.no/en/dokumenter/regulations-relating-to-environmental-im/id512069/

18. 斯瓦尔巴汽车交通的规定

Regulations relating to motor traffic in Svalbard

https://www.regjeringen.no/en/dokumenter/motor-trafic-svalbard/id507587/

19. 斯瓦尔巴环境保护法案

Svalbard Environmental Protection Act

https://www.regjeringen.no/en/dokumenter/svalbard-environmental-protection-act/id173945/

20. 斯瓦尔巴污染和废物条例

Regulations Relating to Pollution and Waste in Svalbard

https://www.regjeringen.no/en/dokumenter/regulations-relating-to-pollution-and-waste-in-svalbard/id2827135/

21. 斯瓦尔巴危险物质、废物以及污水和废物收费的第724号条例

Regulation No. 724 on hazardous substances, waste and charges for sewage and waste in Svalbard http://extwprlegs1.fao.org/docs/html/nor123319.htm

22. 斯瓦尔巴对旅游者环境收费条例

Regulation relating to an environment fee for visitors to Svalbard

https://www.regjeringen.no/en/dokumenter/environment-fee/id512077/

23. 斯瓦尔巴野营条例

Regulations relating to camping activities in Svalbard

https://www.regjeringen.no/en/dokumenter/camping-svalbard/id512068/

24. 关于禁止基于民族、宗教等的歧视的法案

The Act on prohibition of discrimination based on ethnicity, religion, etc.

https://www.regjeringen.no/en/dokumenter/the-act-on-prohibition-of-discrimination/id449184/

25. 广播法案

Broadcasting Act (Act no. 127 of 4 December 1992 relating to Broadcasting)

https://www.regjeringen.no/en/dokumenter/broadcasting-act-/id420612/

26. 斯瓦尔巴白皮书(提交给挪威议会的第26号报告2023-2024)

Meld. St. 26 (2023-2024) Report to the Storting (white paper) Svalbard

https://www.regjeringen.no/en/dokumenter/meld.-st.-26-20232024/id3041130/

https://www.regjeringen.no/contentassets/f8407df1f6a641fbae2ca00f4509a64e/en-gb/pdfs/stm202320240026000engpdfs.pdf

27. 挪威担任北极理事会2023-2025年主席国(挪威外交部

2023 年 3 月）

Norway's Chairship of the Arctic Council 2023-2025

https://www.regjeringen.no/en/dokumenter/norways-chairship-of-the-arctic-council/id2968490/

https://www.regjeringen.no/contentassets/034e4c4d49a44684b5fb59568103702e/230322_ud_ac_program-brosjyre_en_web.pdf

28. 2023 年挪威北极资助方案 2030

Tilskotsordninga Arktis 2030

https://www.regjeringen.no/no/tema/nordomradene/tilskotsordninga-arktis-2030/id2583068/

29. 2021 年国防部白皮书-合作确保安全（提交给挪威议会的第 17 号报告 2020-2021）

Meld. St. 17(2020-2021) Report to the Storting(white paper)

Samarbeid for sikkerhet

Cooperation for Security

https://www.regjeringen.no/en/dokumenter/meld.-st.-17-20202021/id2838138/

https://www.regjeringen.no/contentassets/5f29db6ef1b34054a025ffddb7073b31/en-gb/pdfs/stm202020210017000engpdfs.pdf

30. 2020 年北方的人民、机会和挪威利益（提交给挪威议会的第 9 号报告 2020-2021）

Meld. St. 9(2020-2021) Report to the Storting

Mennesker, muligheter og norske interesser I nord

The Norwegian Government's Arctic Policy-People, opportunities and Norwegian interests in the Arctic

https://www.regjeringen.no/contentassets/268c112ec4ad4b1eb6e486b0280ff8a0/no/pdfs/stm202020210009000dddpdfs.pdf https://www.regjeringen.no/globalassets/departementene/ud/vedlegg/nord/arctic_strategy.pdf 英文版摘要

31. 2017年北部地区战略——地缘政治与社会发展之间的关系

Nordområdestrategi—mellom geopolitikk og samfunnsutvikling

https://www.regjeringen.no/contentassets/fad46f0404e14b2a9b551ca7359c1000/strategi_nord_2017_d.pdf

32. 斯瓦尔巴白皮书(提交给挪威议会的第32号报告2015-2016)

Meld. St. 32(2015-2016) Report to the Storting(white paper)

Svalbard

https://www.regjeringen.no/en/dokumenter/meld.-st.-32-20152016/id2499962/? q=antarctic&ch=8#match_0

33. 高北地区白皮书(提交给挪威议会的第7号报告2011—2012)

Meld. St. 7(2011-2012) Report to the Storting(white paper)

The High North

https://www.regjeringen.no/en/dokumenter/meld.-st.-7-20112012/id663433/

34. 2009年北部地区的新建筑-政府"北部高地"战略的下一步行动

New Building Blocks in the North—The next step in the Government's High North Strategy

https://www.regjeringen.no/globalassets/upload/ud/vedlegg/nordomradene/new_building_blocks_in_the_north.pdf

35. 2008年北部地区战略(已经被2017年版本替代)

Regjeringens nordområdestrategi

https://www.regjeringen.no/no/dokumentarkiv/stoltenberg-ii/

andre-dokumenter/ud/2008/strategi_nord/id534088/

36. 斯瓦尔巴白皮书(提交给挪威议会的第 22 号报告 2008-2009)

Meld. St. 22(2008-2009)

Svalbard-Report No. 22(2008-2009) to the Storting(white paper)

https://www.regjeringen.no/en/dokumenter/meld.-st.-22-2008-2009/id554877/

37. 2006 年挪威政府的高北战略

The Norwegian Government's High North Strategy

https://www.regjeringen.no/globalassets/upload/ud/vedlegg/strategien.pdf

38. 2004 年北方的机遇与挑战(提交给挪威议会的第 30 号报告 2004-2005)

Meld. St. 30(2004-2005) Report to the Storting

Opportunities and Challenges in the North

https://www.regjeringen.no/globalassets/upload/kilde/ud/stm/20042005/0001/ddd/pdts/stm200420050001ud_dddpdts.pdf

(六)冰岛

1. 项目和计划的环境影响评价法

Lög um umhverfismat framkvæmda og áætlana.

https://www.althingi.is/altext/151/s/1809.html

2. 渔业管理法

Lög um stjórn fiskveiða

https://www.althingi.is/lagas/151c/2006116.html

3. 自然保护法

Lög um náttúruvernd

https://www.althingi.is/lagas/nuna/2013060.html

4. 1985年5月9日第196号规定,关于向西、南、东划定大陆架的界限

Regulation No. 196, 9 May 1985, concerning the delimitation of the continental shelf to the west, south and east

https://www.un.org/depts/los/LEGISLATIONANDTREATIES/PDFFILES/ISL_1985_Regulation.pdf

5. 1979年6月1日第41号法律,关于领海、经济区和大陆架

Law No. 41 of 1 June 1979 concerning the Territorial Sea, the Economic Zone and the Continental Shelf

https://www.un.org/depts/los/LEGISLATIONANDTREATIES/PDFFILES/ISL_1979_Law.pdf

6. 2022年冰岛北极政策实施计划

Framkvæmdaáætlun um stefnu Íslands í málefnum norðurslóða

https://www.stjornarradid.is/verkefni/utanrikismal/althjodamal/nordurslodir/stefna-islands-i-malefnum-nordursloda/

https://www.stjornarradid.is/library/03-Verkefni/Utanrikismal/Nordurslodir/Framkv%c3%a6mda%c3%a1%c3%a6tlun_nor%c3%b0ursl%c3%b3%c3%b0astefnu_.pdf

7. 2021年关于冰岛北极政策的议会决议(2020-2021年第151届立法议会,文件编号第24号/第151届会议文件,议会文件第1478号-第750号议案)

Þingsályktun um stefnu Íslands í málefnum norðurslóða

Iceland's Policy on Matters Concerning the Arctic Region

https://www.althingi.is/altext/151/s/1478.html

https://www.government.is/library/01-Ministries/Ministry-for-Foreign-Affairs/PDF-skjol/Arctic%20Policy_WEB.pdf 英文版

8. 2020年新北极的格陵兰和冰岛(冰岛外交部)

Greenland and Iceland in the New Arctic

https://www.government.is/library/01-Ministries/Ministry-for-Foreign-Affairs/PDF-skjol/Greenland-Iceland-rafraen20-01-21.pdf

9. 共同迈向可持续的北极（冰岛在 2019—2021 年担任北极理事会主席期间发布）

Together towards a Sustainable Arctic

https://www.government.is/library/01-Ministries/Ministry-for-Foreign-Affairs/PDF-skjol/Arctic% 20Council% 20-% 20Iceland's% 20Chairmanship%202019-2021.pdf

10. 2011 年关于冰岛北极政策的议会决议（2010-2011 年第 139 届立法议会，文件编号第 20 号/第 139 届会议文件，议会文件第 1148 号-第 337 号议案）

Þingsályktun um stefnu Íslands í málefnum norðurslóða

A Parliamentary Resolution on Iceland's Arctic Policy（Approved by Althingi at the 139th legislative session March 28 2011）

https://www.althingi.is/altext/139/s/1148.html

https://www.government.is/media/utanrikisraduneyti-media/media/nordurlandaskrifstofa/A-Parliamentary-Resolution-on-ICE-Arctic-Policy-approved-by-Althingi.pdf 英文版

11. 2009 年冰岛在北极（冰岛外交部）

Ísland á norðurslóðum

https://www.stjornarradid.is/media/utanrikisraduneyti-media/media/skyrslur/skyrslan_island_a_nordurslodumm.pdf

（七）芬兰

1. 芬兰环境保护法（527/2014，49/2019 修订）

Ympäristönsuojelulaki

https://www.finlex.fi/en/laki/kaannokset/2014/en20140527?search% 5Btype% 5D = pika&search% 5Bkieli% 5D% 5B0% 5D = en&search%5Bpika%5D=Environmental%20Protection%20Act%20

2. 芬兰船舶安全控制法(370/1995,1518/2019 修订)

Laki alusturvallisuuden valvonnasta

https://www.finlex.fi/en/laki/kaannokset/1995/en19950370?search%5Btype%5D=pika&search%5Bkieli%5D%5B0%5D=en&search%5Bpika%5D=Ship%20Safety%20Control%20Act%20

3. 第48章环境犯罪 与北极环境保护有关的刑法条文(39/1889,766/2015 修订)

Rikoslaki

https://finlex.fi/en/laki/kaannokset/1889/en18890039_20150766.pdf

4. 芬兰有害物质对水体环境控制法令(1022/2006)

Valtioneuvoston asetus vesiympäristölle vaarallisista ja haitallisista aineista

https://www.finlex.fi/en/laki/kaannokset/2006/en20061022?search%5Btype%5D=pika&search%5Bkieli%5D%5B0%5D=en&search%5Bpika%5D=Dangerous%20and%20Harmful%20to%20the%20Aquatic%20Environment

5. 芬兰森林法令(1200/1996,987/2001 修订)

Metsäasetus

https://www.finlex.fi/en/laki/kaannokset/1996/en19961200?search%5Btype%5D=pika&search%5Bkieli%5D%5B0%5D=en&search%5Bpika%5D=Forest%20Decree

6. 芬兰驯鹿管理法(848/1990,54/2000 修订)

Poronhoitolaki

https://www.finlex.fi/en/laki/kaannokset/1990/en19900848?search%5Btype%5D=pika&search%5Bkieli%5D%5B0%5D=en&search%5Bpika%5D=Reindeer%20Husbandry%20Act%20

7. 芬兰自然保护条例(160/1997)

Luonnonsuojeluasetus

https://www.finlex.fi/en/laki/kaannokset/1997/en19970160?search%5Btype%5D=pika&search%5Bkieli%5D%5B0%5D=en&search%5Bpika%5D=Nature%20Conservation%20

8. 芬兰自然保护法(1096/1996)

Luonnonsuojelulaki

https://www.finlex.fi/en/laki/kaannokset/1996/en19961096?search%5Btype%5D=pika&search%5Bkieli%5D%5B0%5D=en&search%5Bpika%5D=Nature%20Conservation%20

9. 芬兰环境损害赔偿法令(737/1994)

Laki ympäristövahinkojen korvaamisesta

https://www.finlex.fi/en/laki/kaannokset/1994/en19940737?search%5Btype%5D=pika&search%5Bkieli%5D%5B0%5D=en&search%5Bpika%5D=ACT%20ON%20COMPENSATION%20FOR%20ENVIRONMENTAL%20DAMAGE

10. 芬兰驯鹿管理条例(883/1990)

Poronhoitoasetus

https://www.finlex.fi/en/laki/kaannokset/1990/en19900883?search%5Btype%5D=pika&search%5Bkieli%5D%5B0%5D=en&search%5Bpika%5D=Reindeer%20Husbandry%20Decree%20%28883%2F1990%29

11. 新形势下的北极合作(2022 年芬兰政府报告)

Arctic Cooperation in a New Situation

https://julkaisut.valtioneuvosto.fi/handle/10024/164521

12. 2021 年芬兰北极政策战略

Suomen arktisen politiikan strategia 2021

https://julkaisut.valtioneuvosto.fi/bitstream/handle/10024/163245/VN_2021_53.pdf?sequence=1&isAllowed=y

https://julkaisut.valtioneuvosto.fi/bitstream/handle/10024/163247/

VN_2021_55. pdf? sequence = 1&isAllowed = y 英文版网站

13. 2013 年芬兰北极战略

Suomen arktinen strategia 2013

https://julkaisut. valtioneuvosto. fi/bitstream/handle/10024/79542/J1413_Suomen%20arktinen%20strategia. pdf? sequence = 1&isAllowed = y

14. 2010 年芬兰北极战略

Suomen arktinen strategia 2010

https://vnk. fi/documents/10616/622962/J0710_Suomen + arktinen+strategia. pdf

(八)瑞典

1. 渔业保护区法(2017 年修订)

Lag(1981:533)om fiskevårdsområden

https://www. riksdagen. se/sv/dokument-lagar/dokument/svensk-forfattningssamling/lag-1981533-om-fiskevardsomraden_sfs-1981-533

2. 环境法典

Miljöbalk

https://www. riksdagen. se/sv/dokument-lagar/dokument/svensk-forfattningssamling/miljobalk-1998808_sfs-1998-808

3. 森林法

Skogsvårdslag

https://www. riksdagen. se/sv/dokument-lagar/dokument/svensk-forfattningssamling/skogsvardslag-1979429_sfs-1979-429

4. 物种保护条例

Artskyddsförordning

https://www. riksdagen. se/sv/dokument-lagar/dokument/svensk-forfattningssamling/artskyddsforordning-1998179_sfs-1998-179

5. 2020 年瑞典北极地区战略

Sveriges strategi för den arktiska regionen

https://www.regeringen.se/informationsmaterial/2020/11/sveriges-strategi-for-den-arktiska-regionen/

6. 2011 年瑞典北极地区战略

Sveriges strategi för den arktiska regionen

https://www.regeringen.se/contentassets/2c099049a492447b81829eb3f2b8033c/sveriges-strategi-for-den-arktiska-regionen

https://www.government.se/country-and-regional-strategies/2011/10/swedens-strategy-for-the-arctic-region/ 英文版网站

（九）中国（北极理事会观察员）

1. 2015 年中华人民共和国国家安全法（主席令第二十九号）

http://www.gov.cn/zhengce/2015-07/01/content_2893902.htm

中华人民共和国国家安全法

（2015 年 7 月 1 日第十二届全国人民代表大会常务委员会第十五次会议通过）

第三十二条　国家坚持和平探索和利用外层空间、国际海底区域和极地，增强安全进出、科学考察、开发利用的能力，加强国际合作，维护我国在外层空间、国际海底区域和极地的活动、资产和其他利益的安全。

2. 北极考察活动行政许可管理规定（国海规范〔2017〕12 号）

https://chinare.mnr.gov.cn/catalog/detail? id=1d5039a207a5402bab8d7d877fa1d7e5&from=zcfggnglgd&currentIndex=3

3. 2018 年中国的北极政策

http://www.scio.gov.cn/zfbps/ndhf/2018n/202207/t20220704_130568.html

http://www.scio.gov.cn/zfbps/ndhf/2018n/202207/t20220704_130571.html 英文版网站

中国的北极政策

中华人民共和国国务院新闻办公室

2018 年 1 月 26 日

目录

前言

近年来，全球气候变暖，北极冰雪融化加速。在经济全球化、区域一体化不断深入发展的背景下，北极在战略、经济、科研、环保、航道、资源等方面的价值不断提升，受到国际社会的普遍关注。北极问题已超出北极国家间问题和区域问题的范畴，涉及北极域外国家的利益和国际社会的整体利益，攸关人类生存与发展的共同命运，具有全球意义和国际影响。

中国倡导构建人类命运共同体，是北极事务的积极参与者、建设者和贡献者，努力为北极发展贡献中国智慧和中国力量。为了阐明中国在北极问题上的基本立场，阐释中国参与北极事务的政策目标、基本原则和主要政策主张，指导中国相关部门和机构开展北极活动和北极合作，推动有关各方更好参与北极治理，与国际社会一道共同维护和促进北极的和平、稳定和可持续发展，中国政府发表本白皮书。

一、北极的形势与变化

北极具有特殊的地理位置。地理上的北极通常指北极圈（约北纬 66 度 34 分）以北的陆海兼备的区域，总面积约 2100 万平方公里。在国际法语境下,北极包括欧洲、亚洲和北美洲的毗邻北冰洋的北方大陆和相关岛屿,以及北冰洋中的国家管辖范围内海域、公海和国际海底区域。北极事务没有统一适用的单一国际条约,它由《联合国宪章》《联合国海洋法公约》《斯匹次卑尔根群岛条约》等国际条约和一般国际法予以规范。

北极的大陆和岛屿面积约800万平方公里,有关大陆和岛屿的领土主权分别属于加拿大、丹麦、芬兰、冰岛、挪威、俄罗斯、瑞典、美国八个北极国家。北冰洋海域的面积超过1200万平方公里,相关海洋权益根据国际法由沿岸国和各国分享。北冰洋沿岸国拥有内水、领海、毗连区、专属经济区和大陆架等管辖海域,北冰洋中还有公海和国际海底区域。

北极域外国家在北极不享有领土主权,但依据《联合国海洋法公约》等国际条约和一般国际法在北冰洋公海等海域享有科研、航行、飞越、捕鱼、铺设海底电缆和管道等权利,在国际海底区域享有资源勘探和开发等权利。此外,《斯匹次卑尔根群岛条约》缔约国有权自由进出北极特定区域,并依法在该特定区域内平等享有开展科研以及从事生产和商业活动的权利,包括狩猎、捕鱼、采矿等。

北极具有独特的自然环境和丰富的资源,大部分海域常年被冰层覆盖。当前,北极自然环境正经历快速变化。过去30多年间,北极地区温度上升,使北极夏季海冰持续减少。据科学家预测,北极海域可能在本世纪中叶甚至更早出现季节性无冰现象。一方面,北极冰雪融化不仅导致北极自然环境变化,而且可能引发气候变暖加速、海平面上升、极端天气现象增多、生物多样性受损等全球性问题。另一方面,北极冰雪融化可能逐步改变北极开发利用的条件,为各国商业利用北极航道和开发北极资源提供机遇。北极的商业开发利用不仅将对全球航运、国际贸易和世界能源供应格局产生重要影响,对北极的经济社会发展带来巨大变化,对北极居民和土著人的生产和生活方式产生重要影响,还可能对北极生态环境造成潜在威胁。在处理涉北极全球性问题方面，国际社会命运与共。

二、中国与北极的关系

中国是北极事务的重要利益攸关方。中国在地缘上是“近北极国家”，是陆上最接近北极圈的国家之一。北极的自然状况及其变化对中国的气候系统和生态环境有着直接的影响，进而关系到中国在农业、林业、渔业、海洋等领域的经济利益。

同时，中国与北极的跨区域和全球性问题息息相关，特别是北极的气候变化、环境、科研、航道利用、资源勘探与开发、安全、国际治理等问题，关系到世界各国和人类的共同生存与发展，与包括中国在内的北极域外国家的利益密不可分。中国在北冰洋公海、国际海底区域等海域和特定区域享有《联合国海洋法公约》《斯匹次卑尔根群岛条约》等国际条约和一般国际法所规定的科研、航行、飞越、捕鱼、铺设海底电缆和管道、资源勘探与开发等自由或权利。中国是联合国安理会常任理事国，肩负着共同维护北极和平与安全的重要使命。中国是世界贸易大国和能源消费大国，北极的航道和资源开发利用可能对中国的能源战略和经济发展产生巨大影响。中国的资金、技术、市场、知识和经验在拓展北极航道网络和促进航道沿岸国经济社会发展方面可望发挥重要作用。中国在北极与北极国家利益相融合，与世界各国休戚与共。

中国参与北极事务由来已久。1925 年，中国加入《斯匹次卑尔根群岛条约》，正式开启参与北极事务的进程。此后，中国关于北极的探索不断深入，实践不断增加，活动不断扩展，合作不断深化。1996 年，中国成为国际北极科学委员会成员国，中国的北极科研活动日趋活跃。从 1999 年起，中国以“雪龙”号科考船为平台，成功进行了多次北极科学考察。2004 年，中国在斯匹次卑尔根群岛的新奥尔松地区建成“中国北极黄河站”。截至 2017 年年底，中国在北极地区已成功开展了八次北冰洋科学考察和 14 个年度的黄河站站基科学考察。借助船站平台，中国在北极地区逐步建立起海洋、冰雪、大气、生物、地质等多学科观测体系。2005 年，中国成功承办了涉北极事务高级别会议的北极科学高峰周活动，开亚洲国家承办之先河。2013 年，中国成为北极理事会正式观察员。近年来，中国企业开始积极探索北极航道的商业利用。中国的北极活动已由单纯的科学研究拓展至北极事务的诸多方面，涉及全球治理、区域合作、多边和双边机制等多个层面，涵盖科学研究、生态环境、气候变化、经济开发和人文交流等多个领域。作为国际社会的重要成员，中国对北极国际规则的制定和北极治理机制的构建发挥了积极作用。中国发起共建“丝绸之路经济带”和“21 世纪海上丝绸之路”（“一带一路”）重要合作倡议，与各方共建“冰上丝绸之路”，为促进北极地区互联互通和经济社会可持续发展带来合作机遇。

三、中国的北极政策目标和基本原则

中国的北极政策目标是：认识北极、保护北极、利用北极和参与治理北极，维护各国和国际社会在北极的共同利益，推动北极的可持续发展。

认识北极就是要提高北极的科学研究水平和能力，不断深化对北极的科学认知和了解，探索北极变化和发展的客观规律，为增强人类保护、利用和治理北极的能力创造有利条件。

保护北极就是要积极应对北极气候变化，保护北极独特的自然环境和生态系统，不断提升北极自身的气候、环境和生态适应力，尊重多样化的社会文化以及土著人的历史传统。

利用北极就是要不断提高北极技术的应用水平和能力，不断加强在技术创新、环境保护、资源利用、航道开发等领域的北极活动，促进北极的经济社会发展和改善当地居民的生活条件，实现共同发展。

参与治理北极就是要依据规则、通过机制对北极事务和活动进行规范和管理。对外，中国坚持依据包括《联合国宪章》《联合国海洋法公约》和气候变化、环境等领域的国际条约以及国际海事组织有关规则在内的现有国际法框架，通过全球、区域、多边和双边机制应对各类传统与非传统安全挑战，构建和维护公正、合理、有序的北极治理体系。对内，中国坚持依法规范和管理国内北极事务和活动，稳步增强认识、保护和利用北极的能力，积极参与北极事务国际合作。

通过认识北极、保护北极、利用北极和参与治理北极，中国致力于同各国一道，在北极领域推动构建人类命运共同体。中国在追求本国利益时，将顾及他国利益和国际社会整体利益，兼顾北极保护与发展，平衡北极当前利益与长远利益，以推动北极的可持续发展。

为了实现上述政策目标，中国本着“尊重、合作、共赢、可持续”的基本原则参与北极事务。

尊重是中国参与北极事务的重要基础。尊重就是要相互尊重，包括各国都应遵循《联合国宪章》《联合国海洋法公约》等国际条约和一般国际法，尊重北极国家在北极享有的主权、主权权利和管辖权，尊重北极土著人的传统和文化，也包括尊重北极域外国家依法在北极开展活动的权利和自由，尊重国际社会在北极的整体利益。

合作是中国参与北极事务的有效途径。合作就是要在北极建立多层次、全方位、宽领域的合作关系。通过全球、区域、多边和双边等多层次的合作形式，推动北极域内外国家、政府间国际组织、非国家实体等众多利益攸关方共同参与，在气候变化、科研、环保、航道、资源、人文等领域进行全方位的合作。

共赢是中国参与北极事务的价值追求。共赢就是要在北极事务各利益攸关方之间追求互利互惠，以及在各活动领域之间追求和谐共进。不仅要实现各参与方之间的共赢，确保北极国家、域外国家和非国家实体的普惠,并顾及北极居民和土著人群体的利益,而且要实现北极各领域活动的协调发展,确保北极的自然保护和社会发展相统一。

可持续是中国参与北极事务的根本目标。可持续就是要在北极推动环境保护、资源开发利用和人类活动的可持续性,致力于北极的永续发展。实现北极人与自然的和谐共存,实现生态环境保护与经济社会发展的有机协调,实现开发利用与管理保护的平衡兼顾,实现当代人利益与后代人利益的代际公平。

四、中国参与北极事务的主要政策主张

中国参与北极事务坚持科研先导,强调保护环境、主张合理利用、倡导依法治理和国际合作,并致力于维护和平、安全、稳定的北极秩序。

(一)不断深化对北极的探索和认知

北极具有重要的科研价值。探索和认知北极是中国北极活动的优先方向和重点领域。

中国积极推动北极科学考察和研究。中国尊重北极国家对其国家管辖范围内北极科考活动的专属管辖权,主张通过合作依法在北极国家管辖区域内开展北极科考活动,坚持各国在北冰洋公海享有科研自由。中国积极开展北极地质、地理、冰雪、水文、气象、海冰、生物、生态、地球物理、海洋化学等领域的多学科科学考察;积极参与北极气候与环境变化的监测和评估,通过建立北极多要素协同观测体系,合作建设科学考察或观测站、建设和参与北极观测网络,对大气、海洋、海冰、冰川、土壤、生物生态、环境质量等要素进行多层次和多领域的连续观测。中国致力于提高北极科学考察和研究的能力建设,加强北极科考站点和科考船只等保障平台的建设与维护并提升其功能,推进极地科学考察破冰船的建造工作等。

中国支持和鼓励北极科研活动,不断加大北极科研投入的力度，支持构建现代化的北极科研平台，努力提高北极科研能力和水平。大力开展北极自然科学研究，加强北极气候变化和生态环境研究，进一步推动物理、化学、生命、地球等基础学科的发展。不断加强北极社会科学研究，包括北极政治、经济、法律、社会、历史、文化以及北极活动管理等方面，促进北极自然科学和社会科学研究的协同创新。加强北极人才培养和科普教育，支持高校和科研机构培养北极自然和社会科学领域的专业人才，建立北极科普教育基地，出版北极相关文化产品，提高公民的北极意识。积极推进北极科研国际合作，推动建立开放包容的国际北极环境监测网络，支持通过国际北极科学委员会等平台开展务实合作，鼓励中国科学家开展北极国际学术交流与合作，推动中国高校和科研机构加盟“北极大学”协作网络。

技术装备是认知、利用和保护北极的基础。中国鼓励发展注重生态环境保护的极地技术装备，积极参与北极开发的基础设施建设，推动深海远洋考察、冰区勘探、大气和生物观测等领域的装备升级，促进在北极海域石油与天然气钻采、可再生能源开发、冰区航行和监测以及新型冰级船舶建造等方面的技术创新。

（二）保护北极生态环境和应对气候变化

中国坚持依据国际法保护北极自然环境，保护北极生态系统，养护北极生物资源，积极参与应对北极环境和气候变化的挑战。

1. 保护环境

中国始终把解决全球性环境问题放在首要地位，认真履行有关国际条约的义务，承担环境保护责任。中国积极参加北极环境治理，加强北极活动的环境影响研究和环境背景调查，尊重北极国家的相关环保法规，强化环境管理并推动环境合作。

海洋环境是北极环境保护的重点领域。中国支持北冰洋沿岸国依照国际条约减少北极海域陆源污染物的努力，致力于提高公民和企业的环境责任意识，与各国一道加强对船舶排放、海洋倾废、大气污染等各类海洋环境污染源的管控，切实保护北极海洋环境。

2. 保护生态

北极是全球多种濒危野生动植物的重要分布区域。中国重视北极可持续发展和生物多样性保护，开展全球变化与人类活动对北极生态系统影响的科学评估，加强对北极候鸟及其栖息地的保护，开展北极候鸟迁徙规律研究，提升北极生态系统的适应能力和自我恢复能力，推进在北极物种保护方面的国际合作。

3. 应对气候变化

应对北极气候变化是全球气候治理的重要环节。中国一贯高度重视气候变化问题，已将落实"国家自主贡献"等应对气候变化的措施列入国家整体发展议程和规划，为《巴黎协定》的缔结发挥了重要作用。中国的减排措施对北极的气候生态环境具有积极影响。中国致力于研究北极物质能量交换过程及其机理，评估北极与全球气候变化的相互作用，预测未来气候变化对北极自然资源和生态环境的潜在风险，推动北极冰冻圈科学的发展。加强应对气候变化的宣传、教育，提高公众对气候变化问题的认知水平，促进应对北极气候变化的国际合作。

（三）依法合理利用北极资源

北极资源丰富，但生态环境脆弱。中国倡导保护和合理利用北极，鼓励企业利用自身的资金、技术和国内市场优势，通过国际合作开发利用北极资源。中国一贯主张，开发利用北极的活动应遵循《联合国海洋法公约》《斯匹次卑尔根群岛条约》等国际条约和一般国际法，尊重北极国家的相关法律，并在保护北极生态环境、尊重北极土著人的利益和关切的前提下，以可持续的方式进行。

1. 参与北极航道开发利用

北极航道包括东北航道、西北航道和中央航道。全球变暖使北极航道有望成为国际贸易的重要运输干线。中国尊重北极国家依法对其国家管辖范围内海域行使立法权、执法权和司法权，主张根据《联合国海洋法公约》等国际条约和一般国际法管理北极航道，保障各国依法享有的航行自由以及利用北极航道的权利。中国主张有关国家应依据国际法妥善解决北极航道有关争议。

中国愿依托北极航道的开发利用，与各方共建“冰上丝绸之路”。中国鼓励企业参与北极航道基础设施建设，依法开展商业试航，稳步推进北极航道的商业化利用和常态化运行。中国重视北极航道的航行安全，积极开展北极航道研究，不断加强航运水文调查，提高北极航行、安全和后勤保障能力。切实遵守《极地水域船舶航行安全规则》，支持国际海事组织在北极航运规则制定方面发挥积极作用。主张在北极航道基础设施建设和运营方面加强国际合作。

2. 参与油气和矿产等非生物资源的开发利用

中国尊重北极国家根据国际法对其国家管辖范围内油气和矿产资源享有的主权权利，尊重北极地区居民的利益和关切，要求企业遵守相关国家的法律并开展资源开发风险评估，支持企业通过各种合作形式，在保护北极生态环境的前提下参与北极油气和矿产资源开发。

北极富含地热、风能等清洁能源。中国致力于加强与北极国家的清洁能源合作，推动与北极国家在清洁能源开发的技术、人才和经验方面开展交流，探索清洁能源的供应和替代利用，实现低碳发展。

3. 参与渔业等生物资源的养护和利用

鱼类资源受气候变化等因素影响出现向北迁移趋势，北冰洋未来可能成为新渔场。中国在北冰洋公海渔业问题上一贯坚持科学养护、合理利用的立场，主张各国依法享有在北冰洋公海从事渔业资源研究和开发利用活动的权利，同时承担养护渔业资源和保护生态系统的义务。

中国支持就北冰洋公海渔业管理制定有法律拘束力的国际协定，支持基于《联合国海洋法公约》建立北冰洋公海渔业管理组织或出台有关制度安排。中国致力于加强对北冰洋公海渔业资源的调查与研究，适时开展探捕活动，建设性地参与北冰洋公海渔业治理。中国愿加强与北冰洋沿岸国合作研究、养护和开发渔业资源。中国坚持保护北极生物多样性，倡导透明合理地勘探和使用北极遗传资源，公平公正地分享和利用遗传资源产生的惠益。

4. 参与旅游资源开发

北极旅游是新兴的北极活动，中国是北极游客的来源国之一。中国支持和鼓励企业与北极国家合作开发北极旅游资源，主张不断完善北极旅游安全、保险保障和救援保障体系，切实保障各国游客的安全。坚持对北极旅游从业机构与人员进行培训和监管，致力于提高中国游客的北极环保意识，积极倡导北极的低碳旅游、生态旅游和负责任旅游，推动北极旅游业可持续发展。

中国坚持在尊重北极地区居民和土著人的传统和文化，保护其独特的生活方式和价值观，以及尊重北极国家为加强北极地区居民能力建设、促进经济社会发展、提高教育和医疗水平所作努力的前提下，参与北极资源开发利用，使北极地区居民和土著人成为北极开发的真正受益者。

（四）积极参与北极治理和国际合作

中国主张构建和完善北极治理机制。坚持依法规范、管理和监督中国公民、法人或者其他组织的北极活动，努力确保相关活动符合国际法并尊重有关国家在环境保护、资源养护和可持续利用方面的国内法，切实加强中国北极对外政策和事务的统筹协调。在此基础上，中国积极参与北极国际治理，坚持维护以《联合国宪章》和《联合国海洋法公约》为核心的现行北极国际治理体系，努力在北极国际规则的制定、解释、适用和发展中发挥建设性作用，维护各国和国际社会的共同利益。

中国主张稳步推进北极国际合作。加强共建“一带一路”倡议框架下关于北极领域的国际合作，坚持共商、共建、共享原则，重点开展以政策沟通、设施联通、贸易畅通、资金融通、民心相通为主要内容的务实合作，包括加强与北极国家发展战略对接、积极推动共建经北冰洋连接欧洲的蓝色经济通道、积极促进北极数字互联互通和逐步构建国际性基础设施网络等。中方愿与各方以北极为纽带增进共同福祉、发展共同利益。

在全球层面，中国积极参与全球环境、气候变化、国际海事、公海渔业管理等领域的规则制定，依法全面履行相关国际义务。中国不断加强与各国和国际组织的环保合作，大力推进节能减排和绿色低碳发展，积极推动全球应对气候变化进程与合作，坚持公平、共同但有区别的责任原则和各自能力原则，推动发达国家履行在《联合国气候变化框架公约》《京都议定书》《巴黎协定》中作出的承诺，为发展中国家应对气候变化提供支持。中国建设性地参与国际海事组织事务，积极履行保障海上航行安全、防止船舶对海洋环境造成污染等国际责任。中国主张加强国际海事技术合作，在国际海事组织框架内寻求全球协调一致的海运温室气体减排解决方案。中国积极参与北冰洋公海渔业管理问题相关谈判，主张通过制定有法律拘束力的国际协定管理北冰洋公海渔业资源，允许在北冰洋公海开展渔业科学研究和探捕活动，各国依据国际法享有的公海自由不受影响。

在区域层面，中国积极参与政府间北极区域性机制。中国是北极理事会正式观察员，高度重视北极理事会在北极事务中发挥的积极作用，认可北极理事会是关于北极环境与可持续发展等问题的主要政府间论坛。中国信守申请成为北极理事会观察员时所作各项承诺,全力支持北极理事会工作,委派专家参与北极理事会及其工作组和特别任务组的活动,尊重北极理事会通过的《北极海空搜救合作协定》《北极海洋油污预防与反应合作协定》《加强北极国际科学合作协定》。中国支持通过北极科技部长会议等平台开展国际合作。

在多边和双边层面,中国积极推动在北极各领域的务实合作,特别是大力开展在气候变化、科考、环保、生态、航道和资源开发、海底光缆建设、人文交流和人才培养等领域的沟通与合作。中国主张在北极国家与域外国家之间建立合作伙伴关系,已与所有北极国家开展北极事务双边磋商。2010 年,中美建立了海洋法和极地事务年度对话机制。自 2013 年起,中俄持续举行北极事务对话。2012 年,中国与冰岛签署《中华人民共和国政府与冰岛共和国政府关于北极合作的框架协议》,这是中国与北极国家缔结的首份北极领域专门协议。中国重视发展与其他北极域外国家之间的合作,已同英国、法国开展双边海洋法和极地事务对话。2016 年,中国、日本、韩国启动北极事务高级别对话,推动三国在加强北极国际合作、开展科学研究和探索商业合作等方面交流分享相关政策、实践和经验。

中国支持各利益攸关方共同参与北极治理和国际合作。支持"北极—对话区域"、北极圈论坛、"北极前沿"、中国—北欧北极研究中心等平台在促进各利益攸关方交流合作方面发挥作用。支持科研机构和企业发挥自身优势参与北极治理,鼓励科研机构与外国智库、学术机构开展交流和对话,支持企业依法有序参与北极商业开发和利用。

(五)促进北极和平与稳定

北极的和平与稳定是各国开展各类北极活动的重要保障,符合包括中国在内的世界各国的根本利益。中国主张和平利用北极,致力于维护和促进北极的和平与稳定,保护北极地区人员和财产安全,保障海上贸易、海上作业和运输安全。中国支持有关各方依据《联合国宪章》《联合国海洋法公约》等国际条约和一般国际法,通过和平方式解决涉北极领土和海洋权益争议,支持有关各方维护北极安全稳定的努力。中国致力于加强与北极国家在海空搜救、海上预警、应急反应、情报交流等方面的国际合作,妥善应对海上事故、环境污染、海上犯罪等安全挑战。

结束语

北极的未来关乎北极国家的利益,关乎北极域外国家和全人类的福祉,北极治理需要各利益攸关方的参与和贡献。作为负责任的大国,中国愿本着"尊重、合作、共赢、可持续"的基本原则,与有关各方一道,抓住北极发展的历史性机遇,积极应对北极变化带来的挑战,共同认识北极、保护北极、利用北极和参与治理北极,积极推动共建"一带一路"倡议涉北极合作,积极推动构建人类命运共同体,为北极的和平稳定和可持续发展作出贡献。

4. 2017 年"一带一路"建设海上合作设想(国家发展和改革委员会、国家海洋局)

https://www.gov.cn/xinwen/2017-06/20/content_5203985.htm

https://www.yidaiyilu.gov.cn/p/16671.html 英、法、德、俄、阿拉伯、西班牙文版

5. 2015 年推动共建丝绸之路经济带和 21 世纪海上丝绸之路的愿景与行动(国家发展改革委、外交部、商务部)

https://www.fmprc.gov.cn/web/wjb_673085/zzjg_673183/gjjjs_674249/gjzzyhygk_674253/ydylfh_692140/zywj_692152/201503/t20150328_10410165.shtml

6. 北极航行指南(东北航道)2014(交通运输部海事局,人民交通出版社 2014 年版)

(十)日本(北极理事会观察员)

1. 日本海洋基本法(2007 年第 33 号法案,由 2021 年第 36 号

法案最新修订)

海洋基本法(平成 19 年法律第 33 号)

https://elaws.e-gov.go.jp/document? lawid=419AC1000000033

2. 日本历年外交蓝皮书

日本外交蓝皮书自 2011 年版起,通常在"日本的国际合作(发展合作与解决全球性问题)"这一小节中阐述日本的北极和南极外交,目前已发布至 2025 年版。

外交青書

日本の国際協力(開発協力と地球規模課題への取組)

https://www.mofa.go.jp/mofaj/gaiko/bluebook/index.html

3. 2023 年日本海洋基本计划(第四期)

海洋基本計画(令和 5 年 4 月 28 日閣議決定)

https://www8.cao.go.jp/ocean/policies/plan/plan04/plan04.html

4. 2022 年综合海洋政策本部参与会议意见书(日本内阁府综合海洋政策本部)

総合海洋政策本部参与会議意見書(令和 4 年 7 月 20 日)

https://www.kantei.go.jp/jp/singi/kaiyou/sanyo/20220720/ikensho.pdf

5. 2021 年确保国际协作并促进国际合作项目团队报告(日本内阁府综合海洋政策本部)

国際的な連携の確保及び国際協力の推進について 検討するプロジェクトチーム(PT)報告書

https://www.kantei.go.jp/jp/singi/kaiyou/sanyo/20210629/ikensho_besshi.pdf

6. 2018 年日本海洋基本计划(第三期)

海洋基本計画(平成 30 年 5 月 15 日閣議決定)

https://www8.cao.go.jp/ocean/policies/plan/plan03/plan03.html

7. 2015 年日本北极政策

我が国の北極政策(平成 27 年 10 月 16 日総合海洋政策本部)

https://www8. cao. go. jp/ocean/policies/arcticpolicy/pdf/japans_ap. pdf

https://www8. cao. go. jp/ocean/english/arctic/pdf/japans_ap_e. pdf 英文版网站

8. 2013 年北极的治理与日本的外交战略(日本国际问题研究所)

北極のガバナンスと日本の外交戦略(平成 25 年 3 月)

https://www2. jiia. or. jp/pdf/resarch/H24_Arctic/09-arctic_governance. pdf

9. 2013 年日本海洋基本计划(第二期)

海洋基本計画(平成 25 年 4 月 26 日閣議決定)

https://www8. cao. go. jp/ocean/policies/plan/plan02/plan02. html

10. 2012 年日本北冰洋会议报告书(日本笹川和平财团海洋政策研究所)

日本北極海会議報告書(平成 24 年 3 月)

https://www. spf. org/_opri_media/publication/arctic/pdf/201203_arctic. pdf

11. 2011 年东亚战略概览 第 2 章:北冰洋秩序的未来——沿岸国之间的合作与冲突(日本防卫省防卫研究所)

東アジア戦略概観 2011 第 2 章　北極海秩序の将来一沿岸国の協調と対立

https://www. nids. mod. go. jp/publication/east-asian/pdf/eastasian2011/j03. pdf

https://www. nids. mod. go. jp/english/publication/east-asian/pdf/2011/east-asian_e2011_02. pdf 英文版网站

12. 2008 年日本海洋基本计划(第一期)

海洋基本計画(平成 20 年 3 月 18 日閣議決定)

https://www8.cao.go.jp/ocean/policies/plan/plan01/plan01.html

(十一)韩国(北极理事会观察员)

1. 韩国极地活动促进法(2021 年 10 月执行)

극지활동 진흥법

https://www.law.go.kr/%EB%B2%95%EB%A0%B9/%EA%B7%B9%EC%A7%80%ED%99%9C%EB%8F%99%EC%A7%84%ED%9D%A5%EB%B2%95/(18055,20210413)

2. 第 1 次极地活动推进基本计划(2023-2027)

제 1 차 극지활동 진흥 기본계획(2023-2027)

https://www.mof.go.kr/doc/ko/selectDoc.do?menuSeq=1067&bbsSeq=81&docSeq=48185

3. 2050 北极活动战略(2021 年)

2050 북극 활동 전략

https://www.mof.go.kr/jfile/readDownloadFile.do?fileType=MOF_ARTICLE&fileTypeSeq=44635&fileNum=1

4. 2050 极地愿景宣言(2018 年)

2050 극지비전 선언

https://cdn.prod.website-files.com/645b173b42ee12d72d1885cc/6462ffc3b78d405c99d0d753_vision2050.pdf

5. 2018 年北极活动促进政策框架

북극활동 진흥 기본계획

https://coast.mof.go.kr/coastNews/board/newsBoardView.do?dt2=620&seq=5783

6. 韩国北极活动促进政策框架 2018—2022(英文版)

Policy Framework for the Promotion of Arctic Activities of the Republic of Korea 2018-2022 http://www.koreapolarportal.or.kr/data/Policy_Framework_for_the_Promotion_of_Arctic_Activities_of_the_Republic_of_Korea-2018-2022.pdf

7. 2015 年北极政策执行计划

2015 년 북극정책 시행계획

https://www.mof.go.kr/article/view.do?articleKey=7513&boardKey=10

8. 2013 年北极政策基本计划

북극정책 기본계획

https://www.mof.go.kr/article/view.do?articleKey=4638&searchSelect=title&searchValue=%EB%B6%81%EA%B7%B9&boardKey=22&menuKey=1009&currentPageNo=1

9. 韩国北极政策(英文版)

Arctic Policy of the Republic of Korea

http://library.arcticportal.org/1902/1/Arctic_Policy_of_the_Republic_of_Korea.pdf

(十二)英国(北极理事会观察员)

1. 2025 年战略防御评估-让英国更安全:国内安全,海外强大(英国国防部)

The Strategic Defence Review 2025-Making Britain Safer: secure at home, strong abroad

https://www.gov.uk/government/publications/the-strategic-defence-review-2025-making-britain-safer-secure-at-home-strong-abroad/the-strategic-defence-review-2025-making-britain-safer-secure-at-home-strong-abroad

2. 2023 年我们北方的朋友:英国北极战略(英国上议院)

Our Friends in the North: UK Strategy towards the Arctic

https://publications.parliament.uk/pa/ld5804/ldselect/ldintrel/8/8. pdf

3. 2023 年英国与北极环境(英国下议院)

The UK and the Arctic Environment

https://committees. parliament. uk/publications/41614/documents/207216/default/

4. 2023 年向北极迈进:英国与北极—英国的北极政策框架

Looking North: the UK and the Arctic—The United Kingdom's Arctic Policy Framework

https://www. gov. uk/government/publications/looking-north-the-uk-and-the-arctic

5. 2022 年英国在高北地区的防务贡献

The UK's Defence Contribution in the High North

https://www. gov. uk/government/publications/the-uks-defence-contribution-in-the-high-north/the-uks-defence-contribution-in-the-high-north

6. 2022 年《联合国海洋法公约》:21 世纪的海洋法(英国上议院)

UNCLOS: The Law of the Sea in the 21st Century

https://committees. parliament. uk/publications/9005/documents/159002/default/

7. 2021 年竞争时代的全球英国:安全、国防、发展和外交政策综合审查

Global Britain in a Competitive Age: The Integrated Review of Security, Defence, Development and Foreign Policy

https://www. gov. uk/government/publications/global-britain-in-a-competitive-age-the-integrated-review-of-security-defence-development-and-foreign-policy

8. 2019 年北极联系:苏格兰北极政策框架

Arctic Connections: Scotland's Arctic Policy Framework

https://www.gov.scot/binaries/content/documents/govscot/publications/strategy-plan/2019/09/arctic-connections-scotlands-arctic-policy-framework/documents/arctic-connections-scotlands-arctic-policy-framework/arctic-connections-scotlands-arctic-policy-framework/govscot%3Adocument/arctic-connections-scotlands-arctic-policy-framework.pdf

9. 2018 年如履薄冰:英国在北极的防务(英国下议院)

On Thin Ice: UK Defence in the Arctic

https://publications.parliament.uk/pa/cm201719/cmselect/cmdfence/388/388.pdf

10. 2018 年超越冰雪:英国的北极政策

Beyond the Ice:UK Policy towards the Arctic

https://www.gov.uk/government/publications/beyond-the-ice-uk-policy-towards-the-arctic

11. 2013 年适应变化:英国的北极政策

Adapting to Change:UK Policy towards the Arctic

https://www.gov.uk/government/publications/adapting-to-change-uk-policy-towards-the-arctic

(十三)意大利(北极理事会观察员)

1. 北极研究计划 2018—2020

Programma di Ricerche in Artico 2018-2020

https://www.miur.gov.it/documents/20182/1826369/Programma+di+Ricerche+in+Artico+%28PRA%29+2018-2020+e+relativo+Programma+Annuale+2018.pdf

2. 2016 年意大利政府的北极战略-意大利的北极战略的国家指导方针(对 2015 年版更新修订)

Strategia del Governo Italiano per l' Artico

Towards an Italian Strategy for the Arctic National Guidelines

https://www.esteri.it/wp-content/uploads/2021/11/towards_an

_italian_strategy_for_the_arctic_-_national_guidelines. pdf

3. 2015 年意大利政府的北极战略-意大利的北极战略的国家指导方针

Strategia del Governo Italiano per l' Artico

Towards an Italian Strategy for the Arctic National Guidelines

https://cdn. prod. website-files. com/645b173b42ee12d72d1885cc/6462ffbf5f397b0628e0a17e_towards_an_italian_strategy_for_the_arctic. pdf

（十四）荷兰（北极理事会观察员）

1. 2021 年荷兰的极地战略 2021—2025

The Netherlands' Polar Strategy 2021-2025

https://www. government. nl/documents/publications/2021/03/01/polar-strategy

2. 2014 年荷兰极地立场 2. 0—荷兰极地计划战略 2016—2020

Pole Position—NL 2. 0

Strategy for the Netherlands Polar Programme 2016-2020

https://global-uploads. webflow. com/645b173b42ee12d72d1885cc/6462ffb84eecbd3d6d5ba9e5 _ netherlands-pole-position-nl-2. 0-strategy-for-the-netherlands-polar-programme-2016-2020. pdf

3. 2014 年荷兰极地计划 2009—2014 的评估

Evaluation of the Netherlands Polar Programme 2009-2014

https://www. uaf. edu/caps/resources/policy-documents/netherlands-evaluation-of-the-new-netherlands-polar-programme-2009-2014. pdf

4. 2011 年荷兰与极地地区政策框架 2011—2015

Policy Framework-The Netherlands and the Polar Regions 2011-2015

https://cdn. prod. website-files. com/645b173b42ee12d72d1885cc/6462ffa902007407d82ee66d _ netherlands-policy-framework-Netherlands-and-the-polar-regions-2011-2015. pdf

5. 2009 年荷兰极地立场-荷兰极地计划战略 2010—2014

Poolpositie-NL

Nieuw Nederlands Polair Programma 2010-2014

https://www.uaf.edu/caps/resources/policy-documents/netherlands-poolpositie-nl-nederlands-polair-programma-2010-2014.pdf

（十五）德国（北极理事会观察员）

1. 2024 年德国北极政策指南：气候危机和转折点背景下的德国和北极

Leitlinien deutscher Arktispolitik: Deutschland und die Arktis im Kontext von Klimakrise und Zeitenwende

Germany's Arctic Policy Guidelines: Germany and the Arctic in the Context of the Climate Crisis and the Zeitenwende

https://www.auswaertiges-amt.de/resource/blob/2676012/35e32e524625a571390e1af8789b1fd7/arktis-leitlinien-data.pdf

https://www.auswaertiges-amt.de/resource/blob/2676060/5496910022404f7cf68049f1b10e4d5a/arktis-leitlinien-data.pdf 英文版

2. 2019 年德国北极政策指南：承担责任，创造信任，塑造未来

Leitlinien deutscher Arktispolitik: Verantwortung übernehmen, Vertrauen schaffen, Zukunft gestalten

Germany's Arctic Policy Guidelines: Assuming Responsibility, Creating Trust, Shaping the Future

https://www.auswaertiges-amt.de/resource/blob/257426/0c93a2823fcff8ce9f6bce5b6c87c171/arktisleitlinien-data.pdf

https://cdn.prod.website-files.com/645b173b42ee12d72d1885cc/6462ffb202007407d82efa43_arktisleitlinien-data.pdf 英文版

3. 2013 年德国北极政策指南：承担责任，抓住机遇

Leitlinien deutscher Arktispolitik: Verantwortung übernehmen, Chancen nutzen

Germany's Arctic Policy Guidelines: Assume Responsibility, Seize Opportunities

https://www.arctic-office.de/fileadmin/user_upload/www.arctic-office.de/PDF_uploads/Leitlinien_deutscher_Arktispolitik.pdf

https://www.arctic-office.de/fileadmin/user_upload/www.arctic-office.de/PDF_uploads/Germanys_Arctic_policy_guidelines.pdf 英文版

（十六）法国（北极理事会观察员）

1. 2023 年法国极地规划 2024-2030（参议院法案）

Proposition de loi de programmation polaire pour les années 2024 à 2030

https://www.senat.fr/leg/ppl23-070.html

2. 2022 年平衡极端-法国至 2030 年的极地战略

Équilibrer Les Extrêmes-Stratégie polaire de la France à horizon 2030

https://cdn.prod.website-files.com/645b173b42ee12d72d1885cc/6462ffb4ff638a316d1555a4_strategie_polaire_de_la_france_a_horizon_2030-(1).pdf

https://oneplanetsummit.fr/sites/default/files/2023-10/equilibrium-in-extremes-snp-version-en.pdf 英文版

3. 2021 年法国国民议会关于极地问题：北极和南极的报告

La Problématique des Pôles: Arctique et Antarctique

https://www.assemblee-nationale.fr/dyn/15/rapports/cion_afetr/l15b4082_rapport-information

4. 2019 年法国与新的北极战略挑战（法国国防部）

France and the New Strategic Challenges in the Arctic

https://www.uaf.edu/caps/resources/policy-documents/france-and-the-new-strategic-challenges-in-the-arctic-2019.pdf

5. 2016 年北极的巨大挑战:国家北极路线图

The Great Challenge of the Arctic: National Roadmap for the Arctic

https://cdn.prod.website-files.com/645b173b42ee12d72d1885cc/6462ffc964c75aa59d5d8cb2_frna_-_vf_-17-06_cle4acbf9.pdf

https://www.diplomatie.gouv.fr/IMG/pdf/frna_-_eng_-interne_-_prepa_-_17-06-pm-bd-pdf_cle02695b.pdf 英文版

6. 法国北极倡议科学计划 2015-2020

Science Plan of the French Arctic Initiative 2015-2020

https://cdn.prod.website-files.com/645b173b42ee12d72d1885cc/6462ffdb22a7dd8f8d9be34c_Prospective_february2015.pdf

(十七)波兰(北极理事会观察员)

1. 2020 年波兰极地政策—从过去的探险到未来的挑战

Od Ekspedycji z Przeszłości ku Wyzwaniom Przyszłości-Polska Polityka Polarna

From Past Expeditions to Future Challenges-Polish Polar Policy

https://www.gov.pl/web/dyplomacja/najnowsza-publikacja

2. 2020 年波兰极地研究:绿皮和白皮书

Polish Polar Research: Green-and-White Paper

https://pub.igf.edu.pl/polish-polar-research-green-and-white-paper-under-the-aegis-of-the-polish-polar-consortium-ppc,4,en,pubs,4,0,6,146.html

3. 波兰极地研究战略—2017-2027 年的概念

Strategia polskich badañ polarnych-koncepcja na lata 2017-2027

Strategy for Polish Polar Research—a concept for the years 2017-2027

https://www.pkpolar.pl/wp-content/uploads/STRATEGIA_POL_caly%20plik_RGB_LISTOPAD_2017.pdf

4. 2015 年波兰的北极政策:关键领域和优先行动

Poland's Policy towards the Arctic: Key Areas and Priority Actions https://www.pism.pl/publikacje/PISM_Policy_Paper_nr_11__113___Poland_s_Policy_towards_the_Arctic__Key_Areas_and_Priority_Actions

（十八）西班牙（北极理事会观察员）

西班牙极地战略的指导方针

Directrices Para Una Estrategia Polar Española

Guidelines for a Spanish Polar Strategy

https://cdn.prod.website-files.com/645b173b42ee12d72d1885cc/6462ffaebdc5ca90de7efb1b_Directrices_estrategia_polar_espanola.pdf

（十九）印度（北极理事会观察员）

印度 2022 年北极政策：建立可持续发展伙伴关系

India's Arctic Policy: Building a Partnership for Sustainable Development

https://www.moes.gov.in/sites/default/files/2022-03/compressed-SINGLE-PAGE-ENGLISH.pdf

（二十）瑞士（北极理事会观察员）

1. 北极面临压力（2022 年瑞士科学院报告）

Die Arktis unter Druck

https://scnat.ch/de/uuid/i/79822c08-6759-54cc-a119-db77561c476b-Die_Arktis_unter_Druck

2. 2019 年瑞士向北极圈论坛提交了一份北极战略

https://polarjournal.ch/en/2019/10/12/switzerland-presents-first-arctic-strategy-at-arctic-circle-assembly-2019/

3. 2015 瑞士极地研究-开拓精神、激情与卓越

Swiss Polar Research-Pioneering Spirit, Passion and Excellence

https://cdn.prod.website-files.com/645b173b42ee12d72d1885cc/6462ffe48aedf10c7270602d_Schweizer_Polarforschung_EN.pdf

（二十一）新加坡（北极理事会观察员）

新加坡目前没有公开发布的北极战略政策，仅在政府官员的演讲中阐述了新加坡的北极利益和行动。

1. 2014 年新加坡和北极-未来的步骤(新加坡代表在第二届“北极圈论坛”的演讲)

Singaporeand the Arctic-The Next Steps

https://www.mfa.gov.sg/Newsroom/Press-Statements-Transcripts-and-Photos/2014/11/MFA-Press-Statement-Visit-by-Minister-of-State-Mr-Sam-Tan-to-Reykjavik-Iceland-29-October-to-3-Novem

2. 2013 年新加坡在北极(新加坡代表在第一届“北极圈论坛”的演讲)

Singapore in the Arctic

https://www.mfa.gov.sg/Newsroom/Press-Statements-Transcripts-and-Photos/2013/10/MFA-Press-Statement-Visit-of-Senior-Parliamentary-Secretary-for-Foreign-Affairs-and-Culture-Communit

五、北极 200 海里以外大陆架外部界限

以下部分的“委员会”指“大陆架界限委员会”,《公约》指《联合国海洋法公约》。

(一)加拿大北极外大陆架

1. 关于二百海里外大陆架的照会(2022 年 12 月 20 日)

Continental Shelf Notification(20 December 2022)

2. 关于二百海里外大陆架的照会(2019 年 5 月 24 日)

Continental Shelf Notification(24 May 2019)

3. 加拿大提案的执行摘要(2019 年 5 月 23 日)

Executive Summary of the Submission by Canada(23 May 2019)

4. 加拿大提案的执行摘要(2022 年 12 月 19 日增补)

Executive Summary of the Submission by Canada(19 December 2022-Addendum)

5. 相关国家照会

(1)俄罗斯(2019 年 12 月 3 日)

(2)丹麦(2019 年 8 月 29 日)

(3)美国(2019 年 8 月 28 日)

https://www.un.org/depts/los/clcs_new/submissions_files/submission_can1_84_2019.html

(二)俄罗斯北极外大陆架

1. 关于二百海里外大陆架的照会

Continental Shelf Notification

2. 相关国家照会

(1)挪威(2002 年 4 月 2 日)

(2)美国(2002 年 3 月 18 日)

(3)日本(2002 年 3 月 14 日)

(4)加拿大(2002 年 2 月 26 日)

(5)丹麦(2002 年 2 月 26 日)

3. 委员会第 10 届会议

4. 委员会第 11 届会议

5. 俄罗斯根据《公约》第 76 条第 9 款交存永久描述其大陆架外部界限的海图和有关资料,包括大地测量数据

Deposit by Russian Federation pursuant to articles 76, paragraph 9, of the Convention, of charts and relevant information, including geodetic data, permanently describing the outer limits of its continental shelf

https://www.un.org/depts/los/clcs_new/submissions_files/submission_rus.htm

6. 2015 年俄罗斯修改了北冰洋部分的提案

(1)关于二百海里外大陆架的照会

Continental Shelf Notification

(2)俄罗斯修改部分提案的执行摘要

Executive Summary—Partial Revised Submission

(3)相关国家照会

1)美国(2021 年 8 月 2 日、2015 年 10 月 30 日)

2)加拿大(2015 年 11 月 30 日)

3)丹麦(2015 年 10 月 7 日)

7. 2021 年 3 月 31 日补充提交了两个附件

(1)关于二百海里外大陆架的照会

Continental Shelf Notification

(2)执行摘要-加克尔海脊、南森和阿蒙森盆地

Executive Summary—Gakkel Ridge, Nansen and Amundsen Basins

(3)执行摘要-罗蒙诺索夫海脊、阿尔法海脊、门捷列夫海隆、阿蒙森和马卡罗夫盆地以及加拿大盆地

Executive Summary—Lomonosov Ridge, Alpha Ridge, Mendeleev Rise, Amundsen and Makarov Basins, and the Canadian Basin

(4)委员会第 40 届会议

(5)委员会第 57 届会议

(6)委员会关于 2015 年 8 月 3 日俄罗斯联邦北冰洋部分修订提案和 2021 年 3 月 31 日提交的附加文件的建议

Recommendations of the Commission on the Limits of the Continental Shelf in Regard to the Partial Revised Submission Made by the Russian Federation in Respect of the Arctic Ocean on 3 August 2015 with Addenda Submitted on 31 March 2021

https://www.un.org/depts/los/clcs_new/submissions_files/submission_rus_rev1.htm

8. 2023 年俄罗斯修改了北冰洋欧亚盆地东南部部分的提案

(1)关于二百海里外大陆架的照会

Continental Shelf Notification

(2)俄罗斯修改部分提案的执行摘要

Executive Summary—Partial Revised Submission

(3)委员会第58届会议

(4)委员会关于2023年2月14日俄罗斯联邦北冰洋欧亚盆地东南部部分修订提案的建议摘要

Summary of Recommendations of the Commission on the Limits of the Continental Shelf in Regard to the Partial Revised Submission Made by the Russian Federation in Respect of the South-East Eurasia Basin in the Arctic Ocean on 14 February 2023

https://www.un.org/depts/los/clcs_new/submissions_files/submission_rus_rev2.htm

9. 2023年俄罗斯修改了北冰洋加克尔海脊区域部分的提案

(1)关于二百海里外大陆架的照会

Continental Shelf Notification

(2)俄罗斯修改部分提案的执行摘要

Executive Summary—Partial Revised Submission

https://www.un.org/depts/los/clcs_new/submissions_files/submission_rus_rev3.htm

(三)挪威北极外大陆架

1. 关于二百海里外大陆架的照会

Continental Shelf Notification

2. 挪威提案的执行摘要

Executive Summary of the Submission

3. 执行摘要内容更正

Executive Summary—Corrigendum

4. 相关国家照会

(1)西班牙(2007年3月3日、2007年3月28日)

(2)俄罗斯(2007年2月21日)

(3)冰岛(2007年1月29日)

(4)丹麦(2007年1月24日)

5. 委员会针对挪威关于北冰洋、巴伦支海和挪威海的提案的建议摘要

Summary of the Recommendations of the Commission on the Limits of the Continental Shelf in regard to the Submission Made by Norway in respect of Areas in the Arctic Ocean, the Barents Sea and the Norwegian Sea on 27 November 2006

6. 委员会第 19 届会议

7. 委员会第 23 届会议

https://www.un.org/depts/los/clcs_new/submissions_files/submission_nor.htm

(四)丹麦北极外大陆架

1. 关于二百海里外大陆架的照会

Continental Shelf Notification

2. 丹麦提案的执行摘要

Executive Summary of the Submission by Denmark

3. 相关国家照会

(1)美国(2015 年 10 月 30 日)

(2)俄罗斯(2015 年 7 月 21 日)

(3)加拿大(2014 年 12 月 29 日)

(4)挪威(2014 年 12 月 17 日)

4. 委员会第 41 届会议

https://www.un.org/depts/los/clcs_new/submissions_files/submission_dnk_76_2014.htm

(五)美国北极外大陆架

2023 年 12 月 19 日,美国公布其所主张的二百海里外大陆架的外部界限,其中包括白令海和北极区域。

https://www.state.gov/the-us-ecs/

六、著作和论文

(一)北极外文著作和论文集

1. 综合性

(1) Corine Wood-Donnelly, Johanna Ohlsson, ed. *Arctic Justice: Environment, Society and Governance*. Policy Press, 2023.

(2) Seminario Permanente di Studi Itnternazionali Napoli-Ventotene. *Arctic: Essays from a Multidisciplinary Perspective*. Luigi Pellegrini Editore, 2023.

(3) Dwayne Ryan Menezes, Nikolas Sellheim. *Non-state Actors in the Arctic Region*. Springer International Publishing, 2022.

(4) Edmund Li Sheng. *Arctic Opportunities and Challenges: China, Russia and the US Cooperation and Competition*. Springer Nature Singapore, 2022.

(5) Paul Arthur Berkman, et al. *Building Common Interests in the Arctic Ocean with Global Inclusion*. Springer, 2022.

(6) Wilfrid Greaves, et al. *Breaking through: Understanding Sovereignty and Security in the Circumpolar Arctic*. University of Toronto Press, 2021.

(7) Oran R. Young, et al. *Governing Arctic Seas: Regional Lessons from the Bering Strait and Barents Sea*. Springer, 2020.

(8) Oleg S. Pokrovsky. *The Arctic: Current Issues and Challenges*. Nova Science Publishers, Inc. , 2020.

(9) Nong Hong. *China's Role in the Arctic: Observing and Being Observed*. Taylor & Francis, 2020.

(10) Timo Koivurova, Sanna Kopra, ed. *Chinese Policy and Presence in the Arctic*. Brill Nijhoff, 2020.

(11) Gunhild Hoogensen Gjørv, Marc Lanteigne, Horatio Sam-Ag-

grey, ed. *Routledge Handbook of Arctic Security*. Routledge, 2020.

(12) Akiho Shibata, Leilei Zou, Nikolas Sellheim, Marzia Scopelliti. *Emerging Legal Orders in the Arctic: The Role of Non-Arctic Actors*. Taylor and Francis, 2019.

(13) Mary Durfee, Rachael Lorna Johnstone. *Arctic Governance in a Changing World*. Rowman & Littlefield Publishers, 2019.

(14) K. S. Coates, C. Holroyd. *The Palgrave Handbook of Arctic Policy and Politics*. Palgrave Macmillan, 2019.

(15) Yekaterina Y. Kontar. *Fostering US-Russia Cooperation in the Arctic through Disaster Diplomacy Efforts*. Springer International Publishing, 2019.

(16) Paul Arthur Berkman, Alexander N. Vylegzhanin, Oran R. Young. *Baseline of Russian Arctic Laws*. Springer International Publishing, 2019.

(17) Uttam K. Sinha. *Arctic: A Paradox and Antithesis*. Springer International Publishing, 2018.

(18) Simon Reich, Peter Dombrowski. *Racing for the Arctic with a Strategy of Restraint*. Cornell University Press, 2018.

(19) Oran R. Young. *Creating Regimes: Arctic Accords and International Governance*. Cornell University Press, 2018.

(20) Timo Koivurova, QIN Tianbao, Sebastien Duyck, Tapio Nykänen, ed. *Arctic Law and Governance: The Role of China and Finland*. Bloomsbury Publishing, 2017.

(21) Kristina Schönfeldt. *The Arctic in International Law and Policy*. Bloomsbury Publishing, 2017.

(22) Eva-maria Svensson. *Feminist and Environmentalist Public Governance in the Arctic*. Springer International Publishing, 2017.

(23) Nengye Liu, Elizabeth A. Kirk, and Tore Henriksen. *The Eu-*

ropean Union and the Arctic. Brill,2017.

(24) Kirsi Latola, Hannele Savela. *The Interconnected Arctic—UArctic Congress* 2016. Springer,2017.

(25) Rustambek M. Nurimbetov. "Arctic Continental Shelf of the Russian Federation beyond 200 Nautical Miles: Initial Prospect of Sustainable Regulation." *International Marine Economy: Law and Policy*, edited by Myron H. Nordquist, John Norton Moore, and Ronán Long. Brill Nijhoff,2017.

(26) Elena Conde, Sara Iglesias Sánchez. *Global Challenges in the Arctic Region: Sovereignty, Environment and Geopolitical Balance*. Taylor & Francis,2016.

(27) Myron H. Nordquist, John Norton Moore, Ronán Long. *Challenges of the Changing Arctic—Continental Shelf, Navigation, and Fisheries*. Brill Nijhoff,2016.

(28) Vibe Ulfbeck, Anders Møllmann, Bent Ole Gram Mortensen. *Responsibilities and Liabilities for Commercial Activity in the Arctic*. Taylor and Francis,2016.

(29) Uttam Kumar Sinha. "Arctic: A Paradox and Antithesis." Asia and the Arctic: Narratives, Perspectives and Policies, edited by Vijay Sakhuja and Kapil Narula, Springer Geology Series. *New York: Springer Nature*, Springer, 2016, pp. 15-26.

(30) Timo Koivurova. *Race to Resources in the Arctic: Have We Progressed in Our Understanding of What Takes Place in the Arctic?* Springer International Publishing,2015.

(31) Geir Hønneland, Leif Christian Jensen. *Handbook of the Politics of the Arctic*. Edward Elgar Publishing,2015.

(32) Douglas C. Nord. *The Challenge of Governance in the Arctic: Now and in the Future*. Springer International Publishing,2015.

(33) S. Lalonde, T. L. Mcdorman. *International Law and Politics of the Arctic Ocean: Essays in Honor of Donat Pharand*. Brill, 2015.

(34) Marcus Matthias Keupp. *Arctic Security, Sovereignty, and Rights of Utilization: Implications for the Northern Sea Route*. Springer Fachmedien Wiesbaden, 2015.

(35) Tafsir Johansson, Patrick Donner. *Pertinent National Legislation of Arctic States*. Springer International Publishing, 2015.

(36) Erik J. Molenaar, et al. *Introduction to the Arctic*. Springer Berlin Heidelberg, 2014.

(37) Hayley Justina Cobb. *Arctic Council and a Changing Arctic: Issues for the United States*. Nova Science Publishers, 2014.

(38) Sandra Cavalieri, R. Andreas Kraemer. *Transatlantic Policy Options to Address the Rapidly Changing Arctic*. Springer Netherlands, 2013.

(39) Dariya V. Vasilevskaya, et al. *The Environmental Component of the National Maritime Policy of the Russian Federation in the Arctic Ocean*. Springer Netherlands, 2013.

(40) Danila Bochkarev. "The Arctic Governance and EU 'Soft Power'." *Energy Security and Geopolitics in the Arctic: Challenges and Opportunities in the 21st Century*, edited by Hooman Peimani, Hackensack, N. J. and Singapore: World Scientific, 2013, pp. 221-48.

(41) Timo Koivurova. *Gaps in International Regulatory Frameworks for the Arctic Ocean*. Springer Netherlands, 2013.

(42) Michael Byers. *International Law and the Arctic*. Cambridge University Press, 2013.

(43) Susanne Wasum-Rainer, Ingo Winkelmann, Katrin Tiroch. *Arctic Science, International Law and Climate Change*. Springer, 2012.

(44) Igor S. Zonn. "Social, Economic, Legal and Political Issues

of the Russian Arctic." *Influence of Climate Change on the Changing Arctic and Sub-Arctic Conditions*, edited by Jacques C. J. Nihoul and Andrey G. Kostianoy, *NATO Science for Peace and Security Series C: Environmental Security*. Dordrecht: Springer, 2009, pp. 209-20.

(45) Loukacheva Natalia. *Arctic Promise: Legal and Political Autonomy of Greenland and Nunavut*. University of Toronto Press; University of Toronto Press, Scholarly Publishing Division, 2007.

(46) L. Lyck, V. I. Boyko. *Management, Technology and Human Resources Policy in the Arctic (The North)*. Springer, 1996.

(47) Erik Franckx. *Maritime Claims in the Arctic-Canadian and Russian Perspectives*. Brill Nijhoff, 1993.

(48) Donat Pharand. *Canada's Arctic Waters in International Law*. Cambridge University Press, 1988.

2. 环境和资源

(1) Margherita Paola Poto. *Enviromental Law and Governance: the Helicoidal Pathway of Participation*. Giappichelli, 2022.

(2) Lassi Heininen, Heather Exner-Pirot, ed. *Climate Change and Arctic Security: Searching for a Paradigm Shift*. Palgrave Pivot, 2020.

(3) Konstantinos Deligiannis-virvos. "Legal Considerations on the Regulation of Use and Carriage of Heavy Fuel Oil in the Arctic Ocean." *NORA (Norwegian Open Research Archive)*, EBSCOhost, 2020.

(4) Jiayu Bai, Aldo Chircop. *The Regulation of Heavy Fuel Oil in Arctic Shipping: Interests, Measures, and Impacts*. Springer International Publishing, 2020.

(5) John Abrahamson. *Joint Development of Offshore Oil and Gas Resources in the Arctic Ocean Region and the United Nations Convention on the Law of the Sea*. Brill, 2018.

(6) Niels Vestergaard, Brooks A. Kaiser, Linda Fernandez,

Joan Nym and Larsen. *Arctic Marine Resource Governance and Development*. Springer,2018.

(7) Cécile Pelaudeix, Ellen Margrethe Basse. *Governance of Arctic Offshore Oil and Gas*. Taylor & Francis,2017.

(8) Kamrul Hossain, aKathleen Morris. *Protecting Arctic Ocean Marine Biodiversity in the Area beyond National Jurisdiction: Plausible Legal Frameworks for Protecting High Arctic Waters*. Springer International Publishing,2017.

(9) Ingvild Ulrikke Jakobsen. *Marine Protected Areas in International Law-An Arctic Perspective*. Brill Nijhoff,2016.

(10) Sandra Cassotta, et al. *Climate Change and Human Security in a Regulatory Multilevel and Multidisciplinary Dimension: The Case of the Arctic Environmental Ocean*. Springer International Publishing,2016.

(11) Rachael Lorna Johnstone. *Offshore Oil and Gas Development in the Arctic Under International Law: Risk and Responsibility*. Brill,2015.

(12) Randall S. Abate. *Climate Change Impacts on Ocean and Coastal Law: U. S. and International Perspectives*. Oxford University Press,2015.

(13) Lilly Weidemann. *International Governance of the Arctic Marine Environment: with Particular Emphasis on High Seas Fisheries*. Springer,2014.

(14) Elizabeth Tedsen, Sandra Cavalieri, R. Andreas Kraemer. *Arctic Marine Governance: Opportunities for Transatlantic Cooperation*. Springer,2014.

(15) Paul Arthur Berkman, Alexander N. Vylegzhanin. *Environmental Security in the Arctic Ocean*. Springer,2013.

(16) Myron Nordquist, John Norton Moore, Tomas H. Heidar, ed. *Changes in the Arctic Environment and the Law of the Sea*. Martinus Ni-

jhoff Publishers,2010.

(17) Timo Koivurova, E. Carina H. Keskitalo, Nigel Bankes. *Climate Governance in the Arctic*. Springer,2009.

3. 航道和海运

(1) Kristin Bartenstein, Aldo Chircop, ed. *Shipping in Inuit Nunangat: Governance Challenges and Approaches in Canadian Arctic Waters*. Brill Nijhoff,2023.

(2) Michael Goodsite, Niklas Swanstrom. *Towards a Sustainable Arctic: International Security, Climate Change and Green Shipping*. World Scientific Publishing Company,2023.

(3) Aldo Chircop, Claudio Aporta, Floris Goerlandt, Ronald Pelot, ed. *Governance of Arctic Shipping: Rethinking Risk, Human Impacts and Regulation*. Springer International Publishing,2020.

(4) Frédéric Lasserre, Olivier Faury, ed. *Arctic Shipping: Climate Change, Commercial Traffic and Port Development*. Taylor & Francis,2019.

(5) Donald R. Rothwell. *Arctic Ocean Shipping: Navigation, Security and Sovereignty in the North American Arctic*. Brill,2018.

(6) Lawrence P. Hildebrand, Lawson W. Brigham, Tafsir M. Johansson. Sustainable Shipping in a Changing Arctic. Springer International Publishing,2018.

(7) Robert C. Beckman, Tore Henriksen, Kristine Dalaker Kraabel, Erik J. Molenaar, J. Ashley Roach. *Governance of Arctic Shipping-Balancing Rights and Interests of Arctic States and User States*. Brill Nijhoff,2017.

(8) James Kraska. *Canadian Arctic Shipping Regulations and the Law of the Sea*. Palgrave Macmillan UK,2016.

(9) Klaus Dodds. "The Arctic: From Frozen Desert to Open Polar Sea?" *Maritime Strategy and Global Order: Markets, Resources, Securi-*

ty, edited by Daniel Moran and James A. Russell, Washington, DC: Georgetown UP, 2016, pp. 149-80.

(10) Said Mahmoudi. "Arctic Navigation: Reflections on the Northern Sea Route." *Ocean Law and Policy*, edited by Carlos Espósito, James Kraska, Harry N. Scheiber, and Moon-Sang Kwon. Brill Nijhoff, 2016, pp. 446-60.

(11) Tafsir Johansson, and Patrick Donner. *The Shipping Industry, Ocean Governance and Environmental Law in the Paradigm Shift: in Search of a Pragmatic Balance for the Arctic*. Springer, 2015.

(12) Danilo Comba. "The IPY Legacy: Better Awareness of International Cooperation as the Basis for Increasing Arctic Navigation." *The Economic, Social and Political Elements of Climate Change*, edited by Walter Leal filho, Climate Change Management series. New York and Heidelberg: Springer, 2011, pp. 795-814.

(13) R. Douglas Brubaker. The Russian Arctic Straits. Brill Nijhoff, 2004.

(14) William V. Dunlap. *Transit Passage in the Russian Arctic Straits*. International Boundaries Research Unit, U of Durham, 1996.

4. 土著人

(1) Dorothée Cambou, Øyvind Ravna. *The Significance of Sámi Rights: Law, Justice, and Sustainability for the Indigenous Sámi in the Nordic Countries*. Taylor & Francis, 2023.

(2) Marzia Scopelliti. *Non-Governmental Actors in International Climate Change Law: The Case of Arctic Indigenous Peoples*. Taylor & Francis, 2021.

(3) Nikolas Sellheim. *The Arctic Council and the Advancement of Indigenous Rights*. Springer International Publishing, 2019.

(4) Kamrul Hossain, Jose Miguel Roncero Martin, Anna

Petrétei. *Human and Societal Security in the Circumpolar Arctic-Local and Indigenous Communities*. Brill Nijhoff,2018.

(5) Hilde Woker. "The Rights of Indigenous Peoples to Harvest Marine Mammals in the Arctic. Perspectives from International Human Rights Law and the Law of the Sea." *NORA*(*Norwegian Open Research Archive*),EBSCOhost,2015.

(6) Kamrul Hossain. *Globalization, Climate Change, and Indigenous Peoples in the Arctic: An Interface between Free Trade and the Right to Culture*. Globalization, International Law, and Human Rights, edited by Jeffery F. Addicott, Md Jahid Hossain Bhuiyan, and Tareq M. R. Chowdhury. Oxford University Press,2011.

(二)北极外文论文

1. 综合性

(1) Seyyedahmad Rasi. "The Political, Legal and Environmental Importance of the Arctic Region and Its Governance by the Arctic Council in the Framework of International Law." *Journal of Environmental Science Studies*, vol. 8(2),2023, pp. 6530-42.

(2) Aslak Veierud Busch. "Tall Tales from the High North: Contested Discourses of the Arctic as a Political Space." *Geopolitics*, vol. 28(2),2023, pp. 667-93.

(3) Allaiarov Rustambek. "International cooperation in the Arctic: Opportunities and Perspectives." *The Polar Journal*, vol. 13(1), 2023, pp. 166-68.

(4) Zain Hyder Shah. "Great Power Competition in the Arctic Region and Changing Regional Dynamics." *CISS Insight Journal*, vol. 11(1),2023, pp. 54-67.

(5) Yitong Chen, Yu Liu. "The Contributions and Constraints of NGOs in the Arctic Council: From a Club Theory Perspective." *China*

Oceans L. Rev. 2023, 192.

(6) Ernie Regehr. "Strategic Nuclear Patrols and an Arctic Military Code of Conduct." *Journal of Autonomy and Security Studies*, vol. 7(2), 2023.

(7) Alaa N. Assaf. "Territorializing the Arctic: Problem of Ice in International Law." *Law: J. Higher Sch. Econ.* 2023, 201.

(8) Amanda H. Lynch, Charles H. Norchi, Xueke Li. "The Interaction of Ice and Law in Arctic Marine Accessibility." *Proceedings of the National Academy of Sciences*, vol. 119(26), 2022, e2202720119.

(9) Andreas Østhagen, Clive H. Schofield. "An Ocean Apart? Maritime Boundary Agreements and Disputes in the Arctic Ocean." *The Polar Journal*, vol. 11(2), 2021, pp. 317-41.

(10) James Kenneth Wither. "An Arctic Security Dilemma: Assessing and Mitigating the Risk of Unintended Armed Conflict in the High North." *European Security*, vol. 30(4), 2021, pp. 649-66.

(11) Gabriella Gricius. "Conceptualising the Arctic as a Zone of Conflict." *Central European Journal of International and Security Studies*, vol. 15(4), 2021, pp. 4-30.

(12) Duncan Depledge. "NATO and the Arctic: The Need for a New Approach." *The RUSI Journal*, vol. 165(5-6), 2021, pp. 80-90.

(13) Embla Eir Oddsdóttir, et al. "Gender Equality for a Thriving, Sustainable Arctic." *Sustainability*, vol. 13(19), 2021, p. 10825.

(14) Rolf Folland. "Arctic Security: Deterrence and Détente in the High North." *The Arctic Institute*, vol. 30, 2021.

(15) Beverly Kay Crawford. "Explaining Arctic Peace: A Human Heritage Perspective." *International Relations*, vol. 35 (3), 2021, pp. 469-88.

(16) Beate Steinveg. "Exponential Growth and New Agendas—a

Comprehensive Review of the Arctic Conference Sphere." *Arctic Review on Law and Politics*, vol. 12, 2021, pp. 134-60.

(17) Apostolos Tsiouvalas. "Review of Joachim Weber (ed.), Handbook on Geopolitics and Security in the Arctic: The High North between Cooperation and Confrontation." *Arctic Review on Law and Politics*, vol. 12, 2021, pp. 161-66.

(18) Øyvind Ravna, Nigel Bankes. "Celebrating Ten Years of Arctic Review." *Arctic Review on Law and Politics*, vol. 11, 2020, pp. 72-81.

(19) Yoshifumi Tanaka. "Changing Paradigms in the Law of the Sea and the Marine Arctic." *International Journal of Marine and Coastal Law*, vol. 35(3), 2020, pp. 439-67.

(20) Joe D. Walsh. "All but Quiet on the Northern Front: The Sector Principle as a Means of Resolving Arctic Territorial Disputes." *Cornell International Law Journal*, vol. 53, no. 4, 2020, p. 839.

(21) Alexandra Carleton. "A Wilderness Treaty for the Arctic: Svalbard to the Inuit Nunaat, Defining a Sovereign Wilderness." *Fennia*, vol. 198, no. 1/2, 2020, pp. 107-20.

(22) Romain Chuffart. "A. Shibata Et Al. (ed.), Emerging Legal Orders in the Arctic: The Role of Non-Arctic Actors (London: Routledge, 2019)." *Nordicum-Mediterraneum*, vol. 15, no. 1, 2020, p. C16.

(23) Evan T. Bloom. "Emerging Legal Orders in the Arctic: The Role of Non-Arctic Actors." *American Journal of International Law*, vol. 114, no. 2, 2020, p. 344.

(24) Klimanov Nikita Viktorovich, Mazlumyan David Eduardovich. "International Legal Status of the Arctic Region and Its Role within Modern System of International Relations." *International Law* (23069899), no. 3, 2020, pp. 12-18.

(25) H. Woker, et al. "The Law of the Sea and Current Practices of Marine Scientific Research in the Arctic." *Marine Policy*, vol. 115, 2020, p. 103850.

(26) Torbjørn Pedersen. "Polar Research and the Secrets of the Arctic." *Arctic Review on Law and Politics*, vol. 10, 2019, pp. 103-29.

(27) Alaa Al-Aridi. "Legal Complexities of Hybrid Threats in the Arctic Region." Teisė, vol. 112, 2019, pp. 107-23.

(28) Froukje Maria Platjouw, et al. "From Arctic Science to International Law: The Road towards the Minamata Convention and the Role of the Arctic Council." *Arctic Review on Law and Politics*, vol. 9, 2018, pp. 226-43.

(29) Nigel Bankes. "Review of Kristina Schönfeldt (ed.), the Arctic in International Law and Policy." *Arctic Review on Law and Politics*, vol. 9, 2018, pp. 67-71.

(30) Margherita Paola Poto, Lara Fornabaio. "Participation as the Essence of Good Governance: Some General Reflections and a Case Study on the Arctic Council." *Arctic Review on Law and Politics*, vol. 8, 2017, pp. 139-59.

(31) Boris I. Tkachenko. "International and Legal Aspects of Delimitation of Marine Economic Possessions in the Arctic." *Asia-Pacific Journal of Marine Science & Education*, vol. 7, no. 2, 2017, pp. 62-79.

(32) Marc Jacobsen, Jeppe Strandsbjerg. "Desecuritization as Displacement of Controversy: Geopolitics, Law and Sovereign Rights in the Arctic." *Politik*, vol. 20(3), 2017, pp. 15-30.

(33) Are Kristoffer Sydnes, et al. "International Cooperation on Search and Rescue in the Arctic." *Arctic Review on Law and Politics*, vol. 8, 2017, pp. 109-36.

(34) Charles H. Norchi, Paul A. Mayewski. "The Arctic: Science,

Law, and Policy." *Ocean and Coastal Law Journal*, vol. 22, 2017, p. 97.

(35) Øyvind Ravna. "Three New Articles for Spring 2017: Cooperation and Impact Assessment in Extractive Industries and Implementation of Arctic Council Soft Law." *Arctic Review on Law and Politics*, vol. 8, no. 0, 2017, pp. 21-22.

(36) Bjorn Kunoy. "Assertions of Entitlement to the Outer Continental Shelf in the Central Arctic Ocean." *International and Comparative Law Quarterly*, vol. 66, no. 2, 2017, pp. 367-409.

(37) Kirstin Werner, et al. "Arctic in Rapid Transition: Priorities for the Future of Marine and Coastal Research in the Arctic." *Polar Science*, vol. 10, no. 3, 2016, pp. 364-73.

(38) A. Pereira da silva. "International Law and the Renewed Interest for the Arctic." *Anuario Mexicano De Derecho Internacional*, vol. 16, 2016, pp. 213-53.

(39) Timo Koivurova. "How to Improve Arctic International Governance." *UC Irvine Law Review*, vol. 6, no. 1, 2016, p. 83.

(40) Katelyn Morton. "The Arctic Ocean: Can the Arctic Council Be a Competent International Organization?" *Ocean Yearbook*, vol. 30, no. 1, 2016, pp. 282-303.

(41) V. V. Gavrilov. "The LOSC and the Delimitation of the Continental Shelf in the Arctic Ocean." *International Journal of Marine & Coastal Law*, vol. 31, no. 2, 2016, pp. 315-38.

(42) Andreas Kuersten. "Imagining the Arctic: International Law, Governance, and Relations in the High North." *Michigan State International Law Review*, vol. 24, no. 3, 2016, p. 599.

(43) Shiloh Rainwater. "International Law and the 'Globalization' of the Arctic: Assessing the Rights of Non-Arctic States in the High North." *Emory International Law Review*, vol. 30, no. 1,

2015, p. 115.

(44) C. R. Rossi. "The Club within the Club: The Challenge of a Soft Law Framework in a Global Arctic Context." *Polar Journal*, vol. 5, no. 1, 2015, pp. 8-34.

(45) Valery Nikolaevich, et al. "The Arctic States' Cooperation on Emergency Situations Prevention and Search and Rescue Operations: Problems and Prospects." *Arctic & North*, no. 15, 2014, pp. 29-48.

(46) James Kraska. "Governance of Ice-Covered Areas: Rule Construction in the Arctic Ocean." *Ocean Development and International Law*, vol. 45, no. 3, 2014, pp. 260-71.

(47) P. Gudev. "Prospects for an International Legal Regime in the Arctic." *International Affairs: A Russian Journal of World Politics, Diplomacy & International Relations*, vol. 60, no. 2, 2014, pp. 76-88.

(48) Donald R. Rothwell, Betsy Baker. "Arctic Law: The Challenges of Governance in the Changing Arctic." *Proceedings of the Annual Meeting-American Society of International Law*, vol. 107, 2013, p. 271.

(49) Anatoliy M. Vasilyev. "Comprehensive Approach to Arranging Marine Economy in the Western Arctic." *Economic & Social Changes: Facts, Trends, Forecasts / Economicheskie I Sotcialnye Peremeny: Fakty, Tendencii, Prognoz*, vol. 1, no. 25, 2013, pp. 47-55.

(50) Donald R. Rothwell. "The Law of the Sea and Arctic Governance." *ASIL Annual Meeting Proceedings*, vol. 107, 2013, pp. 272-75.

(51) Dag Avango, Annika E. Nilsson, Peder Roberts. "Assessing Arctic Futures: Voices, Resources and Governance." The Polar Journal, vol. 3(2), 2013, pp. 431-46.

(52) Waliul Hasanat. "Diverse Soft-Law Cooperation Forms in the Arctic-Do They Complement or Contradict Each Other?" *International Community Law Review*, vol. 14, no. 3, 2012, pp. 273-99.

(53) Wojciech Janicki. "Why Do They Need the Arctic? The First Partition of the Sea." *Arctic*, vol. 65, no. 1, 2012, pp. 87-97.

(54) E. J. Molenaar. "Current and Prospective Roles of the Arctic Council System within the Context of the Law of the Sea." *International Journal of Marine and Coastal Law*, vol. 27, no. 3, 2012, pp. 553-95.

(55) Yoshifumi Tanaka. "Reflections on Arctic Maritime Delimitations: A Comparative Analysis between the Case Law and State Practice." *Nordic Journal of International Law*, vol. 80, no. 4, 2011, pp. 459-84.

(56) Zachary M. Peterson. "Future Impact in Arctic, CNO Says: Roughead Goes to Bat for Ratification of the Law of the Sea Treaty." *Inside the Navy*, vol. 23, no. 20, 2010, p. 7.

(57) Thomas Blunden. "The Legal Status of the Arctic under Contemporary International Law: An Antarctic Regime or Poles Apart?" *Journal of International Maritime Law*, vol. 15, no. 3, 2009, pp. 249-63.

(58) Molly Watson. "An Arctic Treaty: A Solution to the International Dispute over the Polar Region." *Ocean and Coastal Law Journal*, vol. 14, no. 2, 2009, p. 307.

(59) Alf Hakon Hoel. "Do We Need a New Legal Regime for the Arctic Ocean?" *International Journal of Marine and Coastal Law*, vol. 24, no. 2, 2009, pp. 443-56.

(60) Kristin Bartenstein. "Flag-planting: What Legal Framework Governs the Division of the Arctic Continental Shelf?" *International Journal*, vol. 65, no. 1, 2009, pp. 187-206.

(61) Oran R. Young. "The Arctic in Play: Governance in a Time of Rapid Change." *International Journal of Marine & Coastal Law*,

vol. 24, no. 2, 2009, pp. 423-42.

(62) Brent Carpenter. "Warm Is the New Cold: Global Warming, Oil, UNCLOS Article 76, and How an Arctic Treaty Might Stop a New Cold War." *Environmental Law*, vol. 39, 2009, p. 215.

(63) Vladimir Golitsyn. "Continental Shelf Claims in the Arctic Ocean: A Commentary." *International Journal of Marine and Coastal Law*, vol. 24, no. 2, 2009, p. 401.

(64) Ted L. Mcdorman. "The Continental Shelf Beyond 200nm: Law and Politics in the Arctic Ocean." *Journal of Transnational Law & Policy*, vol. 18, no. 2, 2009, pp. 155-93.

(65) Vladimir Jares. "The Continental Shelf beyond 200 Nautical Miles: The Work of the Commission on the Limits of the Continental Shelf and the Arctic." *Vanderbilt Journal of Transnational Law*, vol. 42, no. 4, 2009, p. 1265.

(66) William Thomas. "Arctic Debate Heats Up: 'Ilulissat Declaration' Adopted by Riparian States." *International Energy Law Review*, vol. 5, 2008, pp. 178-80.

(67) Barry Hart Dubner. "On the Basis for Creation of a New Method of Defining International Jurisdiction in the Arctic Ocean." *Missouri Environmental Law and Policy Review*, vol. 13, no. 1, 2005, p. 1.

(68) Evan T. Bloom. "Establishment of the Arctic Council." *The American Journal of International Law*, vol. 93, no. 3, 1999, pp. 712-22.

2. 环境和资源

(1) Doris Friedrich. "Climate Justice and Intersectionality in the Arctic." *Sibirica*, vol. 22(1), 2023, pp. 5-32.

(2) Cayla Calderwood, Frances Ann Ulmer. "The Central Arctic

Ocean Fisheries Moratorium: A Rare Example of the Precautionary Principle in Fisheries Management." *Polar Record*, vol. 59, 2023, e1.

(3) Erin Flannery Keith. "Arctic Law Progress for Vulnerable Ocean Resources." *Natural Resources & Environment*, vol. 36 (3), 2022, pp. 51-53.

(4) Vito De Lucia. "The BBNJ Negotiations and Ecosystem Governance in the Arctic." *Marine Policy*, vol. 142, 2022, p. 103756.

(5) Christian Prip. "Arctic Ocean Governance in Light of an International Legally Binding Instrument on the Conservation and Sustainable Use of Marine Biodiversity of Areas beyond National Jurisdiction." *Marine Policy*, vol. 142, 2022, p. 103768.

(6) Jannie F. Linnebjerg, et al. "Review of Plastic Pollution Policies of Arctic Countries in Relation to Seabirds." *Facets*, vol. 6 (1), 2021, pp. 1-25.

(7) Elena V. Smirennikova, Anna V. Ukhanova. "Conflicts in Protected Areas within the European Part of the Russian Arctic: Systematization and a Mechanism for Their Resolution." *Economic and Social Changes: Facts, Trends, Forecasts / Economicheskie I Sotcialnye Peremeny: Fakty, Tendencii, Prognoz*, vol. 14, no. 6, 2021, pp. 176-96.

(8) Tatiana S. Degai, Andrey N. Petrov. "Rethinking Arctic Sustainable Development Agenda through Indigenizing UN Sustainable Development Goals." *International Journal of Sustainable Development and World Ecology*, vol. 28, no. 6, 2021, pp. 518-23.

(9) Abanina Elena Nikolaevna, et al. "Correlation of Branches of Law in Environmental and Legal Support of the Development of the Arctic Region." *SHS Web of Conferences*, vol. 118, 2021, p. 03019.

(10) Gabriela Arguello. "Large-scale Collective Action in the Arctic Ocean: The Role of International Organizations in Climate Gov-

ernance." *Ocean and Coastal Management*, vol. 211, 2021, p. 105706.

(11) Neil Berglund. "Nautical Nonsense—A Sustainable and Equitable Solution to Allocate Arctic Resources." *Arizona Law Review*, vol. 63, no. 2, 2021, pp. 489-511.

(12) Eirik Hovland Steindal, et al. "From Arctic Science to Global Policy—Addressing Multiple Stressors under the Stockholm Convention." *Arctic Review on Law and Politics*, vol. 12, 2021, pp. 80-107.

(13) Geir Hønneland. "Marine Stewardship Council (MSC) Certification of Arctic Fisheries: Processes and Outcomes." *Arctic Review on Law and Politics*, vol. 11, 2020, pp. 133-56.

(14) Vito De Lucia, Philip Peter Nickels. "Reflecting on the Role of the Arctic Council Vis-à-vis a Future International Legally Binding Instrument on Biodiversity in Areas beyond National Jurisdiction." *Arctic Review on Law and Politics*, vol. 11, 2020, pp. 189-214.

(15) Agnieszka Szpak. "Arctic Athabaskan Council's Petition to the Inter-American Commission on Human Rights and Climate Change-Business as Usual or a Breakthrough?" *Climatic Change*, vol. 162, no. 3, 2020, pp. 1575-93.

(16) Daria Shapovalova, et al. "Russian Arctic Offshore Petroleum Governance: The Effects of Western Sanctions and Outlook for Northern Development." *Energy Policy*, vol. 146, 2020, p. 111753.

(17) Ottavio Quirico. "Climate Change, Regionalism, and Universalism: Elegy for the Arctic and the Antarctic?" *American University International Law Review*, vol. 35, no. 3, 2020, p. 487.

(18) Radhika Kannan. "The Effectiveness of Environmental Laws in Preventing Transboundary Pollution from Oil Drilling in the Arctic." *Columbia Journal of Environmental Law*, vol. 45, no. 1, 2020, p. 241.

(19) Malgosia Fitzmaurice, Mercedes Rosello. "IUU Fishing as a Disputed Concept and Its Application to Vulnerable Groups: A Case Study on Arctic Fisheries." *International Community Law Review*, vol. 22, no. 3/4, 2020, pp. 410-27.

(20) Kayla Race. "A Perfect Storm: Environmental Justice and Air Quality Impacts of Offshore Oil and Gas Development in the Arctic Outer Continental Shelf." *UCLA Journal of Environmental Law & Policy*, vol. 38, no. 1, 2020, p. 105.

(21) J. J. P. Smith. "Canada: Where the Ice Never Melts: Canada's New Arctic Marine Protected Area." *Asia-Pacific Journal of Ocean Law & Policy*, vol. 5, no. 2, 2020, pp. 371-82.

(22) Henry P. Huntington, et al. "Climate Change in Context: Putting People First in the Arctic." *Regional Environmental Change*, vol. 19, no. 4, 2019, pp. 1217-23.

(23) Alexander V. Evseev, et al. "New Look at Territories of Traditional Nature Use—Traditional Nature Management Lands at the Coastal Zone of the Ice Silk Road: A Case Study for the Russian Arctic." *International Journal of Digital Earth*, vol. 12, no. 8, 2019, pp. 948-61.

(24) Rosemary Rayfuse. "The Role of Law in the Regulation of Fishing Activities in the Central Arctic Ocean." *Marine Policy*, vol. 110, 2019, p. 103562.

(25) Daria Shapovalova-krout. "International Governance of Oil Spills from Upstream Petroleum Activities in the Arctic: Response over Prevention?" *International Journal of Marine and Coastal Law*, vol. 34, no. 4, 2019, pp. 668-97.

(26) Vito De Lucia, et al. "Arctic Marine Biodiversity in the High Seas between Regional and Global Governance." *Arctic Review on Law*

and Politics, vol. 9, 2018, pp. 264-66 .

(27) Jukka Similä, Mikkolu Jokinen. "Governing Conflicts between Mining and Tourism in the Arctic." *Arctic Review on Law and Politics*, vol. 9, 2018, pp. 148-72.

(28) Efthymios Papastavridis. "Fisheries Enforcement on the High Seas of the Arctic Ocean: Gaps, Solutions and the Potential Contribution of the European Union and Its Member States." *International Journal of Marine and Coastal Law*, vol. 33, no. 2, 2018, pp. 324-60.

(29) Brigt Dale, Berit Kristoffersen. "Post-Petroleum Security in a Changing Arctic: Narratives and Trajectories towards Viable Futures." *Arctic Review on Law and Politics*, vol. 9, 2018, pp. 244-61.

(30) Svetlana A. Lipina, et al. "The Preconditions for the Formation of Mineral and Raw Materials Centers in the Support Zones of the Arctic Zone of the Russian Federation." *Arctic & North*, no. 30, 2018, pp. 24-32.

(31) Taylor Hoverman. "Exploratory Drilling in the Arctic Outer Continental Shelf." *UCLA Journal of Environmental Law and Policy*, vol. 34, no. 2, 2016, pp. 194-220.

(32) Yoshifumi Tanaka. "Four Models on Interaction between Global and Regional Legal Frameworks on Environmental Protection against Marine Pollution: The Case of the Marine Arctic." *Ocean Yearbook*, vol. 30, no. 1, 2016, pp. 345-76.

(33) Nigel Bankes. "The Regime for Transboundary Hydrocarbon Deposits in the Maritime Delimitation Treaties and Other Related Agreements of Arctic Coastal States." *Ocean Development and International Law*, vol. 47, no. 2, 2016, pp. 141-64.

(34) Daria Shapovalova. "The Effectiveness of the Regulatory Regime for Black Carbon Mitigation in the Arctic." *Arctic Review on Law*

and Politics, vol. 7, no. 2, 2016, pp. 1-16.

(35) Tore Henriksen. "The Arctic Ocean, Environmental Stewardship, and the Law of the Sea." *UC Irvine Law Review*, vol. 6, no. 1, 2016, p. 61.

(36) Laura A. Henry, et al. "Corporate Social Responsibility and the Oil Industry in the Russian Arctic: Global Norms and Neo-Paternalism." *Europe-Asia Studies*, vol. 68, no. 8, 2016, pp. 1340-68.

(37) Gunnar Sander. "International Legal Obligations for Environmental Impact Assessment and Strategic Environmental Assessment in the Arctic Ocean." *International Journal of Marine and Coastal Law*, vol. 31, no. 1, 2016, pp. 88-119.

(38) Nengye Liu, Elizabeth A. Kirk. "The European Union's Potential Contribution to Protect Marine Biodiversity in the Changing Arctic: A Roadmap." *International Journal of Marine and Coastal Law*, vol. 30, no. 2, 2015, pp. 255-84.

(39) Yoshifumi Tanaka. "Offshore Oil and Gas Development in the Arctic under International Law: Risk and Responsibility." *International Journal of Marine and Coastal Law*, vol. 30, no. 3, 2015, p. 577.

(40) Raynald H. Lemelin, Jackie Dawson. "Great Expectations: Examining the Designation Effect of Marine Protected Areas in Coastal Arctic and Sub-Arctic Communities in Canada." *Canadian Geographer*, vol. 58, no. 2, 2014, pp. 217-32.

(41) John R. Crook. "Arctic Council Meets; United States and Other Arctic States Conclude Marine Oil Pollution Agreement." *American Journal of International Law*, vol. 107, no. 3, 2013, p. 661.

(42) Betsy Baker. "Offshore Oil and Gas Development in the Arctic: What the Arctic Council and International Law Can—and Cannot—Do." *ASIL Annual Meeting Proceedings*, vol. 107, 2013, pp. 275-79.

(43) Louis A. Di Leo. "The Polar Bear Ethic: From the Reactionary Trend in Environmental Lawmaking to the Climate Change Imperative." *Journal of Environmental Law and Litigation*, vol. 28, 2013, p. 347.

(44) Erik J. Molenaar. "Arctic Fisheries and International Law: Gaps and Options to Address Them." *Carbon and Climate Law Review*, vol. 6, no. 1, 2012, pp. 63-77.

(45) Timo Koivurova. "The Arctic Council: A Testing Ground for New International Environmental Governance." *Brown Journal of World Affairs*, vol. 19, no. 1, 2012, pp. 131-44.

(46) Fow Samantha Joule. "The Arctic Sustainability Principle." *Vermont Journal of Environmental Law*, vol. 13, no. 3, 2012, pp. 537-51.

(47) Catherine Emmett, James Stuhltrager. "After the Ice Melts: The Need for a New Arctic Agreement." *Natural Resources and Environment*, vol. 26, no. 2, 2011, pp. 33-36.

(48) Kirsten Manley-casimir. "Reconciliation, Indigenous Rights and Offshore Oil and Gas Development in the Canadian Arctic." *Review of European Community & International Environmental Law*, vol. 20, no. 1, 2011, pp. 29-38.

(49) Meagan P. Wilder. "Who Gets the Oil? Arctic Energy Exploration in Uncertain Waters and the Need for Universal Ratification of the United Nations Convention on the Law of the Sea." *Houston Journal of International Law*, vol. 32, no. 2, 2010, p. 505.

(50) Lieutenant Commander Joan M. Malik. "United States Environmental Law Applied in the Arctic Ocean: Frustrating the Balance of the Law of the Sea, National Sovereignty, and International Collaboration Efforts." *Naval Law Review*, vol. 60, 2010, p. 41.

(51) John E. D. Larkin. "UNCLOS and the Balance of Environmental and Economic Resources in the Arctic." *Georgetown International Environmental Law Review*, vol. 22, no. 2, 2010, p. 307.

(52) Julie A. Paulson. "Melting Ice Causing the Arctic to Boil Over: An Analysis of Possible Solutions to a Heated Problem." *Indiana International & Comparative Law Review*, vol. 19, 2009, p. 349.

(53) Kristin Noelle Casper. "Oil and Gas Development in the Arctic: Softening of Ice Demands Hardening of International Law." *Natural Resources Journal*, vol. 49, no. 3/4, 2009, pp. 825-81.

(54) Timo Koivurova. "Governance of Protected Areas in the Arctic." *Utrecht Law Review*, vol. 5, no. 1, 2009, pp. 44-60.

(55) James Fallows Tierney. "The Polar Bear Treaty and the Changing Geography of the High Arctic." *Journal of Animal Law & Ethics*, vol. 3, 2009, p. 141.

(56) Pamela L. Schoenberg. "A Polarizing Dilemma: Assessing Potential Regulatory Gap-filling Measures for Arctic and Antarctic Marine Genetic Resource Access and Benefit Sharing." *Cornell International Law Journal*, vol. 42, no. 2, 2009, p. 271.

(57) Sarahf Trainor, et al. "Arctic Climate Impacts: Environmental Injustice in Canada and the United States." *Local Environment*, vol. 12, no. 6, 2007, pp. 627-43.

(58) Benjamin Sovacool. "Environmental Damage, Abandoned Treaties, and Fossil-Fuel Dependence: The Coming Costs of Oil-and-Gas Exploration in the '1002 Area' of the Arctic National Wildlife Refuge." *Environment, Development and Sustainability: A Multidisciplinary Approach to the Theory and Practice of Sustainable Development*, no. 2, 2007, p. 187.

(59) Melissa A. Verhaag. "It Is Not Too Late: The Need for a Com-

prehensive International Treaty to Protect the Arctic Environment." *Georgetown International Environmental Law Review*, vol. 15, 2003, p. 555.

(60) Michael Burger. "Bi-Polar and Polycentric Approaches to Human Rights and the Environment." *Columbia Journal of Environmental Law*, vol. 28, 2003, p. 371.

(61) Todd Grover. "Arctic Equity? The Supreme Court's Resolution of United States V. Alaska." *Environmental Law* (00462276), vol. 28, no. 4, 1998, p. 1169.

(62) Richard J. Ansson. "The North American Agreement on Environmental Protection and the Arctic Council Agreement: Will These Multinational Agreements Adequately Protect the Environment?" *California Western International Law Journal*, vol. 29, 1998, p. 101.

(63) Donald R. Rothwell. "International Law and the Protection of the Arctic Environment." *The International and Comparative Law Quarterly*, vol. 44, no. 2, 1995, pp. 280-312.

3. 航道和海运

(1) Jan Jakub Solski. "The Polar Code Process and Sovereignty Bargains: Comparing the Approaches of Canada and Russia to POLARIS." *Ocean Development & International Law*, 2023, pp. 1-24.

(2) Liselotte Odgaard, Kathryn C. Lavelle. "The Arctic Council, the International Maritime Organization, and the Polar Code." *Environment and Security*, vol. 1(3-4), 2023, pp. 103-120.

(3) Andrey Todorov. "New Russian Law on Northern Sea Route Navigation: Gathering Arctic Storm or Tempest in a Teapot?" *Belfer Center for Science and International Affairs Analysis & Opinions*, 2023.

(4) Adam Knight, Joshua Hastey. "The Danger of Emergent Opportunities: Perverse Incentives, Climate Change, and Arctic

Shipping." *Global Perspectives*, vol. 3(1), 2022, p. 35490.

(5) Anastasia Christodoulou, et al. "An Overview of the Legal Search and Rescue Framework and Related Infrastructure along the Arctic Northeast Passage." *Marine Policy*, vol. 138, 2022, p. 104985.

(6) Troy J. Bouffard. "A Developing Maritime Operational Environment: Forward Presence and Freedom of Navigation in the Arctic." *Strategic Perspectives*, 2021, pp. 3-5.

(7) Luke Copland, et al. "Changes in Shipping Navigability in the Canadian Arctic between 1972 and 2016." *Facets*, vol. 6(1), 2021, pp. 1069-87.

(8) Björn Gunnarsson, Arild Moe. "Ten Years of International Shipping on the Northern Sea Route." *Arctic Review on Law and Politics*, vol. 12, 2021, pp. 4-30.

(9) Björn Gunnarsson. "Recent Ship Traffic and Developing Shipping Trends on the Northern Sea Route—Policy Implications for Future Arctic Shipping." *Marine Policy*, vol. 124, 2021, p. 104369.

(10) Brandon M. Boylan. "Increased Maritime Traffic in the Arctic: Implications for Governance of Arctic Sea Routes." *Marine Policy*, vol. 131, 2021, p. 104566.

(11) Fangyuan Lv, Jingyi Liu. "Regularized Target Orientation and Institutional Design of Maritime Safety of Arctic Adventure Cruise." *China Legal Science*, vol. 8(4), 2020, pp. 116-35.

(12) Arild Moe. "A New Russian Policy for the Northern Sea Route? State Interests, Key Stakeholders and Economic Opportunities in Changing Times." *The Polar Journal*, vol. 10 (2), 2020, pp. 209-27.

(13) Aldo Chircop. "The Polar Code and the Arctic Marine Environment: Assessing the Regulation of the Environmental Risks of Ship-

ping. " *International Journal of Marine and Coastal Law*, vol. 35, no. 3, 2020, pp. 533-69.

(14) Svetlana V. Popkova, Lev S. Zarubin. "Relevant Aspects of International Legal Regulation of the Arctic Shipping." *Arctic & North*, no. 39, 2020, pp. 96-109.

(15) Zhen Sun. "Closing Gaps of Fuel Use Regulation of Arctic Shipping." *International Journal of Marine and Coastal Law*, vol. 35, no. 3, 2020, pp. 570-95.

(16) Natalia A. Serova, Valentina A. Serova. "Critical Tendencies of the Transport Infrastructure Development in the Russian Arctic." *Arctic & North*, no. 36, 2019, pp. 35-46.

(17) L. A. Bezrukov, V. B. Sochava. "Problems with Developing a Transport System in the Siberian Arctic." *Problems of Economic Transition*, nos. 7-9, 2019, pp. 696-709.

(18) Arild Moe, Olav Schram Stokke. "Asian Countries and Arctic Shipping: Policies, Interests and Footprints on Governance." *Arctic Review on Law and Politics*, vol. 10, 2019, pp. 24-52.

(19) Viatcheslav Gavrilov, et al. "Article 234 of the 1982 United Nations Convention on the Law of the Sea and Reduction of Ice Cover in the Arctic Ocean." *Marine Policy*, vol. 106, 2019.

(20) Luke A. Sanders. "A Path towards Arctic Presence: Stricter Regulation as the First Step in Free Navigation." *Hastings Law Journal*, vol. 71, no. 1, 2019, pp. 229-60.

(21) Jacques Hartmann. "Regulating Shipping in the Arctic Ocean: An Analysis of State Practice." *Ocean Development and International Law*, vol. 49, no. 3, 2018, pp. 276-99.

(22) Erik Vande Stouwe. "An Arctic Peril: The Pitfalls and Potential of a Fragmentary Polar Law." *Brooklyn Journal of International*

Law, vol. 43, no. 1, 2017, p. 191.

(23) Louie Porta, et al. "Shipping Corridors as a Framework for Advancing Marine Law and Policy in Canadian Arctic." *Ocean and Coastal Law Journal*, vol. 22, no. 1, 2017, p. 63.

(24) Huirong Liu, Haomei Li. "Navigation Control of Coastal States on Arctic Passages: A Legal Perspective." *China International Studies*, vol. 1, 2017, pp. 140-60.

(25) Lei Zheng. "Freedom of Navigation in Arctic Routes: Regulations and Disputes." *China International Studies*, vol. 2, 2017, pp. 100-19.

(26) Kyle Mercer. "Maritime Law: Sovereignty in the Arctic." *University of New Brunswick Law Journal*, vol. 68, 2017, pp. 365-85.

(27) Laura C. Williams. "An Ocean between Us: The Implications of Inconsistencies between the Navigational Laws of Coastal Arctic Council Nations and the United Nations Convention on the Law of the Sea for Arctic Navigation." *Vanderbilt Law Review*, vol. 70, no. 6, 2017, pp. 379-411.

(28) Dimitrios Dalaklis, Evi Baxevani. "Maritime Routes in the Arctic: Examining the Level of Traffic and Port Capabilities along the Northern Sea Route." *Ocean Yearbook*, vol. 31, no. 1, 2017, pp. 106-35.

(29) Jiayu Bai. "The IMO Polar Code: The Emerging Rules of Arctic Shipping Governance." *International Journal of Marine and Coastal Law*, vol. 30, no. 4, 2015, pp. 674-99.

(30) Emma Stewart, Jackie Dawson, Margaret Johnston. "Risks and Opportunities Associated with Change in the Cruise Tourism Sector: Community Perspectives from Arctic Canada." *The Polar Journal*, vol. 5(2), 2015, pp. 403-27.

(31) Vijay Sakhuja. "The Polar Code and Arctic Navigation."

Strategic Analysis, vol. 38, no. 6, 2014, pp. 803-11.

(32) Erik J. Molenaar. "Options for Regional Regulation of Merchant Shipping outside IMO, with Particular Reference to the Arctic Region." *Ocean Development and International Law*, vol. 45, no. 3, 2014, pp. 272-98.

(33) Caitlin O'Leary. "The New Ice Age: The Dawn of Arctic Shipping and Canada's Fight for Sovereignty over the Northwest Passage." *The University of Miami Inter-American Law Review*, vol. 46, no. 1, 2014, pp. 117-34.

(34) Donald R. Rothwell. "International Law and Arctic Shipping." *Michigan State University Journal of International Law*, vol. 22, 2013, p. 67.

(35) David J. Farrell. "Short Sea, Post-Panamax, and Arctic Ocean Shipping Opportunities." *University of San Francisco Maritime Law Journal*, vol. 25, 2012, p. 175.

(36) Miriam Fahey. "No Plain Sailing for Arctic Shipping." *Fairplay*, vol. 375, 2012, p. 24.

(37) Barret Weber. "Increased Shipping in the International Arctic? An Overview." *Journal of Maritime Law and Commerce*, vol. 43, 2012, p. 301.

(38) Adrianne Johnston. "Challenges of Arctic Cruise Tourism Development in Canada: Perspectives of Federal Government Stakeholders." *Journal of Maritime Law and Commerce*, vol. 43, 2012, p. 335.

(39) Peter Kikkert. "The Disappointing Arctic: Will More Shipping Dreams Be Shattered on the Ice?" *Journal of Maritime Law and Commerce*, vol. 43, 2012, p. 539.

(40) Adam Lajeunesse. "A New Mediterranean? Arctic Shipping Prospects for the 21st Century." *Journal of Maritime Law and Com-

merce, vol. 43, 2012, p. 521.

(41) Frédéric Lasserre, Sébastien Pelletier. "Polar Super Seaways? Maritime Transport in the Arctic: An Analysis of Shipowners' Intentions." *Journal of Transport Geography*, vol. 19, no. 6, 2011, pp. 1465-73.

(42) Kristin Bartenstein. "The 'Arctic Exception' in the Law of the Sea Convention: A Contribution to Safer Navigation in the Northwest Passage?" *Ocean Development and International Law*, vol. 42, 2011, pp. 22-52.

(43) Proshanto Mukherjee. "Maritime Offences under International Law and the Arctic Sea Incident." *WMU Publications*, 2010, pp. 255-62.

(44) Agustin Blanco-bazan. "Specific Regulations for Shipping and Environmental Protection in the Arctic: The Work of the International Maritime Organization." *International Journal of Marine and Coastal Law*, vol. 24, no. 2, 2009, pp. 381-86.

(45) A. Chircop. "The Growth of International Shipping in the Arctic: Is a Regulatory Review Timely?" *International Journal of Marine and Coastal Law*, vol. 24, no. 2, 2009, pp. 355-80.

(46) Aldo Chircop. "The Growth of International Shipping in the Arctic: Is a Regulatory Review Timely?" *International Journal of Marine and Coastal Law*, vol. 24, no. 2, 2009, pp. 355-80.

(47) James Kraska. "Mounting Tension and Melting Ice: Exploring the Legal and Political Future of the Arctic: International Security and International Law in the Northwest Passage." *Vanderbilt Journal of Transnational Law*, vol. 42, 2009, p. 1109.

(48) M. L. Campbell. "United States Arctic Ocean Management & the Law of the Sea Convention." *IEEE Xplore Digital Library, EB-*

SCOhost, *Oceans*, 2008, pp. 1-9.

4. 土著人

(1) Ekaterina Zmyvalova. "The Rights of Indigenous Peoples of Russia after Partial Military Mobilization." *Arctic Review on Law and Politics*, vol. 14, 2023, pp. 70-75.

(2) Joanie Bouchard, Sabrina Bourgeois. "An Unheard Confidence Crisis? An Analysis of Indigenous Peoples' Perception of Settler Institutions and Politics." *Representation*, 2023, pp. 1-23.

(3) Weishan Wang. "UNDRIP Rights to Guide the Governance of the Northern Low-impact Shipping Corridors Initiative." *Marine Policy*, vol. 155, 2023, p. 105737.

(4) Yota Negishi. "Jus Pro Homine, Natura et Animalis: Dignifying the Right to Life of Arctic Indigenous Peoples." *The Yearbook of Polar Law Online*, vol. 14(1), 2023, pp. 25-44.

(5) Anna Sharapova, et al. "Indigenous Rights and Interests in a Changing Arctic Ocean." *Arctic Review on Law and Politics*, vol. 13, 2022, pp. 286-311.

(6) Christina Allard, Malin Brännström. "Girjas Reindeer Herding Community v. Sweden." *Arctic Review on Law and Politics*, vol. 12, 2021, pp. 56-79.

(7) Kaitlin Breton-honeyman, et al. "Beluga Whale Stewardship and Collaborative Research Practices among Indigenous Peoples in the Arctic." *Polar Research*, vol. 40, 2021, pp. 1-18.

(8) Embla Eir Oddsdottír, et al. "Gender Equality for a Thriving, Sustainable Arctic." *Sustainability*, vol. 13, no. 19, 2021, p. 10825.

(9) Elena Bogdanova, et al. "Food Sovereignty of the Indigenous Peoples in the Arctic Zone of Western Siberia: Response to COVID-19 Pandemic." *International Journal of Environmental Research and Pub-

lic Health, vol. 17, no. 20, 2020.

(10) Arbakhan Magomedov. "The Russian State and the Arctic Indigenous Peoples: Is Politics Coming Back?" *Demokratizatsiya*, vol. 28, no. 4, 2020, pp. 541-64.

(11) Tess Lanzarotta. "Ethics in Retrospect: Biomedical Research, Colonial Violence, and Iñupiat Sovereignty in the Alaskan Arctic." *Social Studies of Science* (*Sage Publications, Ltd.*), vol. 50, no. 5, 2020, pp. 778-801.

(12) Marya Rozanova. "Indigenous Urbanization in Russia's Arctic the Case of Nenets Autonomous Region." *Sibirica: Interdisciplinary Journal of Siberian Studies*, vol. 18, no. 3, 2019, pp. 54-91.

(13) Sabaa Ahmad khan. "Rebalancing State and Indigenous Sovereignties in International Law: An Arctic Lens on Trajectories for Global Governance." *Leiden Journal of International Law*, vol. 32, no. 4, 2019, pp. 675-93.

(14) Emilie Zentner, et al. "Ignoring Indigenous Peoples—climate Change, Oil Development, and Indigenous Rights Clash in the Arctic National Wildlife Refuge." *Climatic Change*, vol. 155, no. 4, 2019, pp. 533-44.

(15) Arbakhan Magomedov. "How the Indigenous Peoples of the Russian Arctic Defend Their Interests: The Social, Economic, and Political Foundations of Indigenous Resistance." *Anthropology & Archeology of Eurasia*, vol. 58, no. 4, 2019, pp. 215-45.

(16) Marlene Laruelle. "Indigenous Peoples, Urbanization Processes, and Interactions with Extraction Firms in Russia's Arctic." *Sibirica: Interdisciplinary Journal of Siberian Studies*, vol. 18, no. 3, 2019, pp. 1-8.

(17) Emma Wilson. "What Is Benefit Sharing? Respecting Indig-

enous Rights and Addressing Inequities in Arctic Resource Projects." *Resources*(2079-9276), vol. 8, no. 2, 2019, p. 74.

(18) Valentin Schatz. "Incorporation of Indigenous and Local Knowledge in Central Arctic Ocean Fisheries Management." *Arctic Review on Law and Politics*, vol. 10, 2019, pp. 130-34.

(19) Dorothee Cambou. "Enhancing the Participation of Indigenous Peoples at the Intergovernmental Level to Strengthen Self-determination: Lessons from the Arctic." *Nordic Journal of International Law*, vol. 87, no. 1, 2018, pp. 26-55.

(20) Valeriy P. Zhuravel. "Rights of the Indigenous Peoples of the Russian Arctic: Problems and Solutions." *Arctic & North*, no. 30, 2018, pp. 62-78.

(21) Lacey K. Reimer. "Climate Change and the Arctic: Ideas for How the United States and Canada Can Protect Their Arctic Indigenous Peoples." *Transnational Law and Contemporary Problems*, vol. 28, no. 1, 2018, p. 233.

(22) Dorothée Cambou. "Enhancing the Participation of Indigenous Peoples at the Intergovernmental Level to Strengthen Self-Determination: Lessons from the Arctic." *Nordic Journal of International Law*, vol. 87, no. 1, 2018, pp. 26-55.

(23) Margherita Paola Poto. "Participatory Engagement and the Empowerment of the Arctic Indigenous Peoples." *Environmental Law Review*, vol. 19, no. 1, 2017, pp. 30-47.

(24) Julia Prochazka. "Back to Its Roots: How 1983 Must Return to Its Origins to Provide a Remedy for the Inupiat against Oil Drilling in Alaska's Arctic Circle." *Northwestern Journal of Law and Social Policy*, vol. 12, 2017, p. 130.

(25) K. Hossain. "Securitizing the Arctic Indigenous Peoples: A

Community Security Perspective with Special Reference to the Sámi of the European High North. " *Polar Science*, vol. 10, no. 3, 2016, pp. 415-24.

(26) K. Hossain, H. Maruyama. "Japan's Admission to the Arctic Council and Commitment to the Rights of Its Indigenous Ainu People. " *Polar Journal*, vol. 6, no. 1, 2016, p. 169.

(27) Wilfrid Greaves. "Arctic (in) security and Indigenous Peoples: Comparing Inuit in Canada and Sámi in Norway. " *Security Dialogue*, vol. 47, no. 6, 2016, pp. 461-80.

(28) Ari Martin Laakso. "Critical Review: Antti Aikio and Mattias Åhrén (2014). a Reply to Calls for an Extension of the Definition of Sámi in Finland. Arctic Review on Law and Politics, No 1: 123-143. " *Arctic Review on Law and Politics*, vol. 7, no. 1, 2016, pp. 1-6.

(29) Margherita Poto. "Participatory Rights of Indigenous Peoples: The Virtuous Example of the Arctic Region. " *Environmental Law and Management*, vol. 28, no. 2, 2016, pp. 81-89.

(30) Daryn Forgeron. "Indigenous Rights: The Hidden Cost of Arctic Development. " *Harvard International Review*, vol. 36, no. 3, 2015, pp. 64-67.

(31) Soledad Torrecuadrada garcía-lozano, Rosa María Fernández egea. "Los Desafíos Ambientales De Las Poblaciones Indígenas En El Ártico / the Environmental Challenges of Indigenous Peoples in the Arctic. " *Estudios Internacionales (Santiago)*, vol. 47, no. 182, 2015, pp. 57-77.

(32) Elena Gladun, Gennady Chebotarev. "Participation of the Northern Indigenous Peoples in the Management of the Russian Arctic Territories and Its Legal Protection. " *NISPAcee Journal of Public Administration and Policy*, vol. 8, no. 1, 2015, pp. 111-33.

(33) Kronk Warner, Elizabeth Ann, and Randall S. Abate. "International and Domestic Law Dimensions of Climate Justice for Arctic Indigenous Peoples." *Revue Générale De Droit*, vols. 43, 2013.

(34) Kamrul Hossain. "How Great Can a 'greater Say' Be? Exploring the Aspirations of Arctic Indigenous Peoples for a Stronger Engagement in Decision-making." *The Polar Journal*, vol. 3, no. 2, 2013, pp. 316-32.

(35) Natalia Loukacheva. "Arctic Indigenous Peoples'Internationalism: in Search of a Legal Justification." *L'internationalisme Des Peuples Indigènes Arctiques: à La Recherche D'une Justification Légale*, vol. 45, no. 232, 2009, pp. 51-58.

(36) Marybeth Long Martello. "Arctic Indigenous Peoples as Representations and Representatives of Climate Change." *Social Studies of Science* (*Sage Publications, Ltd.*), vol. 38, no. 3, 2008, pp. 351-76.

(37) T. K. Vlassova. "Arctic Residents' Observations and Human Impact Assessments in Understanding Environmental Changes in Boreal Forests: Russian Experience and Circumpolar Perspectives." *Mitigation and Adaptation Strategies for Global Change*, vol. 11, no. 4, 2006, pp. 897-909.

(38) Mini Kaur. "Global Warming Litigation under the Alien Tort Claims Act: What Sosa V. Alvarez Machain and Its Progeny Mean for Indigenous Arctic Communities." *Washington and Lee Journal of Civil Rights and Social Justice*, vol. 13, 2006, p. 155.

(39) Edmund Searles. "The Crisis of Youth and the Poetics of Place: Juvenile Reform, Outpost Camps, and Inuit Identity in the Canadian Arctic." *Études/Inuit/Studies*, vol. 22, no. 2, 1998, pp. 137-55.

5. 各国参与北极事务

(1) Zengjun Kuang. "New Developments in US Arctic Strategy

and Their Implications for Arctic Governance" *China International Studies*, vol. 2, 2023, pp. 107-25.

(2) Alexander Sergunin, Akiho Shibata. "Implementing the 2017 Arctic Science Cooperation Agreement: Challenges and Opportunities as regards Russia and Japan." *The Yearbook of Polar Law Online*, vol. 14(1), 2023, pp. 45-75.

(3) Hema Nadarajah. "An Arctic in Flux: Singapore's Perspective." *Asia Policy*, vol. 30(1), 2023, pp. 39-48.

(4) Arild Moe, Gørild Heggelund, Kathinka Fürst. "Sino-Russian Cooperation in Arctic Maritime Development: Expectations and Contradictions." *Europe-Asia Studies*, 2023, pp. 1-24.

(5) Yuanyuan Ren. "US-China Arctic Cooperation in a New Era of Great Power Competition: Opportunities and Challenges." *The Yearbook of Polar Law Online*, vol. 14(1), 2023, pp. 98-122.

(6) Øystein Jensen. "Towards an Historic Svalbard Judgment in Norway's Supreme Court." *Arctic Review on Law and Politics*, vol. 14, 2023, pp. 83-85.

(7) Pavel Devyatkin. "Arctic Exceptionalism: a Narrative of Cooperation and Conflict from Gorbachev to Medvedev and Putin." *The Polar Journal*, vol. 13(2), 2023, pp. 336-57.

(8) Julie Babin. "The Arctic in Japan's Basic Plan on Ocean Policy: Toward a Comprehensive Free and Open Maritime Vision." *Asian Perspective*, vol. 47(3), 2023, pp. 467-87.

(9) Pauline Baudu. "Minding the Archipelago." *Arctic Review on Law and Politics*, vol. 14, 2023, pp. 76-82.

(10) Serafima Andreeva. "Science at Stake-Russia and the Arctic Council." *Arctic Review on Law and Politics*, vol. 14, 2023, pp. 112-31.

(11) Gabriella Gricius, Andreas Raspotnik. "The European Union's

'Never Again' Arctic Narrative." *Journal of Contemporary European Studies*, 2023, pp. 1-14.

(12) Arild Moe, Øystein Jensen. "Svalbard and the Surrounding Seas-New Foreign Policy Challenges for Norway?" *Norway's Arctic Policy, Edward Elgar Publishing*, 2023, pp. 77-94.

(13) Mathieu Landriault, Pauline Pic, Frédéric Lasserre. "Beyond Hans Island: The Canada-Denmark Agreement's Possible Impact on Mobility and Continental Shelves." *International Journal*, vol. 78 (1-2), 2023, pp. 243-53.

(14) Dina Brode-Roger. "The Svalbard Treaty and Identity of Place: Impacts and Implications for Longyearbyen, Svalbard." *Polar Record*, vol. 59, 2023, e6.

(15) Serena Feeney. "Who Will Rescue You in the Arctic? A Legal Perspective on Canada's Search and Rescue Obligations." *Dalhousie Journal of Legal Studies*, vol. 32(1), 2023, p. 61.

(16) Mariia Kobzeva, Andrey Todorov. "Can China Change the Arctic Regime?" *Polar Record*, vol. 59, 2023, e33.

(17) Aslak Veierud Busch. "Role Spillover: Roles' Impacts across Contexts and the EU's Struggle for Arctic Council Observer Status." *Foreign Policy Analysis*, vol. 19(4), 2023, orad022.

(18) Calvin Kee Hang Heng, Eyck Freymann. "Outsiders Wanting In: Asian States and Arctic Governance." *Arctic Initiative Policy Briefs*, 2023.

(19) Ferga Aristama, Fredy Buhama Lumban Tobing. "Foreign Policy and Science: Switzerland Actions to Address the Climate Crisis Effects in the Arctic through the Arctic Council." *Jurnal Inovasi Ilmu Sosial dan Politik*, 2023.

(20) Petr Battakhov, Yulia Ovchinnikova. "Specifics of Legal

Regulation of Environmental Protection and Protection during Development of Mineral Deposits in the Arctic Zone of Russia." *Gosudarstvo i pravo*, vol. 10, 2023, pp. 110-18.

(21) Jukka Similä, Henri Wallen. "Justice, Mining, and Legal Reforms in the Finnish Arctic." *Arctic Review on Law and Politics*, vol. 14, 2023, pp. 228-50.

(22) Laura Junka-Aikio. "Whose Settler Colonial State? Arctic Railway, State Transformation and Settler Self-indigenization in Northern Finland." *Postcolonial Studies*, vol. 26(2), 2023, pp. 279-301.

(23) Ping Su, Henry P. Huntington. "Using Critical Geopolitical Discourse to Examine China's Engagement in Arctic Affairs." *Territory, Politics, Governance*, vol. 11(3), 2023, pp. 590-607.

(24) Olga S. Magomedova. "Comparative Analysis of Arctic International Legal Policies of Canada and the United States." *Law: J. Higher Sch. Econ.* 2023, 226.

(25) Jiayu Bai, Kailei Zhu. "China's Engagement in Arctic Governance for Its Sustainable Development Based on International Law Perspective." *Sustainability*, vol. 15(6), 2023, 5429.

(26) Petr Battakhov, Yulia Ovchinnikova. "Legal Aspects of Business Activity in the Arctic Zone of the Russian Federation." *Gosudarstvo i pravo*, vol. 11, 2022, pp. 99-105.

(27) Kathryn C. Lavelle. "Regime, Climate, and Region in Transition: Russian Participation in the Arctic Council." *Problems of Post-Communism*, vol. 69(4-5), 2022, pp. 345-57.

(28) Julie Wilhelmsen, Anni Roth Hjermann. "Russian Certainty of NATO Hostility." *Arctic Review on Law and Politics*, vol. 13, 2022, pp. 114-42.

(29) Jonas Kjellén. "The Russian Northern Fleet and the (Re)

militarisation of the Arctic." *Arctic Review on Law and Politics*, vol. 13, 2022, pp. 34-52.

(30) Adam Lajeunesse, Timothy Choi. "Here There Be Dragons? Chinese Submarine Options in the Arctic." *Journal of Strategic Studies*, vol. 45(6-7), 2022, pp. 1044-70.

(31) Ronald C. Brown. "China's BRI on the Polar Silk Road: Evolving Labor Agenda in the Arctic." *Can. -USLJ*, vol. 46, 2022, p. 138.

(32) Evan T. Bloom. "The Rising Importance of Non-Arctic States in the Arctic." *The Wilson Quarterly*, vol. 46(1), 2022, NA-NA.

(33) Lisa Murkowski. "US Engagement in the Arctic, Present and Future." *The Wilson Quarterly*, vol. 46(1), 2022, NA-NA.

(34) Yu Cao. "Implications for Sino-Russian Cooperation on the Polar Silk Road." Heininen, Lassi/Exner-Pirot, Heather/Barnes, Justin(ed), 2022.

(35) Nengye Liu. "China and One Hundred Years of the Svalbard Treaty: Past, Present and Future." *Marine Policy*, vol. 124, 2021, p. 104354.

(36) Patrik Andersson. "The Arctic as a 'Strategic' and 'Important' Chinese Foreign Policy Interest: Exploring the Role of Labels and Hierarchies in China's Arctic Discourses." *Journal of Current Chinese Affairs*, vol. 0(0), 2021, pp. 1-27.

(37) Andreas Østhagen. "Norway's Arctic Policy: Still High North, Low Tension?" *The Polar Journal*, vol. 11(1), 2021, pp. 75-94.

(38) Beverly Kay Crawford. "Explaining Arctic Peace: A Human Heritage Perspective." *International Relations*, vol. 35(3), 2021, pp. 469-88.

(39) Yana Leksyutina. "Russia's Cooperation with Asian Observers to the Arctic Council." *The Polar Journal*, vol. 11 (1), 2021, pp. 136-59.

(40) Reinhard Biedermann. "China's Impact on the European Union's Arctic Policy: Critical Junctures, Crossovers, and Geographic Shifts." *Asia Europe Journal*, vol. 19(4), 2021, pp. 467-87.

(41) Martin Kossa, Marina Lomaeva, Juha Saunavaara. "East Asian Subnational Government Involvement in the Arctic: A Case for Paradiplomacy?" *The Pacific Review*, vol. 34(4), 2021, pp. 664-95.

(42) Kamrul Hossain. "Russia's Proposed Extended Continental Shelf in the Arctic Ocean: Science Setting the Stage for Law." *American Society of International Law*, vol. 8, 2021.

(43) E. E. Krasnozhenova, et al. "The Arctic Policy of the Republic of Korea." *IOP Conference Series: Earth and Environmental Science*, vol. 625, no. 1, IOP Publishing, 2021.

(44) Sergey Sukhankin, Troy Bouffard, P. Whitney Lackenbauer. "Strategy, Competition, and Legitimization: Development of the Arctic Zone of the Russian Federation." *Arctic Yearbook*, 2021, 18.

(45) Andreas Raspotnik, et al. "The Blue Economy in the Arctic Ocean: Governing Aquaculture in Alaska and North Norway." *Арктикаи Север*, vol. 42, no. 42, 2021, pp. 107-25.

(46) Christer Pursiainen, et al. "The Arctic and Africa in China's Foreign Policy: How Different Are They and What Does This Tell Us?" *Arctic Review on Law and Politics*, vol. 12, 2021, pp. 31-55.

(47) Øystein Jensen. "The Svalbard Treaty and Norwegian Sovereignty." *Arctic Review on Law and Politics*, vol. 11, 2020, pp. 82-107.

(48) Francis Pike. "Cold War: Russia's Bid to Control the Arctic." *Spectator*, vol. 344, no. 10033, 2020, p. 16.

（49）Njord Wegge. "Arctic Security Strategies and the North Atlantic States." *Arctic Review on Law and Politics*, vol. 11, 2020, pp. 360-82.

（50）Jakub M. Godzimirski, Alexander Sergunin. "Russian Expert and Official Geopolitical Narratives on the Arctic: Decoding Topical and Paradigmatic DNA." *Arctic Review on Law and Politics*, vol. 11, 2020, pp. 22-46.

（51）Lovisa Solbär, et al. "Land-use Planning and Designated National Interests in Sweden: Arctic Perspectives on Landscape Multifunctionality." *Journal of Environmental Planning and Management*, vol. 62, no. 12, 2019, pp. 2145-65.

（52）Helge Blakkisrud. "Governing the Arctic: The Russian State Commission for Arctic Development and the Forging of a New Domestic Arctic Policy Agenda." *Arctic Review on Law and Politics*, vol. 10, 2019, pp. 190-216.

（53）Aleksandr L. Voronenko, Sergei V. Greizik. "Prospects of Cooperation between Russia and North-East Asian Countries in the Arctic Region." *Arctic & North*, vol. 35, 2019, pp. 49-63.

（54）Machiel Lamers, et al. "Reindeer Herders without Reindeer. the Challenges of Joint Knowledge Production on Kolguev Island in the Russian Arctic." *Society and Natural Resources*, vol. 32(3), 2019, pp. 338-56.

（55）Aleksandr Ivanovich Shadrin, et al. "Participation of the Republic of Korea in the Development of the Arctic: Prospects and Contradictions." *Наука Красноярья*, vol. 8(1), 2019, pp. 89-113.

（56）Evgeniia Sidorova. "Circumpolar Indigeneity in Canada, Russia, and the United States (Alaska): Do Differences Result in Representational Challenges for the Arctic Council?" *Arctic*, vol. 72(1),

2019, pp. 71-81.

(57) M. Elvira Méndez-Pinedo, Alesia Fralova. "The EU Arctic Policy and Its Critique: A View under Tocci's Theory on Foreign Policy and Normative Power (Part 1)." *Juridical Tribune*, vol. 9(2), 2019, pp. 344-62.

(58) M. Elvira Méndez-Pinedo, Alesia Fralova. "The EU Arctic Policy and Its Critique: A View under Tocci's Theory on Foreign Policy and Normative Power (Part 2)." *Juridical Tribune*, vol. 9, no. Special, 2019, pp. 29-46.

(59) Rafael Contreras Luna. "Russia, the Arctic and Northeast Asia: The Strategic Importance of the Far North." *Central European Journal of International and Security Studies*, vol. 13 (3), 2019, pp. 101-32.

(60) Robin Churchill. "The European Union as an Actor in the Law of the Sea, with Particular Reference to the Arctic." *International Journal of Marine and Coastal Law*, vol. 33(2), 2018, pp. 290-323.

(61) Rachael L. Johnstone. "Timo Koivurova, QIN Tianbao, Sébastien Duyck & Tapio Nykänen (ed.), Arctic Law and Governance: The Role of China and Finland (London: Hart Publishing, 2017)." *Nordicum-Mediterraneum*, vol. 13(1), 2018, p. B5.

(62) Justin D. Nankivell, Daniel K. Inouye. "Historical Exceptionalism in International Law: Canada's Strategic Use of Law in the Arctic Ocean." *Ocean Development and International Law*, 2018, pp. 1-24.

(63) David Langlet. "Planning from the Margin—The European Union's Potential Role in Spatial Planning for Managing Activities in the Marine Arctic." *International Journal of Marine and Coastal Law*, vol. 33(2), 2018, pp. 361-79.

(64) Irina Fodchenko. "Legal Aspects of the Russian-Norwegian Model for Cross-Border Unitization in the Barents Sea and Arctic Ocean." *Ocean Development & International Law*, vol. 49 (3), 2018, pp. 262-75.

(65) Nengye Liu. "China's Emerging Arctic Policy: What Are the Implications for Arctic Governance?" *Jindal Global Law Review*, vol. 8, no. 1, 2017, pp. 55-68.

(66) Ida Folkestad Soltvedt. "Soft Law, Solid Implementation? The Influence of Precision, Monitoring and Stakeholder Involvement on Norwegian Implementation of Arctic Council Recommendations." *Arctic Review on Law and Politics*, vol. 8, 2017, pp. 73-94.

(67) Stanley P. Fields. "Article 234 of the United Nations Convention on the Law of the Sea: The Overlooked Linchpin for Achieving Safety and Security in the U. S. Arctic?" *Harvard National Security Journal*, vol. 7, 2016, p. 55.

(68) T. Ikeshima. "Japan's Role as an Asian Observer State within and outside the Arctic Council's Framework." *Polar Science*, vol. 10, no. 3, 2016, pp. 458-62.

(69) Claudia Cinelli. "Law of the Sea, the European Union Arctic Policy and Corporate Ocean Responsibility." *Ocean Yearbook*, vol. 30, no. 1, 2016, pp. 242-66.

(70) Irene Dahl. "Maritime Delimitation in the Arctic: Implications for Fisheries Jurisdiction and Cooperation in the Barents Sea." *International Journal of Marine and Coastal Law*, vol. 30, no. 1, 2015, pp. 120-47.

(71) Adam Stepien. "Internal Contradictions and External Anxieties: One 'Coherent' Arctic Policy for the European Union?" *Yearbook of Polar Law*, vol. 7, 2015, pp. 249-89.

(72)Jeanne L. Amy. "Historically Iced Out:Calling on the United States to Resolve Its International Law Disputes in the Arctic Ocean." *Tulane Maritime Law Journal*, vol. 40, no. 1, 2015, p. 137.

(73) Alexander E. Shaparov, Kharlampeva Nadezhda Klimovna. "Ethnic Policy of Russia in the Arctic: Basic Approaches and Principles." *Arctic & North*, vol. 21, 2015, pp. 82-96.

(74)Yury F. Lukin, et al. "Ethno-cultural Landscape of the Russian Arctic: From the Conceptualization of Knowledge to the Management of Conflicts." *Arctic & North*, vol. 21, 2015, pp. 97-118.

(75)Emma Barry-pheby. "Examining the Priorities of the Canadian Chairmanship of the Arctic Council: Current Obstacles in International Law, Policy, and Governance." *Colorado Natural Resource, Energy, and Environmental Law Review*, vol. 25, 2014, p. 259.

(76) Brianna Wodiske. "Preventing the Melting of the Arctic Council: China as a Permanent Observer and What It Means for the Council and the Environment." *Loyola of Los Angeles International and Comparative Law Review*, vol. 36(2), 2014, p. 305.

(77)Tom Røseth. "Russia's China Policy in the Arctic." *Strategic Analysis*, vol. 38(6), 2014, pp. 841-59.

(78) Melissa Renee Pegna. "U. S. Arctic Policy: The Need to Ratify a Modified UNCLOS and Secure a Military Presence in the Arctic." *Journal of Maritime Law & Commerce*, vol. 44 (2), 2013, pp. 169-94.

(79) Adam Grydehøj, Anne Grydehøj, Maria Ackrén. "The Globalization of the Arctic: Negotiating Sovereignty and Building Communities in Svalbard, Norway." *Island Studies Journal*, vol. 7(1), 2012.

(80)Sari Graben. "Living in Perfect Harmony: Harmonizing Sub-Arctic Co-Management through Judicial Review." *Osgoode Hall Law*

Journal, vol. 49, 2011, p. 199.

(81) Øystein Jensen, Svein Vigeland Rottem. "The Politics of Security and International Law in Norway's Arctic Waters." *Polar Record*, vol. 46(1), 2010, pp. 75-83.

(82) Thomas Stone. "Making Law for the Spirits: Angakkuit, Revelation and Rulemaking in the Canadian Arctic." *Numen (Leiden)*, vol. 57(2), 2010, pp. 127-53.

(83) Betsy Baker. "International Arctic Change and the Law and Politics of the Arctic Ocean Seabed: Filling an Arctic Gap: Legal and Regulatory Possibilities for Canadian-U. S. Cooperation in the Beaufort Sea." *Vermont Law Review*, vol. 34, 2009, p. 57.

(84) John Kennair. "International Arctic Change and the Law and Politics of the Arctic Ocean Seabed: An Inconsistent Truth: Canadian Foreign Policy and the Northwest Passage." *Vermont Law Review*, vol. 34, 2009, p. 15.

(85) Marta Kolcz-ryan. "An Arctic Race: How the United States' Failure to Ratify the Law of the Sea Convention Could Adversely Affect Its Interests in the Arctic." *University of Dayton Law Review*, vol. 35, 2009, p. 149.

(86) Ted L. Mcdorman. "Canada-United States Bilateral Ocean Law Relations in the Arctic." *Southwestern Journal of International Law*, vol. 15, 2009, p. 283.

(87) Clive Schofield. "International Arctic Change and the Law and Politics of the Arctic Ocean Seabed: Boundaries, Biodiversity, Resources, and Increasing Maritime Activities: Emerging Oceans Governance Challenges for Canada in the Arctic Ocean." *Vermont Law Review*, vol. 34, 2009, p. 35.

(88) Mel Weber. "Defining the Outer Limits of the Continental

Shelf across the Arctic Basin:The Russian Submission,States' Rights, Boundary Delimitation and Arctic Regional Cooperation." *International Journal of Marine and Coastal Law*, vol. 24(4), 2009, pp. 653-81.

(89) Jason Warren Howard. "Don't Be Left out in the Cold: An Argument for Advancing American Interests in the Arctic outside the Ambits of the United Nations Convention on the Law of the Sea." *Georgia Law Review*, vol. 42(3), 2008, p. 833.

(90) Andrew King. "Thawing a Frozen Treaty: Protecting United States Interests in the Arctic with a Congressional-executive Agreement on the Law of the Sea." *Hastings Constitutional Law Quarterly*, vol. 34(2), 2007, p. 329.

(91) Serena Ableson. "Bringing Legal Education to the Canadian Arctic: The Development of the Akitsiraq Law School and the Challenges for Providing Library Services to a Non-traditional Law School." *International Journal of Legal Information*, vol. 34(1), 2006, pp. 1-30.

(92) TorbjØrn Pedersen. "The Svalbard Continental Shelf Controversy: Legal Disputes and Political Rivalries." *Ocean Development & International Law*, vol. 37(3-4), 2006, pp. 339-58.

(三)北极中文著作

1. 李天籽,徐博. 中俄北极区域合作研究[M]. 北京:商务印书馆,2023.

2. 杨振姣. 北极海洋生态安全治理研究[M]. 北京:人民出版社,2023.

3. 密晨曦. 北极航道治理的法律问题及秩序构建[M]. 北京:社会科学文献出版社,2022.

4. 袁雪. 北极治理法律问题研究[M]. 哈尔滨:哈尔滨工程大学出版社,2021.

5. 章成. 北极大陆架划界的国际法问题研究[M]. 武汉:武

汉大学出版社,2020.

6. 夏立平. 中国参与北极地区治理与开发研究[M]. 北京:世界知识出版社,2020.

7. 迈克尔·贝尔斯·国际法与北极[M]. 陈子楠译. 北京:时事出版社,2020.

8. 刘惠荣,李浩梅. 国际法视角下的中国北极航线战略研究[M]. 北京:中国政法大学出版社,2019.

9. 拉塞·海宁恩,杨剑. 北极合作的北欧路径[M]. 北京:时事出版社,2019.

10. 张笑一. 中等强国外交行为理论视野下的加拿大北极政策研究[M]. 北京:时事出版社,2018.

11. 杨剑,等. 科学家与全球治理——基于北极事务案例的分析[M]. 北京:时事出版社,2018.

12. 范厚明,蒋晓丹,刘益迎. 北极通航环境与经济性分析[M]. 大连:大连海事大学出版社,2018.

13. 肖洋. 管理规制视角下中国参与北极航道安全合作实践研究[M]. 北京:清华大学出版社,2017.

14. 李浩梅. 北极航运的多层治理[M]. 北京:海洋出版社,2017.

15. 卢芳华. 斯瓦尔巴地区法律制度研究[M]. 北京:社会科学文献出版社,2017.

16. 邹磊磊. 北极渔业及渔业管理与中国应对[M]. 青岛:中国海洋大学出版社,2017.

17. 匡增军. 俄罗斯的北极战略 基于俄罗斯大陆架外部界限问题的研究[M]. 北京:社会科学文献出版社,2017.

18. 盖尔·荷内兰德. 北极政治、海洋法与俄罗斯的国家身份——巴伦支海划界协议在俄罗斯的争议[M]. 苏平,等,译. 北京:海洋出版社,2017.

19. 盖尔・荷内兰德．促使渔业协议发挥作用——协议签署后巴伦支海上的讨价还价[M]．潘敏，等，译．北京：海洋出版社，2016.

20. 白佳玉．船舶北极航行法律问题研究[M]．北京：人民出版社，2016.

21. 肖洋．冰海暗战——近北极国家战略博弈的高纬边疆[M]．北京：人民日报出版社，2016.

22. 陆俊元，张侠．中国北极权益与政策研究[M]．北京：时事出版社，2016.

23. 余兴光．北极快速变化与海洋生态系统响应[M]．北京：海洋出版社，2016.

24. 李振福．丝绸之路北极航线战略研究[M]．大连：大连海事大学出版社，2016.

25. 国家海洋局极地专项办公室编．北极地区环境与资源潜力综合评估[M]．北京：海洋出版社，2018.

26. 国家海洋局极地专项办公室编．北极海域海洋地质考察图集[M]．北京：海洋出版社，2017.

27. 国家海洋局极地专项办公室编．北极海域海洋地质考察[M]．北京：海洋出版社，2016.

28. 国家海洋局极地专项办公室编．北极海域海洋生物和生态考察[M]．北京：海洋出版社，2016.

29. 国家海洋局极地专项办公室编．北极海域物理海洋和海洋气象考察[M]．北京：海洋出版社，2016.

30. 国家海洋局极地专项办公室编．北极海洋化学与碳通量考察[M]．北京：海洋出版社，2016.

31. 国家海洋局极地专项办公室编．北极海域地球物理考察[M]．北京：海洋出版社，2016.

32. 俄罗斯国际事务委员会主编．北极地区：国际合作问题

第一卷[M]. 熊友奇,等,译. 北京:世界知识出版社,2016.

33. 俄罗斯国际事务委员会主编. 北极地区:国际合作问题第二卷[M]. 熊友奇,等,译. 北京:世界知识出版社,2016.

34. 俄罗斯国际事务委员会主编. 北极地区:国际合作问题第三卷[M]. 熊友奇,等,译. 北京:世界知识出版社,2016.

35. 中华人民共和国海事局. 北极航行指南(西北航道)2015[M]. 北京:人民交通出版社,2016.

36. 中华人民共和国海事局. 北极航行指南(东北航道)2014[M]. 北京:人民交通出版社,2014.

37. 李振福. 北极航线问题的国际协调机制研究[M]. 北京:清华大学出版社,2015.

38. 杨剑. 亚洲国家与北极未来[M]. 北京:时事出版社,2015.

39. 王泽林. 北极航道加拿大法规汇编[M]. 上海:上海交通大学出版社,2015.

40. 王泽林. 北极航道法律地位研究[M]. 上海:上海交通大学出版社,2014.

41. 陈奕彤. 国际环境法视野下的北极环境法律遵守研究[M]. 北京:中国政法大学出版社,2014.

42. 赵隆. 北极治理范式研究[M]. 北京:时事出版社,2014.

43. 奥拉夫·施拉姆·斯托克,盖尔·荷内兰德. 国际合作与北极治理:北极治理机制与北极区域建设[M]. 王传兴,等译. 北京:海洋出版社,2014.

44. 刘惠荣,董跃. 海洋法视角下的北极法律问题研究[M]. 北京:中国政法大学出版社,2012.

45. 潘敏. 北极原住民研究[M]. 北京:时事出版社,2012.

46. 张占海. 快速变化中的北极海洋环境[M]. 北京:科学出版社,2011.

47. 北极问题研究编写组编．北极问题研究[M]．北京:海洋出版社,2011.

48. 刘惠荣,杨凡．北极生态保护法律问题研究[M]．北京:知识产权出版社,2010.

49. 陆俊元．北极地缘政治与中国应对[M]．北京:时事出版社,2010.

50. 郭培清,等．北极航道的国际问题研究[M]．北京:海洋出版社,2009.

51. 刘惠荣．北极地区发展报告(2021)[M]．北京:社会科学文献出版社,2022.

52. 刘惠荣．北极地区发展报告(2020)[M]．北京:社会科学文献出版社,2021.

53. 刘惠荣．北极地区发展报告(2019)[M]．北京:社会科学文献出版社,2020.

54. 刘惠荣．北极地区发展报告(2018)[M]．北京:社会科学文献出版社,2019.

55. 刘惠荣．北极地区发展报告(2017)[M]．北京:社会科学文献出版社,2018.

56. 刘惠荣．北极地区发展报告(2016)[M]．北京:社会科学文献出版社,2017.

57. 刘惠荣．北极地区发展报告(2015)[M]．北京:社会科学文献出版社,2016.

58. 刘惠荣．北极地区发展报告(2014)[M]．北京:社会科学文献出版社,2015.

(四)北极中文论文

1. 中国与北极

(1)谈谭．公共产品视角下中国参与北极治理的路径[J]．国际展望,2023,15(5):77-98+163-164.

(2)曲亚囡,杨宇涵. 资源-环境治理视阈下中国构建北极命运共同体的角色定位与现实应因[J]. 海洋开发与管理,2023,40(7):13-21.

(3)洪农. 北极事务的地缘政治化与中国的北极角色[J]. 外交评论(外交学院学报),2023,40(4):76-97+6-7.

(4)韦宗友,邹琪. 中国参与北极区域公共产品供给:动因、挑战与路径[J]. 社会主义研究,2023,(3):158-165.

(5)赵蕊华. 生态话语分析拓展之国际关系研究——以中国北极定位分析为例[J]. 山东外语教学,2023,44(5):25-37.

(6)叶青,王武林. 非北极国家参与北极事务实践及中国路径[J]. 延边大学学报(社会科学版),2023,56(4):107-115+144.

(7)章成,杨嘉琪. 中国与东北亚国家北极事务合作可行性探究[J]. 决策与信息,2023,(7):29-37.

(8)云宇龙,王琼. 民国时期中国人的北极探险知识概况及其多维价值[J]. 中国海洋大学学报(社会科学版),2023,(2):13-22.

(9)郭培清,杨慧慧. 错误知觉视角下的中美北极关系困境与出路[J]. 中国海洋大学学报(社会科学版),2023,(2):1-12.

(10)张祥国,李学峰. 北极地缘态势评估和中国推进"冰上丝绸之路"的战略考量[J]. 东北亚经济研究,2023,7(1):5-19.

(11)吴棋航. 2018 年以来美国主流智库对中国北极政策及活动的认知及所提出的对策[J]. 极地研究,2023,35(1):109-123.

(12)李振福,王婷婷,薛非. 国内北极问题研究主要观点和争论述评[J]. 大连海事大学学报(社会科学版),2022,21(6):1-10.

(13)李振福,邱嘉欣. 中国北极问题研究进展与趋势[J]. 大连海事大学学报,2022,48(4):9-18.

(14)那春立. 我国利用北极航道的法治构建[J]. 黑龙江省

政法管理干部学院学报,2022,(6):113-117.

(15)马丹彤,刘惠荣．原住民自治权视角下中国的北极治理参与[J]．当代世界社会主义问题,2022,(2):140-149.

(16)谢晓光,杜洞光．防御性现实主义视域下的中俄北极安全合作[J]．区域与全球发展,2022,6(3):5-21+153-154.

(17)王浩宇．中国参与北极治理:理念与路径研究[J]．对外经贸,2022,(4):6-9.

(18)孙凯,李文君．中日韩三国北极事务公共外交比较研究[J]．中国海洋大学学报(社会科学版),2022,(5):45-56.

(19)刘丹．“中国北极威胁论”:现状、原因与影响[J]．西部学刊,2022,(2):54-58.

(20)李振福,李晓彤．北极研究国内主题研讨会的议题结构及发展趋势[J]．中国海洋大学学报(社会科学版),2022,(1):69-79.

(21)赵洋．身份叙事与中国参与北极事务身份建构[J]．东北亚论坛,2022,31(1):96-116+128.

(22)金程灏．浅析人类命运共同体视域下中国参与北极治理的意义与路径[J]．辽宁工业大学学报(社会科学版),2021,23(6):54-56.

(23)朱宝林．北极治理议题安全化态势下中国参与的策略研究[J]．湖北经济学院学报,2021,19(6):111-119.

(24)杨楠．中俄北极可持续发展议题合作的新方向[J]．辽东学院学报(社会科学版),2021,23(5):14-25.

(25)唐尧．从《北极海运评估报告》看中国参与北极治理[J]．辽东学院学报(社会科学版),2021,23(5):26-31.

(26)B. Φ. 佩切利察,陈思旭．俄中北极合作:国家利益与战略价值[J]．俄罗斯学刊,2021,11(4):130-135.

(27)吴建树．论中国在北极的战略选择[J]．公共外交季刊,

2021,(1):33-39+120.

(28)赵宁宁. 论中国在北极治理中的国际责任及其践行路径[J]. 社会主义研究,2021,(1):148-155.

(29)徐庆超. 北极安全战略环境及中国的政策选择[J]. 亚太安全与海洋研究,2021,(1):104-124+4.

(30)吴雷钊. 北极地缘政治和安全态势及我国参与的北极治理[J]. 世界知识,2021,(1):22-23.

(31)戴瑜."冰上丝绸之路"倡议下北极航道的中国话语权构建[J]. 理论界,2021,(8):81-87.

(32)蔡高强,朱丹亚. 论中俄北极能源合作开发的法律保障[J]. 中国海商法研究,2021,32(2):12-19.

(33)蔡高强,朱丹亚."冰上丝绸之路"背景下中俄北极能源合作的国际法保护[J]. 西安石油大学学报(社会科学版),2021,30(3):84-91.

(34)徐文韬,曾文革. 构建中国"冰上丝绸之路"的北极政策——基于德国实践经验的思考[J]. 广西大学学报(哲学社会科学版),2021,43(2):106-115.

(35)王晨光. 中国推进"冰上丝绸之路"建设的法律风险及应对建议[J]. 兰州学刊,2021,(3):95-104.

(36)徐文韬."冰上丝绸之路":法律挑战与中国应对[J]. 重庆社会科学,2020,(8):84-94.

(37)白佳玉,王琳祥. 中国参与北极治理的多层次合作法律规制研究[J]. 河北法学,2020,38(3):66-79.

(38)白佳玉,张传龙."海上丝绸之路"法治合作及其对共建"冰上丝绸之路"的启示[J]. 武汉科技大学学报(社会科学版),2020,22(1):14-20.

(39)唐尧. 中国深度参与北极治理问题研究:以缔结《预防中北冰洋不管制公海渔业协定》为视角[J]. 极地研究,2020,32

(3):383-393.

(40)董跃．我国《海洋基本法》中的“极地条款”研拟问题[J]．东岳论丛,2020,41(2):136-145.

(41)闫鑫淇．多中心治理视角下的中国北极事务参与问题探析[J]．中国海洋大学学报(社会科学版),2020,(6):64-74.

(42)李振福．中国的北极观理论体系构建[J]．亚太安全与海洋研究,2020,(6):33-52+2-3.

(43)姜胤安．“中国北极威胁论”:挑战与应对[J]．国际研究参考,2020,(12):15-20.

(44)杨振姣,韩琪．中国参与北极海洋生态安全治理的现实依据与国家实践[J]．中国海洋大学学报(社会科学版),2020,(5):48-57.

(45)秦树东,李若瀚．新时期中国参与北极治理:身份、路径和方式[J]．华东理工大学学报(社会科学版),2019,34(5):55-63.

(46)章成,顾兴斌．论北极治理的制度构建、现实路径与中国参与[J]．南昌大学学报(人文社会科学版),2019,50(5):64-72.

(47)那力．国际法视域下的北极问题与中国的参与[J]．长春市委党校学报,2019,(1):43-46.

(48)云宇龙．总体国家安全观视域下的中国北极安全利益分析[J]．江南社会学院学报,2019,21(1):27-32.

(49)薛桂芳．“冰上丝绸之路”新战略及其实施路径[J]．人民论坛·学术前沿,2018,(21):62-67.

(50)杨显滨．论我国参与北极航道治理的国际法路径[J]．法学杂志,2018,39(11):71-81.

(51)白佳玉．中国参与北极事务的国际法战略[J]．政法论坛,2017,35(6):142-153.

(52)唐尧,夏立平．中国参与北极油气资源治理与开发的国际法依据[J]. 国际展望,2017,9(6):131-149+154.

(53)章成. 中国海外安全利益视角下的北极区域治理法律问题[J]. 云南民族大学学报(哲学社会科学版),2017,34(5):138-145.

(54)董利民. 中国"北极利益攸关者"身份建构--理论与实践[J]. 太平洋学报,2017,25(6):65-77.

(55)何光强. 中国—北极关系的表达与分析:世界地图的视角[J]. 国际政治研究,2017,38(3):38-61+5-6.

(56)薛桂芳. 我国拓展极地海洋权益的对策建议[J]. 人民论坛(学术前沿),2017,(11):50-55+95.

(57)章成,顾兴斌. 论中国对北极事务的参与:法律依据、现实条件和利益需求[J]. 理论月刊,2017,(4):103-107.

(58)顾兴斌,曾煜. 论中国参与北极事务的国际法依据和现实利益[J]. 学术探索,2017,(1):32-39.

(59)张屹. 中国参与极地开发与治理的前景透视[J]. 青岛科技大学学报(社会科学版),2016,32(4):75-78.

(60)刘惠荣,孙善浩. 中国与北极:合作与共赢之路[J]. 中国海洋大学学报(社会科学版),2016,(2):1-7.

(61)潘敏,徐理灵. 中美北极合作:制度、领域和方式[J]. 太平洋学报,2016,24(12):87-94.

(62)杨振姣,孙雪敏. 我国增强在北极地区实质性存在的利益诉求[J]. 海洋信息,2015,(4):32-36.

(63)杨振姣,周言. 中国参与北极理事会利弊分析及应对策略[J]. 理论学刊,2015,(12):81-87.

(64)杨振姣,刘雪霞,辛美君. 我国增强在北极地区实质性存在的实现路径研究[J]. 太平洋学报,2015,23(10):75-81.

(65)赵进平. 我国北极科考权的社会需求基础和国际维权对策[J]. 中国海洋大学学报(社会科学版),2015,(5):1-6.

(66)吴军,吴雷钊. 中国北极海域权益分析——以国际海洋法为基点的考量[J]. 武汉大学学报(哲学社会科学版),2014,67(3):51-55.

(67)潘敏. 机遇与风险:北极环境变化对中国能源安全的影响及对策分析[J]. 中国软科学,2014,(9):12-21.

(68)潘敏. 论中国参与北极事务的有利因素、存在障碍及应对策略[J]. 中国软科学,2013,(6):12-21+11.

(69)白佳玉. 中国北极权益及其实现的合作机制研究[J]. 学习与探索,2013,(12):87-94.

(70)张瑞,杨柳. 中国北极安全法律保障研究[J]. 太平洋学报,2013,21(6):11-18.

(71)韩立新,王大鹏. 中国在北极的国际海洋法律下的权利分析[J]. 中国海商法研究,2012,23(3):96-102.

(72)刘惠荣,董跃,侯一家. 保障我国北极考察及相关权益法律途径初探[J]. 中国海洋大学学报(社会科学版),2010,(6):1-4.

(73)刘惠荣,董跃. 中国海洋权益法律保障视野中的极地问题研究[J]. 中国海洋大学学报(社会科学版),2010,(5):1-7.

2. 综合性

(1)潘敏,罗佳. 告别"后冷战合作时期"的北极安全:态势、动因与出路[J]. 思想理论战线,2023,2(5):87-96+141.

(2)赵宁宁. 北极军事安全博弈新态势及国际影响[J]. 思想理论战线,2023,2(5):97-104.

(3)邹晓天. 北极地区的国际公法问题研究[J]. 西部学刊,2023,(18):69-72.

(4)李凌志. 规则与机制:国际法何以影响欧洲北极地区的安全治理[J]. 中国海洋大学学报(社会科学版),2023,(5):54-62.

(5)郭培清,李小宁. 乌克兰危机背景下北极理事会的发展现状及未来走向[J]. 俄罗斯东欧中亚研究,2023,(5):143-161

+166.

（6）李振福．"近北极国家"的北极政策类型划分及共性主张［J］．学术探索，2023，（5）：43-50.

（7）徐广淼．从"例外论"到"长和平"：变局中的北极秩序前景展望［J］．俄罗斯研究，2023，（1）：112-136.

（8）徐庆超．建构主义视角下的俄乌冲突与北极国际合作：新的断裂期？［J］．俄罗斯研究，2023，（1）：90-111.

（9）肖洋．北极安全治理：地缘风险与演变趋势［J］．当代世界，2022，（7）：54-59.

（10）孙凯，李文君．角色理论视阈下的北极理事会及其作用研究［J］．边界与海洋研究，2022，7（4）：46-62.

（11）李振福，韩春美．"近北极国家"的概念界定及其范围划分［J］．理论界，2022，（6）：77-83.

（12）奥兰·扬，杨剑，安德烈·扎戈尔斯基．新时期北极成为和平竞争区的发展逻辑［J］．国际展望，2022，14（3）：1-21+156.

（13）肖洋．北极治理的国际制度竞争与权威构建［J］．东北亚论坛，2022，31（3）：92-107+128.

（14）吴昊．北极安全合作的现实困境与路径选择［J］．中国海洋大学学报（社会科学版），2022，（3）：78-90.

（15）吴昊．北极治理"无极化"的原因及其未来［J］．辽东学院学报（社会科学版），2022，24（2）：33-42.

（16）郇玙，张晨曦．北极圈论坛的源起、发展及影响［J］．辽东学院学报（社会科学版），2022，24（2）：43-50.

（17）崔健，李诗悦，李振福．北极问题演化及其对世界政治经济格局影响的研究［J］．太平洋学报，2022，30（1）：66-77.

（18）郭培清，厉召卿．对峙与合作：北极安全态势分析［J］．中国海洋大学学报（社会科学版），2021，（4）：70-80.

（19）罗会钧，查云龙．北极治理"内卷化"与中国应对［J］．中国海洋大学学报（社会科学版），2021，（4）：81-90.

（20）李振福，李诗悦．北极问题：治理进程、态势评估及应对之策[J]．俄罗斯学刊，2021，11（3）：5-28.

（21）李振福，韩春美，张琦琦．北极治理研究：主体对象、模式路径、评价与展望[J]．学术探索，2021，（4）：34-43.

（22）徐广淼．变动世界中的北极秩序：生成机制与变迁逻辑[J]．俄罗斯东欧中亚研究，2021，（1）：106-124+157-158.

（23）潘敏，徐理灵．超越"门罗主义"：北极科学部长级会议与北极治理机制革新[J]．太平洋学报，2021，29（1）：92-100.

（24）李振福．北极问题与东南亚地区：联系、影响及趋势[J]．东南亚纵横，2020，（6）：31-40.

（25）赵隆．国际谈判中的身份符号和路径设计：基于北冰洋公海渔业谈判的案例分析[J]．边界与海洋研究，2020，5（4）：55-67.

（26）李莉，宋云霞．北极保障点军事活动法律保障探析[J]．海军工程大学学报（综合版），2019，16（2）：9-12.

（27）章成．构建北极区域治理制度性框架的法律问题研究[J]．华东理工大学学报（社会科学版），2019，34（2）：51-59.

（28）谢晓光，程新波，李沛珅．"冰上丝绸之路"建设中北极国际合作机制的重塑[J]．中国海洋大学学报（社会科学版），2019，（2）：13-25.

（29）肖洋．北极科学合作：制度歧视与垄断生成[J]．国际论坛，2019，21（1）：103-113+158-159.

（30）葛勇平．"人类共同遗产"原则与北极治理的法律路径[J]．社会科学辑刊，2018，（5）：128-133.

（31）白佳玉，王琳祥．北极理事会科学合作新规则的法律解析[J]．中国海洋大学学报（社会科学版），2018，（4）：42-49.

（32）白佳玉．北极多元治理下政府间国际组织的作用与中国参与[J]. 社会科学辑刊,2018,(5):120-127.

(33)白佳玉,隋佳欣. 论北冰洋海区海洋划界形势与进展[J]. 上海交通大学学报(哲学社会科学版),2018,26(6):31-44.

(34)成昆风,庞小平,刘海燕. 基于地图视角的北极海洋权益现状研究[J]. 极地研究,2018,30(1):88-96.

(35)云宇龙. 共同安全:北极安全治理的新视角与新议题[J]. 亚太安全与海洋研究,2017,(6):110-120+126.

(36)邓贝西,邹磊磊,屠景芳. 后乌克兰危机背景下的北极国际合作:以"复合相互依赖"为视角[J]. 极地研究,2017,29(4):522-530.

(37)李雪平,方正,刘海燕. 北极地区国家在《联合国海洋法公约》下的权利义务及其与地理不利国家之间的关系[J]. 极地研究,2017,29(2):279-285.

(38)白佳玉,孙妍,张侠. 白令海峡治理的合作机制研究[J]. 极地研究,2017,29(2):256-269.

(39)白佳玉,王晨星. 以善治为目标的北极合作法律规则体系研究——中国有效参与的视角[J]. 学习与探索,2017,(2):7-26+174.

(40)卢芳华. 北极科学考察法律制度探析[J]. 极地研究,2016,28(4):523-531.

(41)卢静. 北极治理困境与协同治理路径探析[J]. 国际问题研究,2016,(5):62-76.

(42)唐尧. 建立北极无核武器区的国际法分析与思考[J]. 国际关系研究,2016,(3):83-95+155-156.

(43)蒋小翼,周小光. 气候变化背景下北极权益争端与我国海洋权益的国际法思考[J]. 理论月刊,2016,(2):183-188.

(44)章成. 北极的区位价值与中国北极权益的维护[J]. 求索,2015,(11):9-13.

(45)高岚君．北极地区的安全治理问题:内涵、困境与应对[J]．求索,2015,(11):14-17.

(46)黄德明．北极地区法律制度的框架及构建模式[J]．求索,2015,(11):4-8.

(47)章成．论北极地区法律治理的框架建构与中国参与[J]．国际展望,2015,7(6):80-97+155-156.

(48)唐尧．论北极地区再军事化的新动向及其特征[J]．江南社会学院学报,2015,17(2):44-49.

(49)罗毅,夏立平．以共生治理观参与北极治理[J]．南京政治学院学报,2015,31(3):48-53.

(50)王传兴．北极治理:主体、机制和领域[J]．同济大学学报(社会科学版),2014,25(2):24-33.

(51)刘惠荣,陈奕彤．北极理事会的亚洲观察员与北极治理[J]．武汉大学学报(哲学社会科学版),2014,67(3):45-50.

(52)杨瑛．《联合国海洋法公约》对北极事务的影响[J]．太原理工大学学报(社会科学版),2014,32(6):43-47.

(53)肖洋．北极海空搜救合作:成就、问题与前景[J]．中国海洋大学学报(社会科学版),2014,(3):8-13.

(54)刘能冶．变动中的北极治理国际法律体系及中国的挑战和机遇[J]．中国海商法研究,2013,24(4):87-93.

(55)郭培清,孙凯．北极理事会的"努克标准"和中国的北极参与之路[J]．世界经济与政治,2013,(12):118-139+159-160.

(56)王才玮．北极主权与划界争端解决模式及可行性分析[J]．山西财经大学学报,2013,35(S2):3-4.

(57)唐国强．北极问题与中国的政策[J]．国际问题研究,2013,(1):15-25.

(58)王传兴．北极地区安全维度变化与北极地区议题安全化[J]．国际安全研究,2013,31(3):101-115+158-159.

（59）夏立平，苏平．博弈理论视角下的北极地区安全态势与发展趋势［J］．同济大学学报（社会科学版），2013，24（4）：26-33.

（60）董跃．北极法律秩序走向与中国北极权益新视野［J］．中国海洋大学学报（社会科学版），2012，（6）：1-5.

（61）程保志．北极治理论纲：中国学者的视角［J］．太平洋学报，2012，20（10）：62-71.

（62）程保志．北极治理机制的构建与完善：法律与政策层面的思考［J］．国际观察，2011，（4）：1-8.

（63）王传兴．论北极地区区域性国际制度的非传统安全特性——以北极理事会为例［J］．中国海洋大学学报（社会科学版），2011，（3）：1-6.

（64）韩逸畴．论联合国与北极地区之国际法治理［J］．中国海洋大学学报（社会科学版），2011，（2）：5-12.

（65）程保志．刍议北极治理机制的构建与中国权益［J］．当代世界，2010，（10）：68-70.

（66）刘惠荣，刘秀．北极群岛水域法律地位的历史性分析［J］．中国海洋大学学报（社会科学版），2010，（2）：1-5.

（67）刘玲，赵颖，张璐．海洋法视角下的北极科考相关问题初探——以《联合国海洋法公约》第76条为例［J］．中国海洋大学学报（社会科学版），2010，（2）：16-21.

（68）刘惠荣，韩洋．北极法律问题：适用海洋法基本原则的基础性思考［J］．中国海洋大学学报（社会科学版），2010，（1）：1-5.

（69）贾宇．北极地区领土主权和海洋权益争端探析［J］．中国海洋大学学报（社会科学版），2010，（1）：6-10.

（70）梅宏，王增振．北极海域法律地位争端及其解决［J］．中国海洋大学学报（社会科学版），2010，（1）：23-27.

（71）董跃，黄旻．北极地区各种形式冰的法律地位问题研究［J］．中国海洋大学学报（社会科学版），2009，（6）：10-13.

(72)黄志雄．北极问题的国际法分析和思考[J]．国际论坛，2009,11(6):8-13+77.

(73)尹丹阳．解决北极争端的法律机制分析[J]．海洋开发与管理,2009,26(9):11-15.

(74)董跃,宋欣．有关北极科学考察的国际海洋法制度研究[J]．中国海洋大学学报(社会科学版),2009,(4):11-15.

(75)董跃．论海洋法视角下的北极争端及其解决路径[J]．中国海洋大学学报(社会科学版),2009,(3):6-9.

(76)赵颖．浅析北极所面临的法律挑战及其对我国的影响[J]．海洋开发与管理,2009,26(3):17-21.

(77)王秀英．国际法视阈中的北极争端[J]．海洋开发与管理,2007,(6):14-19.

(78)吴慧．"北极争夺战"的国际法分析[J]．国际关系学院学报,2007,(5):36-42.

3. 环境和资源

(1)杨振姣．基于统筹发展和安全的北极资源与生态协同治理研究[J]．思想理论战线,2023,2(5):105-114.

(2)耿嘉晖．北极海洋污染治理机制复合体建设探析[J]．边界与海洋研究,2023,8(3):107-128.

(3)刘丹．北极渔业"软治理"的硬法规制及对我国的启示[J]．上海交通大学学报(哲学社会科学版),2023,31(3):44-60.

(4)顾湘,唐莉．海洋命运共同体理念下北极公海治理的优化路径[J]．边界与海洋研究,2023,8(2):102-115.

(5)庄媛．《联合国海洋法公约》中"北极例外"条款的解释与适用[J]．辽东学院学报(社会科学版),2023,25(1):35-46.

(6)赵隆．乌克兰危机背景下的俄罗斯北极能源开发:效能重构与中国参与[J]．太平洋学报,2022,30(12):76-88.

(7)郭培清,杨慧慧．美国北极能源的"极化"问题研究[J]．

当代世界与社会主义,2022,(6):113-122.

(8)邹磊磊,谢辰旻,陈梦怡.北极海洋微塑料污染的治理[J].辽东学院学报(社会科学版),2022,24(6):21-28.

(9)杨显滨.北极公海保护区的治理模式与体系构造[J].学术界,2022,(11):130-143.

(10)唐尧,夏立平.人类命运共同体视域下北极渔业资源治理国际机制研究[J].中国海商法研究,2022,33(2):64-71.

(11)杨振姣.人类命运共同体视域下北极海洋生态安全治理机制研究[J].理论学刊,2022,(3):60-68.

(12)瞿继文,戴永红.印度新时期北极政策下的能源开发:转变、局限与影响[J].印度洋经济体研究,2021,(4):130-150+155-156.

(13)杨振姣,牛解放.北极海洋生态安全协同治理策略研究[J].太平洋学报,2021,29(6):85-96.

(14)郭培清,宋晗.北极海冰消融背景下《联合国海洋法公约》第234条的解释和适用争议及对中国的启示[J].太平洋学报,2021,(12):16-28.

(15)马英杰,吉磊.中国在北冰洋的环境权益探索[J].中国海洋大学学报(社会科学版),2021,(5):38-45.

(16)邢凡凡.北极航道的环境治理法律问题研究[J].河北环境工程学院学报,2021,31(3):30-33.

(17)白佳玉.南海环境治理合作机制研究——与北极环境保护机制比较的视野[J].中国海洋大学学报(社会科学版),2020,(3):21-31.

(18)袁雪,廖宇程.基于海洋保护区的北极地区BBNJ治理机制探析[J].学习与探索,2020,(2):83-91.

(19)陈奕彤,高晓.北极海洋资源利用的国际机制及中国应对[J].资源科学,2020,42(11):2062-2074.

(20)张佩芷．知识建构、议题设置和框架效应：北极理事会与北极航运环境污染问题的治理[J]．四川大学学报(哲学社会科学版)，2020，(1)：189-196.

(21)蔡高强，邱伯静．论北方航道环境保护的法律保障[J]．南海法学，2019，3(5)：10-20.

(22)王玫黎，武俊松．国际法视野下的北极濒危野生动物保护研究[J]．野生动物学报，2019，40(4)：1101-1107.

(23)冯寿波．《联合国海洋法公约》中的“北极例外”：第 234 条释评[J]．西部法学评论，2019，(2)：98-109.

(24)袁雪．北极海运黑碳排放的国际治理：现状、挑战与制度构建[J]．太平洋学报，2019，27(7)：41-54.

(25)孟令浩．《防止中北冰洋不受管制公海渔业协定》的检视与中国的应对[J]．海南热带海洋学院学报，2019，26(3)：78-85.

(26)王玫黎，武俊松．“利益攸关方”参与模式下中北冰洋公海渔业开发与治理[J]．学术探索，2019，(2)：45-51.

(27)刘美．环境保护议题：参与北方海航道治理的法律路径[J]．中国海商法研究，2019，30(2)：60-67.

(28)袁雪，张义松．北极环境保护治理体系的软法局限及其克服——以《北极环境保护战略》和北极理事会为例[J]．边界与海洋研究，2019，4(1)：67-81.

(29)冯寿波．中国的北极政策与北极生态环境共同体的构建——以北极环境国际法治为视角[J]．阅江学刊，2018，10(5)：96-108+146.

(30)罗猛，董琳．北极资源开发争端解决机制的构建路径——以共同开发为视角[J]．学习与探索，2018(8)：97-103.

(31)白佳玉，李玲玉．北极海域视角下公海保护区发展态势与中国因应[J]．太平洋学报，2017，25(4)：23-31.

(32)白佳玉，庄丽．北冰洋核心区公海渔业资源共同治理问题研究[J]. 国际展望,2017,9(3):135-152+158.

(33)奚源. 环境伦理视阈下的北极资源开发研究[J]. 北京理工大学学报(社会科学版),2017,19(4):144-149.

(34)邹磊磊,付玉. 北极航道管理对北极渔业管理的启示[J]. 极地研究,2017,29(2):270-278.

(35)刘惠荣,宋馨. 北极核心区渔业法律规制的现状、未来及中国的参与[J]. 东北亚论坛,2016,25(4):86-94+128.

(36)邹磊磊,黄硕琳. 试论北冰洋公海渔业管理中北极5国的"领导者"地位[J]. 中国海洋大学学报(社会科学版),2016,(3):6-13.

(37)褚晓琳. 北极渔业资源养护管理法律问题研究[J]. 浙江海洋学院学报(人文科学版),2016,33(2):1-7.

(38)邹磊磊,密晨曦. 北极渔业及渔业管理之现状及展望[J]. 太平洋学报,2016,24(3):85-93.

(39)赵宁宁,吴雷钊. 美国与北冰洋公海渔业治理:利益考量及政策实践[J]. 社会主义研究,2016,(1):128-134.

(40)唐建业. 北冰洋公海生物资源养护:沿海五国主张的法律分析[J]. 太平洋学报,2016,24(1):93-101.

(41)唐尧. 北极核污染治理的国际法分析与思考[J]. 中国海洋大学学报(社会科学版),2015,(1):7-16.

(42)邹磊磊,张侠,邓贝西. 北极公海渔业管理制度初探[J]. 中国海洋大学学报(社会科学版),2015,(5):7-12.

(43)刘惠荣,陈奕彤,董跃. 北极环境治理的法律路径分析与展望[J]. 中国海洋大学学报(社会科学版),2011,(2):1-4.

(44)杨凡. 生态保护视角下北极法律制度的缺失与完善[J]. 中国海洋大学学报(社会科学版),2010,(3):23-28.

(45)刘惠荣,李静. 论《联合国海洋法公约》第234条在北极海洋环境保护中的适用[J]. 中国海洋大学学报(社会科学版),

2010,(4):8-13.

(46)董跃,刘晓靖．北极石油污染防治法律体系研究[J]．中国海洋大学学报(社会科学版),2010,(4):14-18.

(47)董跃,陈奕彤,李升成．北极环境治理中的软法因素:以北极环境保护战略为例[J]．中国海洋大学学报(社会科学版),2010,(1):17-22.

(48)杨凡,张文鹏．北极法律的生态化路径[J]．中国海洋大学学报(社会科学版),2009,(6):19-22.

(49)刘惠荣,杨凡．国际法视野下的北极环境法律问题研究[J]．中国海洋大学学报(社会科学版),2009,(3):1-5.

4. 航道和海运

(1)夏莹,杨惠根．日本对北极航线开发与利用的谋划[J]．海洋开发与管理,2023,40(11):3-9.

(2)董跃,申雨琪．北极地区核动力船舶航行的法律问题研究[J]．中国海洋大学学报(社会科学版),2023,(3):1-12.

(3)宋宁而,陈祥玉．日本北极航道政策体系及其发展动向[J]．辽东学院学报(社会科学版),2023,25(2):28-39.

(4)邓贝西．当前国际形势下北极航道利用前景及对我国影响[J]．船舶,2023,34(1):1-6.

(5)李源．未来北极航运模式探讨[J]．船舶,2023,34(1):7-11.

(6)齐冠钧,刘娅．俄罗斯北极航道建设研究[J]．东北亚经济研究,2023,7(1):85-95.

(7)李天生,伍方凌．论北极航道航行权的争议与未来[J]．政法论丛,2023,(1):135-148.

(8)章成,杨嘉琪．北极航线的治理挑战与中国应对[J]．南昌大学学报(人文社会科学版),2022,53(6):84-91.

(9)章成,杨嘉琪．北极航线战略利益争夺的博弈态势与中国对策[J]. 世界地理研究,2022,31(5):919-928.

(10)李龙飞. 绿色航运背景下北极通航法律问题研究[J]. 浙江海洋大学学报(人文科学版),2022,39(5):48-56.

(11)杨显滨,郭红伟. 北极航道公海航行自由权的保障机制与实现路径[J]. 东南大学学报(哲学社会科学版),2022,24(6):71-80+147+153.

(12)王泽林. 北极航道航行争端的和平解决方式研究[J]. 武大国际法评论,2022,6(3):1-22.

(13)章成. 人类命运共同体视阈下的北极航道治理规则革新[J]. 中国海商法研究,2022,33(2):54-63.

(14)谢晓光,杜晓杰. 北极航运安全治理:多层治理、治理困境与路径选择[J]. 中国海洋大学学报(社会科学版),2022,(3):68-77.

(15)曲亚囡,赵海毅. 论北极西北航道航行自由与环境保护的平衡路径[J]. 海洋开发与管理,2022,39(1):3-11.

(16)章文俊,费珊珊,韩佳霖,等. 2021年IMO通过的强制性文件概览[J]. 世界海运,2022,45(1):16-18.

(17)高飞,王志彬. 俄美北极东北航道航行自由争端分析及中国因应[J]. 西伯利亚研究,2021,48(5):41-59.

(18)李振福,韩春美,梁珊珊,等. 北极航线到“冰上丝绸之路”的学术演进[J]. 北京交通大学学报(社会科学版),2021,20(4):78-89.

(19)谢晓光,杜晓杰. 韩国北极航道开发:决策动机、推进路径与制约因素[J]. 当代韩国,2021,(3):56-73.

(20)白佳玉. 可持续发展视域中的北极航运重油管控趋向及中国应对[J]. 东岳论丛,2021,42(10):171-182+192.

(21)武俊松. 国际法视角下“北冰洋蓝色经济通道”的构建[J]. 海南热带海洋学院学报,2020,27(4):26-33.

(22)肖洋．“冰上丝绸之路”视角下北极海运安全的法律保障[J]．海外投资与出口信贷,2020,(5):29-32.

(23)A. A. 托多罗夫,张荣芳,拉娅．北方航道国际运输潜力:经济与法律分析[J]．西伯利亚研究,2019,46(5):5-14.

(24)杨显滨．论海洋法公约冰封区域条款在西北航道的适用[J]．政治与法律,2019,(4):97-107.

(25)杨显滨．北极航道航行自由争端及我国的应对策略[J]．政法论丛,2019,(6):88-100.

(26)王泽林．“冰上丝绸之路”航行自由法律问题研究[J]．南京大学法律评论,2019,(1):359-380.

(27)马丹彤,董跃．图们江入海港口开发与建设的国际法依据及分析——基于北极东北航道通航的视角[J]．海洋开发与管理,2019,36(3):21-27.

(28)徐广淼．苏联北方海航道开发历史探析[J]．俄罗斯研究,2018,(4):30-61.

(29)马得懿．北极航道法律秩序的海洋叙事[J]．社会科学战线,2018,(8):198-206+2.

(30)韩佳霖,姜斌．北极治理视角下的对北极水域营运的船舶实施重油禁令的探讨[J]．中国海事,2018(7):56-58.

(31)李人达．俄罗斯对北方海航线相关立法述评[J]．地方立法研究,2017,2(2):121-126.

(32)谈谭．俄罗斯北极航道国内法规与《联合国海洋法公约》的分歧及化解途径[J]．上海交通大学学报(哲学社会科学版),2017,25(1):22-31.

(33)李伟芳,黄炎．极地水域航行规制的国际法问题[J]．太平洋学报,2017,25(1):75-84.

(34)白佳玉．北极航行特殊风险下船舶保险保证条款的适用与嬗变[J]．当代法学,2017,31(1):123-132.

(35)赵宇．北极西北航道的国际法律地位分析[J]．兰州大学学报(社会科学版),2017,45(6):185-192.

(36)唐尧,夏立平．中国参与北极航运治理的国际法依据研究[J]．太平洋学报,2017,25(8):51-61.

(37)陈敬根．北极航道“特殊条约规制型海峡模式”的治理与构建[J]．政法论丛,2017,(4):86-94.

(38)郑雷．北极西北航道:沿海国利益与航行自由[J]．国际论坛,2017,19(3):39-46+80.

(39)郑雷．北极东北航道:沿海国利益与航行自由[J]．国际论坛,2016,18(2):7-12+79.

(40)刘惠荣,李浩梅．北极航行管制的法理探讨[J]．国际问题研究,2016,(6):90-105.

(41)白佳玉,李俊瑶．北极水域航行中港口国控制的适用与国家实践[J]．中国海洋大学学报(社会科学版),2016(2):25-32.

(42)马得懿．海洋航行自由的制度张力与北极航道秩序[J]．太平洋学报,2016,24(12):1-11.

(43)郑雷．北极航道沿海国对航行自由问题的处理与启示[J]．国际问题研究,2016,(6):106-121.

(44)韩立新,宋思昆．北极海域的国际法规制及对中国利用北极航线的影响[J]．中国海商法研究,2016,27(3):56-63.

(45)李人达．论北极航道途经有关海峡的航行飞越制度[J]．新东方,2016,(6):18-20.

(46)赵宁宁．当前俄罗斯北方海航道的开发政策评析[J]．理论月刊,2016,(8):169-174+184.

(47)李振福,谢宏飞,刘翠莲．北极权益与北极航线权益:内涵论争与中国的策略[J]．南京政治学院学报,2016,32(1):75-81+141.

(48)密晨曦．新形势下中国在东北航道治理中的角色思考

[J]. 太平洋学报,2015,23(8):71-79.

(49)刘惠荣,李浩梅. 北极航线的价值和意义:“一带一路”战略下的解读[J]. 中国海商法研究,2015,26(2):3-10.

(50)孙凯,刘腾. 北极航运治理与中国的参与路径研究[J]. 中国海洋大学学报(社会科学版),2015(1):1-6.

(51)郭红岩. 论西北航道的通行制度[J]. 中国政法大学学报,2015,(6):83-92+160.

(52)白佳玉,李俊瑶. 北极航行治理新规则:形成、发展与未来实践[J]. 上海交通大学学报(哲学社会科学版),2015,23(6):14-23.

(53)白佳玉,李翔. 俄罗斯和加拿大北极航道法律规制述评——兼论我国北极航线的选择[J]. 中国海洋大学学报(社会科学版),2014,(6):13-19.

(54)白佳玉. 我国科考船北极航行的国际法问题研究[J]. 政法论坛,2014,32(5):94-101.

(55)白佳玉. 北极航道沿岸国航道管理法律规制变迁研究——从北极航道及所在水域法律地位之争谈起[J]. 社会科学,2014,(8):86-95.

(56)付婉宁. 基于西北航道的法律地位分析中国对其之利用[J]. 湖南行政学院学报,2014,(6):117-119.

(57)张芷凡. 北极航道通行中环保限制问题的法律思考[J]. 中国海商法研究,2014,25(2):84-89+120.

(58)邹磊磊,付玉. 从有效管理向强化主权诉求的又一范例——论析加拿大西北航道主权诉求的有利因素及制约因素[J]. 太平洋学报,2014,22(2):1-7.

(59)李德俊. 西北航道利用的法律地位问题探究[J]. 太平洋学报,2014,22(2):8-14.

(60)戴宗翰. 由联合国海洋法公约检视北极航道法律争

端——兼论中国应有之外交策略[J]. 比较法研究,2013,(6):86-108.

(61)白佳玉. 北极航道利用的国际法问题探究[J]. 中国海洋大学学报(社会科学版),2012,(6):6-11.

(62)周洪钧,钱月娇. 俄罗斯对"东北航道"水域和海峡的权利主张及争议[J]. 国际展望,2012,(1):97-113+118.

(63)刘海裕,汪筱苏. 论国际法上北极航道的通行权问题[J]. 黑龙江省政法管理干部学院学报,2012,(1):119-121.

(64)阎铁毅,李冬. 美、俄关于北极航道的行政管理法律体系研究[J]. 社会科学辑刊,2011,(2):74-78.

(65)阎铁毅. 北极航道所涉及的现行法律体系及完善趋势[J]. 学术论坛,2011,34(2):139-144.

(66)李志文,高俊涛. 北极通航的航行法律问题探析[J]. 法学杂志,2010,31(11):62-65.

(67)阎铁毅.《鹿特丹规则》在北极航道的适用[J]. 法学杂志,2010,31(11):66-69.

(68)郭培清,管清蕾. 探析俄罗斯对北方海航道的控制问题[J]. 中国海洋大学学报(社会科学版),2010,(2):6-10.

(69)刘江萍,郭培清. 加拿大对西北航道主权控制的法律依据分析[J]. 中共青岛市委党校. 青岛行政学院学报,2010,(2):102-105.

(70)刘江萍,郭培清. 保护还是搁置主权?——浅析美加两国西北航道核心问题[J]. 海洋世界,2010,(3):52-54.

(71)刘惠荣,刘秀. 西北航道的法律地位研究[J]. 中国海洋大学学报(社会科学版),2009,(5):1-4.

(72)郭培清,刘江萍. 曼哈顿号事件与加拿大西北航道主权权利的扩张[J]. 中国海洋大学学报(社会科学版),2009,(5):5-10.

(73)梅宏．北极航道环境保护国际立法研究[J]．中国海洋大学学报(社会科学版),2009,(5):14-19.

(74)郭培清,管清蕾．北方海航道政治与法律问题探析[J]．中国海洋大学学报(社会科学版),2009,(4):1-5.

(75)刘惠荣,林晖．论俄罗斯对北部海航道的法律管制——兼论其与《联合国海洋法公约》的冲突[J]．中国海洋大学学报(社会科学版),2009,(4):6-10.

5. 土著人

(1)葛新蓉,徐高鹏．俄罗斯北极原住民的文明转型与可持续发展[J]．西伯利亚研究,2023,50(5):22-32+120.

(2)闫鑫淇．信息时代原住民组织参与北极治理及对中国的启示[J]．中国海洋大学学报(社会科学版),2023,(5):43-53.

(3)郭培清,李凌志．挪威北极开发中的原住民发展权问题研究[J]．世界地理研究,2023,32(7):49-60.

(4)闫鑫淇,赵宁宁．批判地缘政治学视角下原住民组织对北极事务的参与和影响——以因纽特环北极理事会为例[J]．世界地理研究,2021,30(1):57-68.

(5)邹磊磊,付玉．北极原住民的权益诉求——气候变化下北极原住民的应对与抗争[J]．世界民族,2017,(4):103-110.

(6)潘敏．论因纽特民族与北极治理[J]．同济大学学报(社会科学版),2014,25(2):34-41.

(7)陈熹．气候变化背景下土著人权的司法保护——"因纽特人"诉"美国"案评析[J]．世界民族,2014,(5):94-102.

(8)潘敏,夏文佳．北极原住民自治研究——以加拿大因纽特人为例[J]．中国海洋大学学报(社会科学版),2010,(6):9-15.

(9)潘敏,张侠,凌晓良,等．论北极原住民的人口结构与社会问题——以加拿大为例[J]．世界地理研究,2009,18(3):128-135.

6. 各国参与北极事务

(1)易鑫磊,王悦. 类属身份、结构矛盾与俄罗斯北极战略重构——基于地缘战略心理视角[J]. 俄罗斯研究,2023,(6):92-116.

(2)宋宁而. 日本的安保理念、双重身份与北极参与的战略选择[J]. 太平洋学报,2023,31(12):83-95.

(3)姜秀敏,陈坚. 美国北极战略新转向、影响及中国的应对[J]. 北华大学学报(社会科学版),2023,24(6):60-74+152-153+157.

(4)姜胤安. 北约对北极事务的介入及影响[J]. 现代国际关系,2023,(10):43-57+147.

(5)李文杰,吴竞超. 俄罗斯在北极军事安全方面的战略调整及中国的应对[J]. 辽东学院学报(社会科学版),2023,25(5):31-40.

(6)赵宁宁,张杨晗. 俄乌冲突背景下俄罗斯北极政策的调整、动因及影响[J]. 边界与海洋研究,2023,8(5):58-71.

(7)康喆文,曹小曙,杨洁,等. 俄罗斯北极地区战略空间规划的内涵、地缘政治因素及启示[J]. 青海师范大学学报(自然科学版),2023,39(3):12-17+31.

(8)孙凯,郭宏芹. 美国北极科学外交及其对中国的启示[J]. 太平洋学报,2023,31(8):74-87.

(9)王浩宇. 挪威的北极战略:实践路径、挑战与愿景[J]. 浙江海洋大学学报(人文科学版),2023,40(4):26-32+49.

(10)潘敏,廖俊傑. 美国北极战略的变化:动因、影响与中国的应对[J]. 辽东学院学报(社会科学版),2023,25(4):34-44.

(11)杨光铭,朱翊民. 美国在北极的小多边主义实践:缘起、特征与动因[J]. 边界与海洋研究,2023,8(4):72-87.

(12)刘莹,胡瑞. 美国北极安全战略体系的演变、运行及启示

[J]. 情报杂志,2023,42(10):27-32+47.

(13)亢升,李美婧. 威望动机视角下莫迪政府北极政策实践及局限性[J]. 印度洋经济体研究,2023,(3):1-22+151.

(14)曹亮. 北极美俄战略竞争:政策冲突、主要动因及发展趋势[J]. 中国海洋大学学报(社会科学版),2023,(3):13-24.

(15)孙凯,郭宏芹. 科学、政治与美国北极政策的形成[J]. 美国研究,2023,37(2):9-29+5.

(16)高飞,王书鹏. 多重国家身份对印度推进北极战略的影响[J]. 辽东学院学报(社会科学版),2023,25(2):40-49.

(17)匡增军. 美国北极战略新动向及对北极治理的影响[J]. 国际问题研究,2023,(2):73-87+125.

(18)蔡泓宇. 21 世纪以来美国北极战略的演进及其特点[J]. 当代美国评论,2023,7(1):87-104+129.

(19)阿列克谢·克莱科夫斯基,徐露. 海洋与大陆帝国:18世纪圣彼得堡与沙俄对北极地区的开发[J]. 国际社会科学杂志(中文版),2023,40(4):119-126+9+15-16.

(20)杜晓杰,谢晓光. 美国北极政策的变化及其动力[J]. 战略决策研究,2023,14(1):81-97+101-102.

(21)薛冯旭. 战略跟随视角下的英国新北极政策转变及其动因[J]. 辽东学院学报(社会科学版),2023,25(1):47-58.

(22)张祥国. 俄罗斯新版北极战略及其发展前景[J]. 西伯利亚研究,2022,49(6):59-70.

(23)张祥国,李学峰,滕欣. 俄罗斯新版北极政策的目标选择与中俄合作空间[J]. 欧亚经济,2022,(6):59-74+123-124.

(24)赵宁宁. 拜登政府的北极战略及其实施前景探析[J]. 边界与海洋研究,2022,7(6):35-48.

(25)周子淙. 美俄在北极地区的地缘政治竞争:现状与前景[J]. 西伯利亚研究,2022,49(5):65-76+119.

（26）岳鹏，陈慧文，高晓艳．面向新十年的瑞典北极战略评析［J］．极地研究，2022，34（3）：340-351.

（27）郭培清，王书鹏．印度北极战略新动向：顶层设计与实践进程［J］．南亚研究季刊，2022，（3）：137-155+160.

（28）匡增军，马晨晨．印度新北极政策评析［J］．现代国际关系，2022，（9）：51-58.

（29）唐泓淏，张宝路，余静，等．挪威北极海洋空间规划进展与启示［J］．环境与可持续发展，2022，47（4）：43-49.

（30）肖洋．芬兰、瑞典加入北约对北极地缘战略格局的影响［J］．和平与发展，2022，（4）：63-80+137.

（31）张祥国，李学峰．论俄罗斯新版北极战略及其经济前景［J］．东北亚经济研究，2022，6（3）：76-86.

（32）庞宝庆．地缘政治视角下的日本北极战略［J］．渤海大学学报（哲学社会科学版），2022，44（3）：55-59.

（33）王传兴．美国北极战略演进研究［J］．东北亚论坛，2022，31（3）：76-91+128.

（34）房乐宪，谭伟业．地缘竞争背景下的欧盟新北极政策［J］．当代世界与社会主义，2022，（2）：142-150.

（35）万楚蛟．当代俄罗斯北极战略：开发合作与安全博弈［J］．俄罗斯东欧中亚研究，2022，（2）：110-128+169.

（36）岳鹏．北欧国家北极战略评析［J］．区域与全球发展，2022，6（2）：5-22+153-154.

（37）李雪威，单天雷．韩国北极政策新动向：动因、框架及趋势分析［J］．当代韩国，2022，（1）：67-80.

（38）郭培清，杨楠．俄罗斯任职北极理事会主席及其北极政策的调整［J］．国际论坛，2022，24（2）：50-75+156-157.

（39）徐俊，王箫轲．近北极国家的北极政策比较研究［J］．辽宁大学学报（哲学社会科学版），2022，50（2）：140-147.

(40)陈燕．英国北极政策的变化[J]．战略决策研究,2022,13(2):62-80+107.

(41)刘红．瑞典北极政策的特点[J]．战略决策研究,2022,13(2):81-104+108.

(42)赵宁宁,龚倬．北约北极政策新动向、动因及影响探析[J]．边界与海洋研究,2022,7(2):37-50.

(43)李学峰,岳奇．欧盟北极政策的发展演变与前景展望[J]．海洋开发与管理,2021,38(11):34-41.

(44)姜胤安．拜登政府的北极政策:目标与制约[J]．区域与全球发展,2021,5(5):47-56+155-156.

(45)朱燕,王树春．新版俄罗斯北极政策:变化、原因及特点[J]．中国海洋大学学报(社会科学版),2021,(5):46-57.

(46)黄凤志,冯亚茹．俄罗斯的北极政策探析[J]．吉林大学社会科学学报,2021,61(5):133-144+238.

(47)常欣．欧盟北极政策——对欧盟北极政策相关文件的解读[J]．区域与全球发展,2021,5(4):98-112+158-159.

(48)常欣．欧盟参与北极理事会的实践探析[J]．学术探索,2021,(6):61-73.

(49)孙凯,耿嘉晖．特朗普政府北极事务“安全化”政策及其实践[J]．美国研究,2021,35(3):99-115+7-8.

(50)韦进深,朱文悦．俄罗斯“北极地区开发”国际合作政策制定和实施效果评析[J]．俄罗斯学刊,2021,11(3):29-46.

(51)侯典芹,侯胜一．从“结构性外交”视角看欧盟的北极政策[J]．区域与全球发展,2021,5(3):49-65+156-157.

(52)沈芃．韩国的北极公共外交:现状、特点与启示[J]．辽东学院学报(社会科学版),2021,23(2):23-27.

(53)王晨光．苏格兰北极政策:动因、举措与特征[J]．边界与海洋研究,2021,6(2):66-80.

(54)陈燕．德国新北极政策解析[J]．辽东学院学报(社会科学版),2021,23(1):25-32.

(55)付云清．加拿大北极政策转变:表现、动因与挑战[J]．国际研究参考,2020,(12):21-28.

(56)谢畅．认同与塑造:新加坡如何成为"北极国家"[J]．江南社会学院学报,2020,22(4):50-55.

(57)张祥国,何静,陈吉祥．以竞争为导向的美国北极战略调整[J]．边界与海洋研究,2020,5(6):91-100.

(58)孙凯,张晨曦．美国智库的北极问题研究与启示[J]．中国海洋大学学报(社会科学版),2020,(5):40-47.

(59)王旭．日本第三期《海洋基本计划》解读[J]．国际研究参考,2020(3):10-16.

(60)韩立新,蔡爽,朱渴．中日韩北极最新政策评析[J]．中国海洋大学学报(社会科学版),2019,(3):58-67.

(61)罗毅,夏立平．韩国北极政策与中韩北极治理合作[J]．中国海洋大学学报(社会科学版),2019,(2):39-44.

(62)袁雪,童凯．俄挪巴伦支海争端协议解决模式分析及其启示[J]．国际法研究,2018,(2):115-128.

(63)王阳．加拿大北极群岛水域历史性权利主张评析[J]．太平洋学报,2017,25(12):76-86.

(64)刘乃忠．日本北极战略及中国借鉴[J]．南海法学,2017,1(06):102-107.

(65)王阳．美加北极活动主要国内立法评析——兼论对中国北极活动立法的启示[J]．南海法学,2017,1(5):81-91.

(66)黄栋,贺之杲．欧盟参与北极治理的合法性研究[J]．德国研究,2017,32(3):54-67+134-135.

(67)苏朋．俄罗斯当代北极政策的实质与中国的对策[J]．江淮论坛,2017,(5):82-88.

(68)苏朋．美国当代北极政策的实施困境分析[J]．学术界，2016,(12):216-224+326-327.

(69)匡增军,欧开飞．俄罗斯与挪威的海上共同开发案评析[J]．边界与海洋研究,2016,1(1):88-103.

(70)孙凯,潘敏．美国政府的北极观与北极事务决策体制研究[J]．美国研究,2015,29(5):9-21+5.

(71)易鑫磊．俄罗斯北极战略及中俄北极合作[J]．西伯利亚研究,2015,42(5):37-44.

(72)陆俊元．近几年来俄罗斯北极战略举措分析[J]．极地研究,2015,27(3):298-306.

(73)夏立平．规范性力量理论视阈下的欧盟北极政策[J]．社会科学,2014,(1):14-22.

(74)李连祺．俄罗斯对北极资源主权控制的法律分析[J]．俄罗斯中亚东欧研究,2012,(6):23-29.

(75)吴琼．美俄的北极战略及北极国际治理的发展趋势[J]．和平与发展,2012,(5):33-38+68.

(76)李连祺．俄罗斯北极资源开发政策的新框架[J]．东北亚论坛,2012,21(4):90-97.

(77)李连祺．俄罗斯北极政策新框架的法律分析[J]．太平洋学报,2012,20(6):29-36.

(78)匡增军．俄美海洋划界争端:法律适用与政治前景[J]．国外社会科学,2012,(2):83-90.

(79)匡增军．2010 年俄挪北极海洋划界条约评析[J]．东北亚论坛,2011,20(5):45-53.

(80)曹升生．丹麦的北极战略[J]．江南社会学院学报，2011,13(2):32-35.

(81)董跃．论欧盟北极政策对北极法律秩序的潜在影响[J]．中国海洋大学学报(社会科学版),2010,(3):18-22.

(82)董跃,许宁宁,黄昇．北极国家对北极考察管理制度之比较研究[J]．中国海洋大学学报(社会科学版),2010,(2):11-15.

7. 斯瓦尔巴群岛

(1)李文君.《斯匹次卑尔根群岛条约》经济性权利条款的法解释学分析[J]．辽东学院学报(社会科学版),2023,25(4):45-57.

(2)刘涵.《斯匹次卑尔根群岛条约》经济权益制度性安排与挪威政策[J]．极地研究,2022,34(4):494-502.

(3)刘金源,杨义成．主权独享　共同开发——斯瓦尔巴群岛争端的化解及其启示[J]．经济社会史评论,2022,(4):51-65+126.

(4)郭培清,李文君."权利束"视阈下斯瓦尔巴渔业治理格局研究[J]．东北亚论坛,2022,31(3):60-75+127-128.

(5)白佳玉.《斯匹次卑尔根群岛条约》公平制度体系下的适用争论及其应对[J]．当代法学,2021,35(6):144-157.

(6)支璇,CHEN Jueyu. 斯瓦尔巴群岛渔业保护区制度的条约基础分析[J]．中华海洋法学评论,2021,17(3):108-146.

(7)卢芳华.《斯匹次卑尔根群岛条约》中的平等权利:制度与争议[J]．太平洋学报,2020,28(10):14-25.

(8)李任远.《斯瓦尔巴条约》对斯瓦尔巴群岛法律地位的影响研究[J]．重庆理工大学学报(社会科学),2019,33(7):105-115.

(9)段鑫．中国加入《斯匹次卑尔根群岛条约》史实考述[J]．云南师范大学学报(哲学社会科学版),2019,51(2):109-118.

(10)董利民．北极地区斯瓦尔巴群岛渔业保护区争端分析[J]．国际政治研究,2019,40(1):70-96+5.

(11)郭培清．挪威斯瓦尔巴机场降级事件探讨[J]．人民论坛·学术前沿,2018,(11):40-49.

(12)卢芳华．北极公海渔业管理制度与中国权益维护——以斯瓦尔巴的特殊性为例[J]．南京政治学院学报,2016,32(5):78-83.

(13)卢芳华．斯瓦尔巴德群岛渔业保护区制度与中国北极权益的拓展[J]．中国海商法研究,2016,27(3):64-70.

(14)卢芳华．制度与争议:斯瓦尔巴群岛渔业保护区权益的中国考量[J]．太平洋学报,2016,24(12):12-20.

(15)卢芳华．挪威对斯瓦尔巴德群岛管辖权的性质辨析——以《斯匹次卑尔根群岛条约》为视角[J]．中国海洋大学学报(社会科学版),2014,(6):7-12.

(16)卢芳华．论斯瓦尔巴群岛的法律地位[J]．江南社会学院学报,2013,15(1):76-80.

(17)卢芳华．《斯瓦尔巴德条约》与我国的北极权益[J]．理论界,2013,(4):88-90.

(18)何苗,李黎．《斯瓦尔巴德条约》及南沙问题对其的借鉴[J]．苏州大学学报(哲学社会科学版),2011,32(4):178-182.

(19)刘惠荣,张馨元．斯瓦尔巴群岛海域的法律适用问题研究——以《联合国海洋法公约》为视角[J]．中国海洋大学学报(社会科学版),2009,(6):1-5.

8. 旅游

(1)王武林,罗婉璐,王成金,等．国外北极旅游研究进展[J].极地研究,2023,35(4):646-661.

(2)罗颖,吴浩添,彭泳愉．深化中俄北极旅游合作的可能性及路径——以粤港澳大湾区为例[J]．辽东学院学报(社会科学版),2022,24(6):29-36.

(3)过怡安．北极地区旅游资源开发的法律困境与解决路径[J]．世界环境,2021,(2):77-79.

(4)罗猛,过怡安．北极地区旅游资源开发的法律困境与解决路径[J]. 中国海商法研究,2020,31(2):58-66.

9. 大陆架

(1)杨显滨 ."冰上丝绸之路"倡议下北极外大陆架的治理困境与消解路径[J]. 政治与法律,2022,(6):111-125.

(2)尹洁,李家彪,方银霞 . 北冰洋 200 海里外大陆架划界主张之比较分析[J]. 极地研究,2020,32(4):533-543.

(3)方银霞,尹洁 . 大陆架界限委员会的工作进展及全球外大陆架划界新形势[J]. 国际法研究,2020,(6):61-69.

(4)章成 . 国际法视阈下的北极地区 200 海里外大陆架划界问题介评[J]. 河北法学,2018,36(8):64-74.

(5)章成 . 北极地区 200 海里外大陆架划界形势及其法律问题[J]. 上海交通大学学报(哲学社会科学版),2018,26(6):45-55.

(6)章成 . 北极外大陆架划界进程中的大陆架界限委员会:现状检讨与完善路径[J]. 广西大学学报(哲学社会科学版),2018,40(1):87-97.

(7)章成 . 北极海域的大陆架划界问题——法律争议与中国对策[J]. 国际展望,2017,9(3):116-134+157-158.

(8)章成 . 北极大陆架划界的法律与政治进程评述[J]. 国际论坛,2017,19(3):32-38+80.

(9)李学杰,姚永坚,李刚,杨楚鹏,吴峧岐,张亚玲 . 北冰洋大陆架划界现状[J]. 极地研究,2014,26(3):388-397.

(10)匡增军 . 俄罗斯与邻国的大陆架外部界限问题及其应对[J]. 俄罗斯东欧中亚研究,2014,(4):49-54.

(11)黄德明,章成 . 中国海外安全利益视角下的北极外大陆架划界法律问题[J]. 南京社会科学,2014,(7):84-89+102.

(12)章成,顾兴斌 . 北极海域外大陆架划界的法理探讨[J]. 大连海事大学学报(社会科学版),2013,12(4):54-58.

(13)章成,顾兴斌.国际法视阈下的北极海域外大陆架划界问题论析[J].国际论坛,2013,15(4):45-50+80.

(14)桂静.外大陆架划界中的不确定因素及其在北极的国际实践[J].法治研究,2013,(5):110-117.

(15)黄德明,章成.北极海域200海里外大陆架划界与北极区域法律制度的建构[J].法学家,2013,(6):161-173+178.

(16)廖强.北极大陆架法律制度研究[J].辽宁行政学院学报,2012,(12):63-65.

(17)匡增军.俄罗斯的外大陆架政策评析[J].俄罗斯中亚东欧研究,2011,(2):73-79.

(18)吴迪.北极地区200海里外大陆架划界法律问题研究[J].极地研究,2011,23(3):217-225.

(五)南北极著作和论文

1. 外文著作和论文集

(1) Yoshifumi Tanaka, Rachael Johnstone, Vibe Ulfbeck, ed. *The Routledge Handbook of Polar Law*. Routledge, 2023.

(2) Neil Craik, Tara Davenport, Ruth Mackenzie. *Liability for Environmental Harm to the Global Commons*. Cambridge University Press, 2023.

(3) Adrian Howkins, Peder Roberts, ed. *The Cambridge History of the Polar Regions*. Cambridge University Press, 2023.

(4) Wen Duan. *The International Legal Regime Relating to Marine Protected Areas in Areas Beyond National Jurisdiction*. Brill, 2022.

(5) Dawid Bunikowski, Alan D. Hemmings. *Philosophies of Polar Law*. Routledge, 2021.

(6) G. Hønneland. *Blue Governance in the Arctic and Antarctic: Private Fisheries Certification and the Law of the Sea*. Springer Nature, 2021.

(7) Mark Nuttall, Torben R Christensen, Martin Siegert, ed. *The Routledge Handbook of the Polar Regions*. Taylor & Francis, 2020.

(8) Antje Neumann. *Wilderness Protection in Polar Regions: Arctic Lessons Learnt for the Regulation and Management of Tourism in the Antarctic*. Brill Nijhoff, 2020.

(9) Karen N. Scott, et al. *Research Handbook on Polar Law*. Edward Elgar Publishing, 2020.

(10) Nengye Liu, Cassandra M. Brooks, Tianbao Qin, ed. *Governing Marine Living Resources in the Polar Regions*. Edward Elgar Publishing, 2019.

(11) Donald R. Rothwell, Alan D. Hemmings, ed. *International Polar Law*. Edward Elgar Publishing, 2018.

(12) Klaus Dodds, Mark Nuttall. *The Scramble for the Poles: The Geopolitics of the Arctic and Antarctic*. Cambridge: Polity Press, 2015.

(13) Tim Stephens, David L. VanderZwaag, ed. *Polar Oceans Governance in an Era of Environmental Change*. Edward Elgar Publishing, 2014.

(14) Erik J. Molenaar, Alex G. Oude Elferink, Donald R. Rothwell. *The Law of the Sea and the Polar Regions: Interactions Between Global and Regional Regimes*. Martinus Nijhoff, 2013.

(15) Yasuaki Onuma. *A Transcivilizational Perspective on International Law: Questioning Prevalent Cognitive Frameworks in the Emerging Multi-polar and Multi-civilizational World of the Twenty-first Century*. Martinus Nijhoff, 2010.

(16) Alex G. Oude Elferink, Donald R. Rothwell. *The Law of the Sea and Polar Maritime Delimitation and Jurisdiction*. Martinus Nijhoff Publishers, 2001.

(17) Donald R. Rothwell. *The Polar Regions and the Development*

of International Law. Cambridge University Press,1996.

2. 外文论文

(1) V. N. Konyshev. "Science Diplomacy in the Arctic and Antarctic." *Arctic*, vol. 52, 2023, pp. 116-29.

(2) Nong Hong. "Weighing the Sources of International Law: The Arctic, Antarctica and the South China Sea." *Asia-Pacific Journal of Ocean Law and Policy*, vol. 6(2), 2021, pp. 221-46.

(3) N. Hogic, I. A. Ibrahim. "Arctic indigenous communities and antarctic icebergs as subjects of inter-legality." *Stan. J. Int'l L.*, vol. 57, 2021, p. 105.

(4) Elena Cirkovic. "The Next Generation of International Law: Space, Ice, and the Cosmolegal Proposal." *German Law Journal*, vol. 22(2), 2021, pp. 147-67.

(5) Nedim Hogic, Imad Antoine Ibrahim. "Arctic Indigenous Communities and Antarctic Icebergs as Subjects of Inter-Legality." *Stanford Journal of International Law*, vol. 57, no. 1, 2021, pp. 105-36.

(6) Stefan Kirchner. "Polar Regions(2018)." *Yearbook of International Disaster Law Online*, vol. 1, 2020, pp. 373-79.

(7) Aybuke Inan Simsek. "Uluslararasi Toplumun Kutup Politikalari: Arktik-Antarktika Karsilastirmasi. (Polar Policies of the International Society: The Comparison between Arctic-Antarctic. with English Summary.)." *Akdeniz IIBF Dergisi*, vol. 19, 2019, pp. 207-37.

(8) Aldo Chircop. "Jurisdiction over Ice-covered Areas and the Polar Code: An Emerging Symbiotic Relationship?" *Journal of International Maritime Law*, vol. 22, no. 4, 2016, pp. 275-90.

(9) John Flaherty, Thomas Gorrard-smith. "The Polar Frontier: Dawn of a New Era?" *Maritime Risk International*, vol. 26, no. 2, 2012, pp. 18-19.

（10）H. Edwin Anderson. "Polar Shipping, the Forthcoming Polar Code and Implications for the Polar Environments." *Journal of Maritime Law and Commerce*, vol. 43, 2012, p. 59.

（11）Duncan French. "International Legal Implications of Climate Change for the Polar Regions: Too Much, Too Little, Too Late?" *Melbourne Journal of International Law*, vol. 10, 2009, p. 631.

（12）Timo Kolvurova. "Environmental Protection in the Arctic and Antarctic: Can the Polar Regimes Learn from Each Other?" *International Journal of Legal Information*, vol. 33, no. 2, 2005, pp. 204-18.

（13）Davor Vidas. "Protecting the Polar Marine Environment: Law and Policy for Pollution Prevention. 2000." *British Year Book of International Law*, vol. 72, 2003, pp. 409-11.

（14）Joel A. Gallob. "Looking for Law in All the Wrong Places: International Law in the Emerging Multi-Polar World." *International Legal Perspectives*, vol. 2, no. 1, 1990, pp. 93-102.

3. 中文著作

（1）杨励，罗颖．极地研究与组织机构汇编[M]．武汉：武汉大学出版社，2020.

（2）薛桂芳，何柳．法律与治理——极地议题的新进展[M]．北京：中国政法大学出版社，2018.

（3）何柳．极地海域法律问题研究[M]．武汉：武汉大学出版社，2018.

（4）丁煌．极地治理与中国参与[M]．北京：科学出版社，2018.

（5）陈敬根．国际海事安全条约法律问题研究[M]．上海：上海大学出版社，2018.

（6）郑雷．极地环境治理的国际法问题研究[M]．人民交通出版社股份有限公司，2017.

(7)王逸舟,张小明,庄俊举．外交与国际关系新疆域、新趋势理论与实践的探索[M]．上海:上海人民出版社,2017.

(8)国家海洋局极地专项办公室编．站基生物生态环境本底考察[M]．北京:海洋出版社,2016.

(9)国家海洋局极地专项办公室编．极地大气、空间环境及天文观测[M]．北京:海洋出版社,2016.

(10)丁煌．极地国家政策研究报告(2015-2016)[M]．北京:科学出版社,2016.

(11)丁煌．极地国家政策研究报告(2014-2015)[M]．北京:科学出版社,2016.

(12)丁煌．极地国家政策研究报告(2013-2014)[M]．北京:科学出版社,2014.

(13)丁煌．极地国家政策研究报告(2012-2013)[M]．北京:科学出版社,2013.

(14)王泽林．极地科考与海洋科学研究问题[M]．上海:上海交通大学出版社,2015.

(15)贾宇．极地周边国家海洋划界图文辑要[M]．北京:社会科学文献出版社,2015.

(16)贾宇．极地法律问题[M]．北京:社会科学文献出版社,2014.

(17)国家海洋局海洋发展战略研究所．海洋法律与政策 第二集[M]．北京:海洋出版社,1992.

(18)国家海洋局海洋发展战略研究所．海洋法律与政策 第一集[M]．北京:海洋出版社,1990.

(19)麦克惠妮．南北极研究的现状与未来[M]．高玉香,等,译．北京:海洋出版社,1981.

(20)国家海洋局海洋发展战略研究所课题组．中国海洋发展报告(2021)[M]．北京:海洋出版社,2021.

(21)国家海洋局海洋发展战略研究所课题组．中国海洋发展报告(2020)[M]．北京:海洋出版社,2020.

(22)国家海洋局海洋发展战略研究所课题组．中国海洋发展报告(2019)[M]．北京:海洋出版社,2019.

(23)国家海洋局海洋发展战略研究所课题组．中国海洋发展报告(2018)[M]．北京:海洋出版社,2018.

(24)国家海洋局海洋发展战略研究所课题组．中国海洋发展报告(2017)[M]．北京:海洋出版社,2017.

(25)国家海洋局海洋发展战略研究所课题组．中国海洋发展报告(2016)[M]．北京:海洋出版社,2016.

(26)国家海洋局海洋发展战略研究所课题组．中国海洋发展报告(2015)[M]．北京:海洋出版社,2015.

(27)国家海洋局海洋发展战略研究所课题组．中国海洋发展报告(2014)[M]．北京:海洋出版社,2014.

(28)国家海洋局海洋发展战略研究所课题组．中国海洋发展报告(2013)[M]．北京:海洋出版社,2013.

(29)国家海洋局海洋发展战略研究所课题组．中国海洋发展报告(2012)[M]．北京:海洋出版社,2012.

(30)国家海洋局海洋发展战略研究所课题组．中国海洋发展报告(2011)[M]．北京:海洋出版社,2011.

(31)国家海洋局海洋发展战略研究所课题组．中国海洋发展报告(2010)[M]．北京:海洋出版社,2010.

(32)国家海洋局海洋发展战略研究所课题组．中国海洋发展报告(2009)[M]．北京:海洋出版社,2009.

(33)国家海洋局海洋发展战略研究所课题组．中国海洋发展报告[M]．北京:海洋出版社,2007.

4. 中文论文

(1)王彩霞．法国极地战略的演变、内涵、战略意图与局限

[J]. 法国研究,2023,(3):43-59.

(2)陈晓东,吴刚. 极地航行船舶黑碳排放立法趋势下的发展机遇和挑战[J]. 中国水运,2023,(4):41-43.

(3)唐尧. 上海打造全球极地门户城市的路径研究[J]. 上海城市管理,2023,32(1):76-83.

(4)王泽林.《极地规则》生效后的“西北航道”航行法律制度:变革与问题[J]. 极地研究,2022,34(4):485-493.

(5)李宇航,王莹莹,王文涛,等. 巴西海洋与极地领域科技创新战略及对我国的启示[J]. 海洋开发与管理,2022,39(9):48-56.

(6)杨森. 我国参与极地深海治理问题研究[J]. 海洋开发与管理,2022,39(5):58-63.

(7)武志星. 法国发布《平衡极端——法国至2030年的极地战略》报告[J]. 科技中国,2022,(8):106.

(8)唐尧. 上海参与中国极地科学外交研究[J]. 极地研究,2022,34(1):90-100.

(9)国鹏. 极地航行国际法律规则现状、局限与对策:《国际极地水域运作船舶规则》的分析视角[J]. 东岳论丛,2021,42(10):183-190.

(10)张志军,刘惠荣. 当前国际法跨学科人才培养的新任务新课题——基于深海、极地、外空、网络等“战略新疆域”的思考[J]. 人民论坛·学术前沿,2021,(3):108-111.

(11)杨华. 中国参与极地全球治理的法治构建[J]. 中国法学,2020,(6):205-224.

(12)王晨光. 中国参与极地治理的多元主体协同机制研究[J]. 中国海洋大学学报(社会科学版),2020,(6):52-63.

(13)刘惠荣,郭红岩,密晨曦,等.“南北极国际治理的新发展”专论[J]. 中国海洋大学学报(社会科学版),2019,(6):9-24.

(14)王祥修,陈源.《极地规则》对当代国际法的影响及中国的应对[J]. 中国海商法研究,2019,30(2):53-59.

(15)袁雪,童凯.《极地水域船舶作业国际规则》的法律属性析论[J]. 极地研究,2019,31(3):334-345.

(16)邓贝西."全球公域"视角下的极地安全问题与中国的应对[J]. 江南社会学院学报,2018,20(3):31-38.

(17)杨剑. 中国发展极地事业的战略思考[J]. 人民论坛(学术前沿),2017,(11):6-15.

(18)李伟芳,黄炎. 极地水域航行规制的国际法问题[J]. 太平洋学报,2017,25(1):75-84.

(19)薛桂芳. 我国拓展极地海洋权益的对策建议[J]. 人民论坛·学术前沿,2017,(11):50-55+95.

(20)张屹. 中国参与极地开发与治理的前景透视[J]. 青岛科技大学学报(社会科学版),2016,32(4):75-78.

(21)刘胜湘,张弘扬. 中国极地研究的新视角、新进展[J]. 南京社会科学,2015,(3):152-156.

(22)刘惠荣,董跃. 中国海洋权益法律保障视野中的极地问题研究[J]. 中国海洋大学学报(社会科学版),2010,(5):1-7.

(23)张磊. 国际法视野中的南北极主权争端[J]. 学术界,2010,(5):65-73.

(24)高威. 南北极法律状况研究[J]. 海洋环境科学,2008,(4):383-386.

(25)邹克渊. 两极地区的法律地位[J]. 海洋开发与管理,1996,(2):34-36.